世界はシステムで動く

いま起きていることの本質をつかむ考え方

Thinking in Systems : A Primer

Donella H. Meadows

ドネラ・H・メドウズ

枝廣淳子 訳　小田理一郎 解説

英治出版

Thinking in Systems
A Primer
by Donella Meadows

Eiji Press edition published by arrangement with
Chelsea Green Publishing Co, White River Junction, VT, USA
www.chelseagreen.com
through Japan UNI Agency, Inc., Tokyo.

ドネラ（1941～2001）と彼女から学ぶであろうすべての人に

訳者まえがき

「著者のドネラ・メドウズさんって、どんな方だったのですか？」と聞かれたら、ドネラさんを知る多くの人は「複雑なことでも、その本質をわかりやすく伝えてくれる人です」と答えるでしょう。日本でも多くの人に読まれた「世界がもし100人の村だったら」というエッセイも、ドネラさんが複雑なことをわかりやすく私たちに伝えてくれた、よい例です。

ドネラさんはもともと、「システム・ダイナミクス」と呼ばれる、社会や生態系などあらゆるものを、相互に複雑につながり合った「システム」としてとらえ、そのダイナミクスをコンピュータ・モデルで分析するという学問の研究者でした。

「システム」とは何でしょう？　そして「システム」として考えることはなぜ重要なのでしょう？

ひとつ、例を挙げましょう。かつて奄美大島ではハブに噛まれる人がいて、「問題だ」となりました。人々は「ハブをやっつけるには……そうだ、マングースだ！」と考え、マングースを連れてきて島に放しました。ところが、マングースは、ハブと命がけで戦う代わりに、ほかのもっと弱い動物を餌にしました。そうして、ハブは減らず、マングースは増え、天然記念物のアマミノクロウサギが絶滅の危機に瀕することになってしまったのです。

この実話は、自然や社会のシステムはこのようにさまざまなものが複雑につながり合っているのに、その一部だけを取り出して考えると、期待した効果が生まれないばかりか、新たな問題を生み出すこともある、という一例です。そうならないよう、あらゆるものを「システム」として考え、分析するのが「システム思考」です。

さらに、さまざまなシステムを分析することで、システム独自の特徴や性格、注意すべき点などを理解し、氷山の一角でしかない「出来事」レベルではなく、システムの「構造」やその奥底にある「メンタル・モデル」（意識・無意識の前提、思い込み）に働きかけることで、必要な変化をより効果的に作りだしていくことができます。

日本社会も私たちの暮らしも、〝これまでどおり〟が通用しない時代に入りつつあります。温暖化の危機、エネルギー問題、金融危機の再来の可能性、人口減少・高齢化、非正規社員や貧困層の急増（今や日本の子供の6人にひとりは貧困層です）、年金をはじめとする社会保障制度の行き詰まり、社会のつながりの弱化、政府への信頼の低下……。

今日も明日もこれからもずっと、新聞やテレビのニュースはさまざまな事件や出来事を報道するでしょう。私たちの家庭や会社、地域でも、毎日さまざまな出来事が起こることでしょう。

そういった「出来事」に一喜一憂、右往左往し、後手に回って対応するのではなく、目の前の出来事がどのような大きな趨勢の〝一角〟なのか、その趨勢を作りだしているのはどのような構造なのかを考え、見抜くことができるとしたら、毎日がどれほどラクになることでしょう。自分自身や、家族や組織、地域も、社会が「システム」として持っている特徴や落とし穴をあらかじめ知っていれば、より上手につきあうことができるようになるでしょう。時代や社会の変化に蹂躙されるのではなく、その変化を望ましい方向に向けていくこともできるでしょう。

不確実で不安定な時代になればなるほど、「システム的」な考え方やものの見方、変化の創り方が必要になります。システムとは本来的に複雑なものですが、そのシステムをどのようにとらえればよいのか、どのような特徴があるのか、どのようなことに気をつけるべきなのか、ドネラさんは本書で、だれもが知っておくべき本質的で重要なことを、本当にわかりやすく教えてくれています。

システム・ダイナミクスという学問ではコンピュータ・モデルを使った解析をしますが、コンピュータやモデリングは脇に置いて、システム的な考え方を身につけるだけでも、日々の暮らしや組織運営、社会変革などにとても役立ちます。それが本書の教える「システム思考」です。本書を「なるほど」、「たしかにそうだなあ」と読み進めるうちに、システム的なものの見方や考え方が身につき、「いつもはまっていた落とし穴」も避けられるようになるでしょう。

システム・ダイナミクスの研究者だったドネラさんは、あるとき「研究者をやめます」と宣言し、ジャーナリストに転身しました。「世界がもし100人の村だったら」をはじめ、多くのエッセイや記事をたくさんの新聞等に寄稿し、システム的なものの見方や考え方、システム的に見た日々の出来事や状況の裏側にある構造を、一般の読者にわかりやすく伝える活動に転換したのでした。

その理由も、本書を読めばわかります。システムをよりよいものに変えていくためには、「情報をつなぐ」ことが効果的な介入策であることがわかっているのです。ドネラさんは、専門性を追究するよりも、「情報をつなぐ」ことで世界をよりよい方向に変えようとしたのです。

私自身は、残念ながら、生前のドネラさんにお目にかかることはありませんでしたが、ドネラさんとのつながりは強く感じています。ドネラさんとデニス・メドウズさんは30年以上まえに、世界中のシステム思考や持続可能性の専門家の国際的ネットワーク「バラトン・グループ」を立ち上げ、活発な活動を行ってきました。その仲間たちが、急に世を去ったドネラさんをしのび、ドネラさんのように世界を変える力をもった女性を育てたいと設けた「ドネラ・メドウズ・フェローシップ」の一期生のひとりに私も選んでいただき、このグループの合宿に参加するようになったのです。

合宿のたびに、ドネラさんがいかに愛情にあふれた人だったか、理性と鋭い洞察の人だったか、そして、どれほどすばらしい〝伝え手〟だったか、亡くなって10年以上たつ今でも、仲間たちは繰り返し教えてくれます。今回こうしてその教えを伝えることができ、バラトン・グループの仲間たちもとても喜んでくれています。

英治出版の編集者・山下智也さん、同僚の小田理一郎、佐藤千鶴子、イーズの翻訳者育成コースの受講者のみなさんのおかげで、ドネラさんの笑顔のあふれる軽やかな語り口のシステム思考の入門書を翻訳し、みなさんにお届けすることができます。ドネラさんの名前を冠したフェローシップの一期生としての役割が少しは果たせたかなとうれしく思っています。

システム思考の豊かで深くてびっくりするような世界を、どうぞお楽しみください！

２０１４年12月　枝廣淳子

著者からの言葉

数十人もの創造的な人々が30年にわたって、システムをモデル化し、システムについて教えてきました。その知恵が凝縮してできたのが本書です。

これらの人々のほとんどは、ＭＩＴのシステム・ダイナミクスのグループに属していたか、そのグループの影響を受けた人々です。その中でも最も重要な人は、グループ創設者のジェイ・フォレスターです。私にとっての特別な先生（そして私の先生になった学生たち）には、ジェイのほかに、エド・ロバーツ、ジャック・ピュー、デニス・メドウズ、ハートマット・ボッセル、バリー・リッチモンド、ピーター・センゲ、ジョン・スターマン、ピーター・アレンがいます。大きな知的コミュニティの言葉や考え、例や引用、書籍や伝承を用いて、この本を書きました。そのすべての皆さんに敬意と感謝を表します。

また、さまざまな分野の思想家たちからも、多くのことを学びました。私の知る限り、コンピュータを使ってシステムのシミュレーションをしたことはない方々ですが、天性のシステム思考家である、グレゴリー・ベイトソン、ケネス・ボールディング、ハーマン・デイリー、アルバート・アインシュタイン、ギャレット・ハーディン、ヴァーツラフ・ハヴェル、ルイス・マンフォード、グンナー・ミュルダール、Ｅ・Ｆ・シューマッハ、多くの現代企業のエグゼクティブのみなさん。そして、ネイティブ・アメリカンから中東のイスラム神秘主義まで、名もない昔の知恵の多くの源からも、多くのものを得ました。こう並べると「不思議な顔ぶれだ」と思うかもしれませんが、システム思考は分野や文化を超越するものであり、適正に用いられれば、個々の歴史をも超越するものなのです。〝超越〟と言ったところで、学派主義についても触れておくべきでしょう。システム分析家は、包括的な概念を用いるものの、100％人間としてのパーソナリティを有しています。ですから、システム思考にも多くの学派ができています。本書では、私自身が教育を受けた「システム・ダイナミクス」の言葉やシンボルを用いています。

また、本書が提示するのは、システム理論の中核部分だけであり、最先端のものは扱っていません。きわめて抽象度の高い理論も扱っていません。私自身がシステム分析に興味を持つのは、「それがどのように実際の問題解決の助けになるのか」がわかるときだけです。高度に抽象的なシステム理論が実際の問題解決の手助けになる時がいつかやってくると思いますが、その時には別の本を書く必要があるでしょう。

したがって、本書はすべての書籍と同じく、バイアスがかかっており、不完全なものであると注意しておきたいと思います。システム思考は、本書に書かれている内容にとどまりません。ご興味があれば、自分自身で見つけてください。私の目的のひとつは、あなたに興味を持ってもらうことです。もうひとつの目的は（これが主な目的ですが）、複雑なシステムを理解し、扱うための基本的な力をつけていただくことです。たとえ、あなたのシステムについての公式なトレーニングが本書に始まり、本書に終わったとしても、基礎的な力がついていることを願っています。

1993年　ドネラ・メドウズ

編集者からの言葉

1993年、ドネラ・メドウズは、今あなたが手にしているこの本の草稿を完成させました。原稿はそのときには出版されず、数年にわたって仲間内で回覧されていましたが、ドネラは、本書の完成を見ることなく、2001年に突然この世を去ってしまいました。その後、数年たっても、ドネラが書いたものは幅広い読者にとって変わらず有益であることがわかりました。ドネラは、科学者であり、作家であり、システム・モデリングの最高のコミュニケーターだったのです。

1972年、ドネラを主著者とする『成長の限界』（邦訳はダイヤモンド社）が出版されました。この本は、ベストセラーとなり、広く翻訳されました。当時ドネラやその仲間の著者たちが発した警告は、今日では、「持続可能ではないパターンをそのままにしておいたら、どのように地球を破壊しうるか」の最も正確な警告だったと考えられています。「人口と消費が増え続ければ、最後には、多くの地域システムやグローバルシステムを揺るがしてしまう」と述べた『成長の限界』は、世界中で大きく取り上げられました。ピークオイルがやってきて、気候変動の現実に直面し、66億人が物理的な成長の破壊的な結果に対処しようとしている世界を目の当たりにするようになって、『成長の限界』とその続編に書かれている知見は、新聞などの一面にふたたび登場するようになりました。

一言で言えば、ドネラのおかげで、「進路を正すためには、私たちは世界とシステムの見方を大きく変えなくてはならない」という考え方が出てきたのです。今日では、「システム思考は、私たちが世界中で直面している多くの環境、政治、社会、経済の難題に立ち向かう上での必須ツールである」ことが広く受け入れられています。システムは、その規模の大小を問わず、似たような挙動をすることがあります。さまざまなレベルで永続的な変化を作り出そうと思ったとき、最大の希望が持てるのは、「システムがどのように挙動するか」を理解することでしょう。ドネラは、「この概念を、より多くの人に届けたい」という思いで本書を書いていました。だからこそ、私とサステナビリティ研究所の同僚たちは、ドネラが亡くなったあと、彼女の書いた原稿を出版すべき時だと決心したのです。

本をもう1冊出すことで、本当に世界と読者であるあなたの助けとなるのでしょうか？　私はなると思っています。もしかしたらあなたは、会社に勤めていて（または会社を経営していて）、「自分の会社や組織は、どうしたらよりよい世界への移行の一端を担えるのだろう？」と、もがいているかもしれません。あるいは、政策を作る立場にいて、せっかくのあなたのよい考えや善き意図に他の人たちが抗う様子を目の当たりにしているかもしれません。もしかしたら、マネージャーとして、会社やコミュニティの何らかの重要な問題を解決しようと懸命に力を尽くしているのに、その結果ときたら、別の難題が同じように持ち上がるだけ、という状況かもしれません。社会（や家族）がどのように機能するのか、何を大事だと考え、何に反対するのかを変えようと働きかけてきたのに、何年もかかってやっと得られたと思った進捗も、ほんのいくつかの反応がパチパチと起こるとあっという間に〝元の木阿弥《もくあみ》〟という状況を目の当たりにしているかもしれません。グローバル化の進む社会に生きる一市民として、「ずっと続く前向きの違いを生み出すことがいかに難しいか」に、ひたすら苛立ちを感じているかもしれません。

もしそうであれば、この本が役に立つと思うのです。「システム・モデリング」、「システム思考」に関する書籍は何十冊も見つけることができますが、システムと私たちについて——システムが時に不可解なのはなぜなのか、どうすれば私たちはもっと上手にシステムを取り扱い、設計し直せるようになるのか——、わかりやすく示唆を与えてくれる書籍が強く求められていることには変わりはありません。

本書を執筆する少し前に、ドネラは『限界を超えて』(邦訳はダイヤモンド社)を完成させたところでした。この本は、『成長の限界』をその20年後に新たに書き直したものです。ドネラはまた、ピュー・リサーチ・センターの「保全と環境」分野の研究者であり、全米地理学協会の研究探査委員会の委員でもあり、ダートマス大学では「システム」や「環境」、「倫理」を教えていました。仕事のあらゆる側面で、その日の出来事に没頭していました。そういった出来事は往々にして、複雑なシステムの挙動が外に現れたものであることをドネラは理解していたのです。

本書は、ドネラの最初の原稿を編集・再構成したものですが、掲載されている例の多くは、1993年の最初の草稿にあったものです。少し古いと思われるかもしれませんが、原稿を編集する過程で、その教えは当時と同様に今日でも重要であると考え、そのまま残すことにしました。

1990年代初めといえば、ソ連が崩壊し、他の社会主義国にも大きな転換が起きていた時代です。北米自由貿易協定の署名が行われ、イラク軍がクウェートに侵攻し、退却する際、油田に火を放ちました。ネルソン・マンデラが牢獄から解放され、南アフリカのアパルトヘイト法が廃止されました。レフ・ワレサ連帯議長がポーランド大統領に選ばれ、詩人ヴァーツラフ・ハヴェルがチェコスロバキア大統領に選出されました。気候変動に関する政府間パネル（IPCC）が最初の評価報告書を出し、「人間活動からの排出によって温室効果ガスの大気中濃度が大きく上がっており、それによって、温室効果が高まって地球の表面温度が高くなるだろう」と結論づけました。国連がリオ・デ・ジャネイロで環境と開発に関する会議を開催しました。

その頃、会合や会議に出かけている間の1週間に、ドネラは『インターナショナル・ヘラルド・トリビューン』紙を読んで、よりよいマネジメントか、いちからの再設計を必要としているシステムの例を数多く見いだしました。新聞でそういう例を見つけられたのは、そういった例が毎日私たちのまわり中にあるからです。「その日の出来事は趨勢の一部であり、その趨勢は根底にあるシステム構造の症状である」という見方を取り始めれば、新しい対処法を考え、複雑なシステムからなる世界に生きるための新しい方法を考えられるようになります。ドネラの原稿を出版するにあたり、読者のみなさんが自分のまわりのシステムについて理解し、語り、前向きの変化にむけて行動する力をつけてもらえたら、と願っています。

システムと、私たちがシステムをどのように考えるかについての、このとっつきやすい小さな手引書が、非常に複雑なシステムから生じる挙動を迅速に転換しなくてはならない世界で役立つツールとなることを願っています。これは、複雑な世界のための、複雑な世界についてのシンプルな本です。よりよい未来を創り出したいと考える人々のための書なのです。

2008年　ダイアナ・ライト

第1部　システムの構造と挙動

第2部 システムと私たち

第3部 システムと私たちの根底にある価値観に変化を創り出す

工場を取り壊しても、工場を作り出した理屈がそのまま残っているなら、その理屈が別の工場を作り出すだけだ。革命が起きて政府を倒したとしても、その政府を作り出した組織的な思考様式がそのまま残っているなら、その思考様式は同じことを繰り返すだろう……。システムについて語られることは多い。そして、ほとんど理解されていない。

——ロバート・パーシグ（『禅とオートバイ修理技術』〔邦訳は早川書房〕）

はじめに　システムを見るレンズ

> マネージャーたちが直面しているのは、それぞれ独立した問題ではなく、互いに影響し合っている問題が変化してゆく、複雑なシステムからなるダイナミックな状況なのだ。こういった状況を「ごちゃごちゃの状況」と呼ぶ……。マネージャーたちは問題を解決するのではなく、ごちゃごちゃの状況に何とか対応するのだ。
>
> ――ラッセル・エイコフ[1]（オペレーションズ・リサーチ理論家）

システムについて教えるとき、初めにスリンキーを持ち出すことがよくあります。「それ、何なの?」という人のために説明しておくと、スリンキーとは、長くて緩いバネからできたおもちゃで、ぴょーんぴょーんとはずんだり、手から手へと乗り移ったり戻ったり、階段に置くとビヨーンビヨーンとひとりで降りていったりもします。

片方の手の平にスリンキーを載せます。もう一方の手の指でスリンキーの上のほうを持って、途中までコイルを引っ張ります。そうして、スリンキーを載せている手をさっと引きます。スリンキーの下の端のほうが落ち、もう一度跳ね返ってきて、上部を持っている私の指のところでつり下がって、ヨーヨーのように上に行ったり下に行ったりします。「こんなふうにスリンキーがぴょーんぴょーんとなるのは何のせいでしょう?」学生たちに尋ねると、「先生の手です。手を放したでしょう?」と答えます。

そこで私は、スリンキーが入っていた箱を取り上げて、同じように持ってみます。手の平に載せて、もう片方の手の指で上部をつかみます。できるだけドラマチックな身振りで、箱の下に置いた手をさっと引きます。

何も起こりません。言うまでもなく、箱はただそこにぶら下がっているだけです。

「じゃあ、もう一度聞きます。スリンキーがぴょーんぴょーんとなるのは何のせいですか?」

答えは明らかに、スリンキーそのものの中にあります。スリンキーを操作する手は、バネの構造の中に隠れているある挙動を抑えたり解放したりしているのです。

これがシステム理論の中核にある洞察です。

いったん構造と挙動の関係がわかれば、「システムはどのように機能するのか」、「システムが思った結果を生み出さないのは何のせいなのか」、そして、「システムをよりよい挙動パターンに移行するには、どうしたらよいか」を理解し始めることができます。この世界が急速に変化しつづけ、ますます複雑なものになるにつれ、自分たちの前にある幅広い選択肢を管理し、適応し、理解するために、システム思考が役に立つことでしょう。システム思考とは、問題の根本原因が何かを見いだし、新たな機会を見つける自由を与えてくれる思考法なのです。

それでは、「システム」とは何でしょうか? システムとは、何かが集まったものです。人でも、細胞でも、分子でも、何であっても、時間の経過とともにその独自のパターンを創り出すようなやり方で相互につながっている何かが集まったものです。システムは、外的な力によって、衝撃を受けたり、抑えられたり、始動したり、駆動されたりすることがあります。でも、そういった力に対する反応はそのシステムの特徴であり、その反応は、実際の世界では単純であることはほとんどありません。

スリンキーに関しては、この考え方は十分に理解しやすいでしょう。個人や企業、都市や経済となってくると、異端の考え方かもしれません。多くの場合、システムがそれ独自の挙動を創り出すのです！　システムの外で起こることがその挙動を招くこともありますが、システムの外で同じことが起こっても、システムが異なれば、おそらく異なる結果を生み出すでしょう。

- 政治リーダーが不況や好況を起こすのではない。景気の上下の動きは、市場経済の構造にもともと内在しているものなのだ。
- ある企業が市場シェアを減らしたとしても、競合他社がその原因であることはめったにない。競合他社は、その状況から利を得ようとしているかもしれないが、市場シェアの減少は（少なくともその一部は）その企業の事業方針が原因だ。
- 石油価格高騰の責任は、石油輸出国だけが負っているわけではない。石油輸入国の石油消費、価格設定、投資方針が供給不足に対して脆弱な経済を作りだしていなければ、輸出国の動きだけで世界的な価格高騰や経済の混乱が起きることはないだろう。

- インフルエンザのウィルスがあなたを攻撃するわけではない。あなたが自分の体内にウィルスが繁殖する条件を整えるのだ。
- 薬物依存症は中毒者自身の過ちではない。どんなに頑健な人でも、どんなに愛情にあふれた人でも、ひとりで麻薬中毒者を治すことはできない。その中毒者当人ですらできない。「中毒は、より大きな一連の影響と社会の問題の一部である」と理解してはじめて、その問題への取り組みを始めることができる。

このような言い方には、ひどく落ち着かない気持ちにさせる「何か」があります。常識中の常識には、「別の何か」があります。このふたつの「何か」、つまり、システムの原則に対する抵抗と認識は、人間の2種類の経験（だれにとってもその両方ともおなじみの経験）から起こると私は考えています。

一方で、私たちは、「分析すること」、「自分たちの合理的な能力を用いること」、「原因から結果への直接的なつながりを追うこと」、「物事を理解可能な小片にして見ること」、「自分のまわりの世界に働きかけたり制御したりすることで問題解決をすること」を教わってきました。この訓練のおかげで、個人や社会の多くの力が生まれます。そして、この訓練を受けているために、私たちは、「問題の原因」として、大統領や競合他社、ＯＰＥＣ（石油輸出国機構）やインフルエンザ・ウィルス、薬物を見るようになるのです。

他方、合理的な分析を教えられるずっと前に、私たちのだれもが複雑なシステムを扱っています。私たち自身が複雑なシステムなのです――私たちの体は、統合され、相互につながった自己維持型の複雑性のすばらしい例です。私たちが出会うだれであっても、どんな組織も、動物も庭も、木も森も、複雑なシステムです。私たちは、分析もせず、直観的に（多くの場合、言葉も使わずに）、こういったシステムがどのように機能するのか、こういったシステムとどのように一緒に活動したらよいかを実際的に理解していきます。

コンピュータと方程式にがっちりと縛られた現代のシステム理論を見ていると、それがあるレベルではだれもが知っている真実を扱っているという事実がわからなくなりますが、システムの専門用語は往々にして、昔ながらの知恵に直接言い換えることができます。

複雑なシステム内ではフィードバックに遅れが生じるため、問題が明らかになったときには、その解決は不必要に難しくなっているかもしれない。

――「今日の一針、明日の十針」

競争の排他原則によると、自己強化型フィードバック・ループ（詳細は62頁）が競争の勝者にさらに競争に勝つための手段を提供するなら、結果的には、競争相手はほとんどいなくなってしまう。

――「持てる者はなお与えられ、持たぬ者は、持てるものをもなお取らるべし」（マルコによる福音書第4章25節）。

または

――「富める者はますます富み、貧しき者はますます貧しくなる」

複数の経路と重複を有する多様性に富んだシステムは、多様性のほとんどない画一的なシステムに比べて、外からの衝撃に対してより安定し、強い。

――「すべての卵をひとつのカゴに入れるな」

産業革命以来、西洋社会は、直観や全体論より、科学や論理、還元主義から多くを得てきました。私たちは心理的にも政治的にも、問題の原因は「ここにある」というより、「あそこにある」と考えがちです。そうする以外ありえないかのように、「何か」や「だれか」のせいだと考え、自分たちには責任がないとし、問題を解決する制御ノブや製品、薬、技術的な解決策を探すのです。

外にある手段に焦点を当てることで、深刻な問題の解決がはかられてきました――天然痘の予防、食糧の増産、重量のある物資や多くの人々を短時間で長距離移動させるなど。しかしながら、そういった問題はより大きなシステムの中に埋め込まれているため、その〝解決策〟がさらなる問題を創り出すこともありました。そして、問題の中でも、複雑なシステムの内部の構造に根深くつながっていて、本当にごちゃごちゃになっているものは、消えようとはしないのです。

たとえば、飢餓、貧困、環境劣化、経済の不安定性、失業、慢性疾患、薬物中毒、戦争などは、それらを根絶するために傾注されてきた分析力とすばらしい技術にもかかわらず、なくなりません。だれかがこういった問題を意図的に創り出しているわけではなく、問題が続くことを望んでいる人がいるわけでもないのに、問題は消えないのです。その理由は、こういった問題は本質的に、システムの問題（こういった問題を生み出すシステム構造の望ましくない挙動の特性）だからです。こういった問題が解決に向かうのは、私たちが自らの直観を取り戻し、非難をどこかへ向けるのをやめ、システムをそれ自体の問題の源であると見、そのシステムを〝再構築する〟勇気と知恵を見いだしたときだけです。

これは明白でありながら、破壊的でもあります。昔からのものの見方でありながら、新しい見方でもあります。ほっとすることでしょう。「解決策は私たちの手の中にある」のですから。一方で、心をかき乱すものです。なぜなら、私たちはこれまでとは異なったやり方で〝物事を行う〟必要がある、少なくとも、これまでとは異なったやり方で〝物事を見〟〝考える〟必要があるからです。

本書は、その〝これまでとは異なった見方と考え方〟についての本です。生まれてこの方ずっとシステム思考をしてきたかもしれないけれども、「システム」という言葉やシステム分析の分野に警戒心を抱いているかもしれない方々に向けて書かれた本です。私は、本書を技術論ではない形で展開しています。数学やコンピュータを使わなくても、システムの理解はずっと先まで進めていけることを示したいからです。

本書には、図や時系列グラフがたっぷり使われています。言葉だけでシステムの議論をすることには問題があるからです。言葉や文は必然的に、論理的な順番で直線的に、いっときにひとつずつやってきます。一方、システムは一斉に起こります。ひとつの方向につながっているだけではなく、同時に多方向につながっています。システムについて適切に論ずるためには、議論している現象の特性のいくつかを共有する何らかの〝言葉〟を使う必要があります。

この〝言葉〟については、言語よりも図のほうが向いています。図であれば、そのすべての部分を一度に見ることができるからです。最初は非常にシンプルなものから始めて、少しずつシステムの図を積み上げていこうと思います。「図というこの言葉は容易に理解できる」と思われることでしょう。

まずは基礎として、システムの定義とその構成要素の詳細な分析を（還元主義的で全体的ではないやり方で）行います。それから、構成要素をもう一度くっつけて、要素が互いにどのようにつながり、システムの基本的な動作単位であるフィードバック・ループを作っているかを示します。

その次に、「システムの動物園」を紹介しましょう。よくある興味深いシステムのタイプをいくつか集めたものです。これらの〝動物たち〟のいくつかが、どのように行動するのか、それはなぜなのか、そして、どこで見つけることができるのかを見ることになります。「ああ、これか」とわかることと思います。どれも皆さんのまわりにあるものですし、皆さんの中にさえあるものですから。

動物園の〝動物たち〟（一連の具体例）を土台に、一歩引いて、システムがどのようにしてこれほどまでに見事に機能するのか、それはなぜなのか、そして、しょっちゅう私たちをびっくりさせたり当惑させたりするのはなぜなのかを説明しましょう。あるシステム内のだれもが、またはすべてのものが、きちんと理性的に行動しているのにもかかわらず、こうした善意の行動すべてが合わさると、まったくひどい結果を生み出してしまうことがよくありますが、その理由についても述べます。そして、だれもが考えるよりもずっと速く、またはゆっくりと物事が起こることが多いのはなぜかについても説明しましょう。そして、これまでいつもうまくいっていたことをやっていても、突如として、「自分の行動はもはやうまくいかないことがわかってがっかりする」ということがありうるのはなぜかについても、あるシステムが突如として、何の警告もなく、これまで見たことのないような挙動をしはじめることがあるのはなぜかについても説明します。

その議論から、システム思考家たちが企業や政府、経済や生態系、生理学や心理学の分野で仕事をする過程で繰り返しつまずく、〝よくある問題〟を見てみましょう。コミュニティ間で水資源を共有したり、学校間での財務資源を共有したりするための分配システムを見ると、「ここにも、共有地の悲劇がある」という言葉が口から出てきます。または、新しい技術の開発を促進したり阻害したりするビジネスのルールやインセンティブを調べていると、「ずり落ちる目標」を見つけたりします。もしくは、家族や地域社会、国における意思決定をする力と関係性の質を調べると、「システムの抵抗」が見えたりします。また、カフェインやアルコール、ニコチンや薬物だけでなく、ずっとたくさんの作用因子が引き起こしうる「中毒」を目撃したりします。

システム思考家は、特徴的な挙動を生み出すこういった共通の構造を「原型」と呼んでいます。最初に本書の企画を考えていたときは「システムの落とし穴」と呼んでいましたが、「……とチャンス」と言葉を足しました（第5章の章題）。というのも、こういった原型は、この上なく非妥協的かつ危険性のある問題の原因となることもあるのですが、システムについてのほんの少しの理解があれば、ずっと望ましい挙動を生み出すように変えることもできるのです。

これらが理解できたら、次に、「私たちもその一部であるシステムを組み直すために、自分たちには何ができるか」に移りましょう。変化のための「レバレッジ・ポイント」の探し方を学ぶことができます。

最後に、あらゆる人にとっての最大の教訓で締めくくります。私の知っているシステム思考家のほとんどが共有する知恵から導き出されたものです。

巻末には、さらにシステム思考を探究したいという方のために、「用語集」、「システム思考の参考文献」、「システムの原則のまとめ」、「第1部で説明したモデルの方程式」を載せ、より深く掘り下げてもらえるようになっています。

私たちの小さな研究グループがMITからダートマス大学へ移ったとき、ダートマス大学の工学部の教授のひとりが、私たちがセミナーを行っている様子をしばらく見たあと、私たちの研究室に立ち寄りました。「あなた方は違うね」とその教授は言いました。「あなた方は違う種類の質問をするし、私が見ていないものを見ている。どういうわけか、あなた方は違う世界のとらえ方をしている。どのように？　どうして？」

そのことこそ、私が本書を通じて、特に最後の部分で、皆さんにわかってもらいたいことなのです。私は、システム思考のほうが還元主義的な思考よりも優れていると思っているわけではありません。それは、補完的なものであり、だからこそ示唆に富むのです。肉眼で見えるものもありますし、顕微鏡のレンズをのぞいて見るものもあれば、望遠鏡のレンズを通して見るものもあります。そして、システム理論というレンズを通して見るものもあるのです。それぞれの種類のレンズを通して見えるものは、実際にそこにあります。それぞれの見方によって、私たちが生きている驚くべき世界についての知識が、ちょっとずつ完全なものに近づくのです。

世界が前にもましてごちゃごちゃで、混み合い、つながり合い、互いに依存し、変化が激しいときには、ものの見方は多いほうがよいのです。システム思考のレンズのおかげで、私たちはシステム全体に対する直観を取り戻すことができます。そして次のことができるようになります。

- 部分を理解する力を鍛える
- 相互のつながりを見る
- 将来的に可能性のある挙動について「もし～なら、どうなるか？」という問いを発する
- 創造的に勇敢にシステムを再設計する

さらに、自分自身や私たちの世界に違いを生み出すために、自分たちが得た洞察を用いることができるのです。

目の見えない男たちと、象というもの

目の見えない人ばかりが住んでいる町がありました。ある王様が側近を連れ、その近くにやってきました。軍隊を引き連れ、砂漠で野営しました。王様は、巨大な象を連れており、人々の畏怖の念を高めさせるために使っていました。

町の人々は、象を見たいとそわそわし始めました。盲目の住民の何人かが、「象を知りたい！」とわっと駆け出しました。

彼らは、象の姿も形も知らなかったため、見えないまま手探りをして、象のどこかに触って情報を集めようとしました。

だれもが、「自分にはわかったことがあるぞ」と思いました。「なぜなら、ある部分を感じることができるから」と。

象の耳に手が届いた男は……こう言いました。「でっかくて、ざらざらしたものだ。幅が広く、広がっていて、じゅうたんみたいだ」

象の鼻に触った男は、こう言いました。「これがどういうものか、わかったぞ。まっすぐで中空のパイプみたいなものだ。すさまじくて、破壊的だ」

象の足に触った男は、こう言いました。「でっかくて固くて、柱みたいだ」

どの男も、多くの部分の中のひとつに触ったのでした。どの男も、象のとらえ方は間違っていました[2]……。

このスーフィー教の古いお話は、単純だけれど見過ごしがちな教訓を教えるためのものです。「システムの挙動は、そのシステムを構成している要素を知るだけではわからない」のです。

第1部
システムの構造と挙動

System Structure and Behavior

第1章　基礎

> どれほど複雑な問題であっても、正しい見方をしたときに、なおいっそう複雑なものにならない問題にはお目にかかったことがない。
>
> ——ポール・アンダーソン[1]

部分の総和以上のもの

システムとは、古い収集品のようなものではありません。システムとは、何かを達成するように一貫性を持って組織されている、相互につながっている一連の構成要素です。少しの間、この定義をじっと見てみると、「システムとは3種類のものからなっている」ことがわかります。「要素」と「相互のつながり」、そして「機能」または「目的」です。

たとえば、あなたの消化器システムの要素には、歯、酵素、胃、腸などがあります。これらは、食物の物理的な流れを通して、そして、洗練された一連の調整用の化学信号を通して、相互につながっています。このシステムの機能は、食物をその基本的な栄養素に分解し、使えない廃棄物を捨てながら、それらの栄養素を血流（別のシステム）に移すことです。

サッカーチームは、選手、コーチ、サッカー場、ボールなどの要素からなるシステムです。相互のつながりは、試合のルール、コーチの戦略、選手間のコミュニケーション、ボールや選手の動きに影響を与える物理法則です。チームの目的は、試合に勝つこと、楽しむこと、運動すること、数百万ドルを稼ぐこと、またはこれらのすべてです。

学校もシステムですし、都市も、工場も、企業も、一国の経済もシステムです。動物もシステムです。木もシステムですし、森は木々や動物といったサブシステムを包む、より大きなシステムです。地球もシステムであり、太陽系もシステムです。銀河だってシステムです。システムがシステムの中に埋め込まれており、それがさらに別のシステムに埋め込まれているということもあります。

「システムではないもの」はあるのでしょうか？　ええ、あります。特に相互のつながりや機能を持たない、何かの寄せ集めがそうです。たまたま路上にまき散らされた砂は、システムではありません。砂を足しても取り除いても、変わらずただ路上に砂があるだけです。サッカーチームやあなたの消化器システムだったら、その一部を適当に足したり取り除いたりしたら、すぐに前と同じシステムではなくなってしまいますよね。

生き物が死ぬと、その「システムらしさ」を失います。その生き物をひとつのものにしていた多くの相互のつながりが機能しなくなり、散逸していくのです。もっとも、その物質は、より大きな食物連鎖システムの一部として残るのですが。「住人がお互いを知っており、しょっちゅうやりとりをしていた、かつての町の近隣地域は、社会システムだった。見知らぬ人ばかりという新しいアパート地区は、新しい人間関係が生まれて、システムが形作られるまでは、社会システムとはいえない」という人もいます。

こういった例から、システムにはある完全性や全体性があること、そして、その完全性を維持するための能動的な一連のメカニズムがあることがわかるでしょう。システムには無生物が含まれていることもありますし、無生物から構成されるシステムもあるかもしれませんが、それでも、まるで生きているかのように、変化し、適応し、出来事に反応し、目標を追い求め、損傷を修復し、自身の生存に注意を払います。システムは、自己組織化が可能で、多くの場合、(少なくともある程度の)外部からのかく乱に対して自己修復できます。しなやかな弾力性を有し、システムの多くは進化的です。あるシステムから、まったく新しい、これまで想像もできなかったような別のシステムが生まれることもあるのです。

ゲームのプレーヤーの向こうにあるルールを見る

「1」がわかっているのだから、「2」もわかる、だって、「1」と「1」で「2」でしょ、と思うだろう。しかし、「と」も理解しなくてはならないことを忘れている。

——スーフィー教の教え

ドネラの言葉

システムは、部分の総和以上のものです。その挙動は、適応的で、ダイナミックで、目標追求型で、自己保全的なもので、進化的な動きを見せることもあるでしょう。

多くの場合、いちばん気がつきやすいのは、システムの要素です。要素の多くは、目に見え、触ることのできるものだからです。木を構成している要素には、「根」、「幹」、「枝」、「葉」があります。もっとよく見れば、専門化した細胞が見えます。樹液を運び上げたり下げたりしている「管」、「葉緑体」などです。大学と呼ばれるシステムを構成しているのは、「建物」、「学生」、「教授」、「管理者」、「図書館」、「本」、「コンピュータ」……と続けていくことができ、そして、こういったもののすべては「何からできているか」を言うこともできるでしょう。要素といっても、〝物体〟とは限りません。形のないものもシステムの要素です。大学でいえば、「学校への誇り」や「学業面での才能」は、このシステムにとって非常に重要かもしれない、形のない要素です。あるシステムの要素を列挙し始めたら、その作業にはほぼ終わりはありません。要素を下位の要素に分け、さらに下位の要素に分解してゆくことができます。そうしているうちに、じきにシステムを見失ってしまうでしょう。ことわざにもあるように、「木を見て森を見ず」になってしまうのです。

その方向に行き過ぎてしまう前に、要素の分解をやめて、「つながり」、つまり、要素をつなげている関係性を探し始めるのがよいでしょう。

木というシステムの「つながり」とは、その木の代謝プロセスに影響を与える物理的な流れや化学的な反応です。そういったシグナルがあるから、ある部分が他の部分に起きていることに反応することができるのです。たとえば、太陽の照っている日には、葉は水分を失いますから、水を運ぶ管の水圧が低下し、それによって、根はより多くの水を摂取することになります。反対に、根が土壌の乾燥を経験すると、水圧の低下がシグナルとなって、葉は気孔を閉じ、貴重な水をそれ以上失わないようにするのです。

温帯地帯で日が短くなってくると、落葉樹は、葉から幹や根に栄養分を移し、葉柄《ようへい》を弱めるという化学的メッセージを出します。それによって、葉が落ちるのです。木によっては、ある一部が虫に攻撃されただけで、防虫作用のある化学物質をつくったり、細胞壁を硬くしたりするメッセージが出ているようにさえ思われることがあります。どのような関係性があるから、木はそのようなことができるのでしょうか?——そのすべてを理解している人はいません。この知識の欠如は、驚くべきことではありません。システムのそれぞれの要素について学ぶほうが、要素間のつながりを学ぶよりも容易だからです。

考えてみましょう——システムか単なるモノの集まりかの見分け方

A）部分がどれかがわかりますか?

B）部分は互いに影響を与えていますか?

C）部分が合わさることで、各部分だけのときとは異なる結果を生み出していますか?

D）その結果（経時的な挙動）は、さまざまな状況下でも持続しますか?

大学というシステムのつながりには、「入学者選考の基準」、「学位取得の必要要件」、「試験と成績評価」、「予算とお金の流れ」、「噂話」、そして最も重要なものとして、そのシステム全体の目的であろう「知識の伝達」などがあります。

システムのつながりの中には、実際の物理的な流れもあります。たとえば、木の幹の中の水や、大学の中で進級していく学生たちなどです。多くのつながりは、情報の流れ（システム内で意思決定や行動が行われる場所に到達するシグナル）です。こういった種類のつながりは見えにくいことが多いのですが、システムを見ている人には見えてきます。学生たちは、受講する課程を決めるために、よい成績が取れる見込みに関する非公式な情報を使うかもしれません。消費者は、自分の収入、貯蓄、与信評価、自宅にあるモノの在庫、価格、棚に並んでいて購入できるものかどうかなどの情報を用いて、何を買うかを決めます。政府が水質汚濁を減らすための実用的な規制を作ろうと思ったら、水質汚濁の種類や量についての情報が必要となります（「問題がある」という情報は必要かもしれませんが、行動を起こすのに十分ではありません。使える資金などの資源やインセンティブ、結果についての情報も必要です）。

「情報」に基づく関係性が見えにくいとしたら、「機能」や「目的」はさらに見えにくいものです。システムの機能や目的は、明示的に語られたり、書かれたり、表明されているとは限りませんが、システムの働きを通じてわかります。システムの目的を推測する最良の方法は、そのシステムがどのように挙動するかをしばらくじっと見ることです。

1匹のカエルが右を向いてハエを捕まえ、今度は左を向いてハエを捕まえ、それから、ぐるりと後ろを向いてハエを捕まえたとしたら、そのカエルの目的は、右や左や後ろを向くことではなく、ハエを捕まえることに関連するものでしょう。政府が「環境保護に関心がある」と口では言いながら、その目的に向けての資金や努力をほとんど投じないとしたら、実際のところは、環境保護は政府の目的ではないのです。目的とは、美辞麗句や掲げられた目標からではなく、行動から推測されるものです。

言葉についての注意

「機能」という言葉は通常、人間以外のシステムに使われ、「目的」という言葉は人間のシステムに使われますが、その区別は絶対的なものではありません。多くのシステムには人間に関わる要素と人間以外の要素の両方があるからです。

サーモスタット付きの暖房システムの機能は、建物をある決められた温度に保つことです。植物の機能のひとつは、種をつくり、より多くの植物を作ることです。国家経済の目的のひとつは、その挙動から判断するに、より大きく成長し続けることです。ほとんどすべてのシステムにとっての重要な機能は、自らが必ず永続できるようにすることです。

ドネラの言葉

システムのつながりの多くは、情報の流れを通じて機能しています。情報はシステムをひとつにまとめ、その機能を決定する上で重要な役割を果たします。

システムの目的とは、人間の目的であるとは限らず、必ずしもそのシステム内のある主体が意図したものでもありません。実際、システムの最も苛立たしい側面は、下位の構成単位の目的が合わさることで、全体としてはだれも望んでいない挙動をもたらすというものです。だれも薬物中毒や犯罪の蔓延する社会を創りたいと思ってはいないのですが、関与する当事者の目的と結果としての行動が組み合わさるとどうなるか、考えてみてください。

- 心の痛みから早く逃れたいと必死の人々
- お金を稼ぎたい農家、販売業者、銀行家たち
- 自分たちに敵対する警察に比べて、民法に縛られる度合いが弱い麻薬密売人たち
- 有害物質を非合法なものとし、その禁止のために警察力を用いる政府
- 貧しい人々の近くに住んでいる金持ちの人々
- 中毒者の回復を促すよりも自分の身を守ることにより関心のある中毒ではない人々

これらがすべてあわさって、麻薬中毒と犯罪を根絶することが極めて難しいシステムを作るのです。

システムの中にシステムが入れ子状に入っていることもあります。したがって、目的の中に目的がある場合もあります。大学の目的は、知識を発見・維持し、次の世代へと伝えていくことです。大学の中で、ある学生の目的はよい成績を取ることかもしれませんし、ある教授の目的は

定年まで勤められる終身地位の権利を得ることかもしれません。管理者の目的は予算の収支を合わせることかもしれません。こういった下位の目的はすべて、全体の目的と衝突する可能性があります。たとえば、学生はカンニングをし、教授は論文発表のために学生を無視し、管理者は教授をクビにすることで予算の収支を合わせる、といった具合です。下位の目的とシステム全体の目的の調和を維持することは、うまくいくシステムにとって不可欠の機能です。のちほど、ヒエラルキーの話をするときに、もう一度この点に触れましょう。

システムの構成要素、つながり、目的について、ひとつずつ変えたところを想像してみると、それぞれの相対的な重要性がわかるでしょう。通常、要素を変えてもシステムに対する影響は最小です。アメリカン・フットボールチームの選手を全員替えたとしても、同じようにフットボールチームとして認識できます（プレーはずっとよくなったり、ずっと悪くなるかもしれませんので、実際には、システムの特定の要素も重要かもしれません）。木はその細胞をつねに入れ替えていますし、葉っぱも年ごとなどに替わるでしょうが、それでも本質的には同じ「木」です。あなたの身体も数週間ごとに細胞を入れ替えていますが、あなたの身体でありつづけます。大学には学生が常時出たり入ったりしており、教授や管理者も（より遅いペースですが）出たり入ったりしています。それでも大学であることは変わりません。実際、他大学とは微妙な点で区別ができる、同じ大学でありつづけます。それはちょうど、ゼネラルモーターズや米国議会が、その構成員がすべて替わったとしても、どういうわけかそのアイデンティティを保っているのと同じです。システムは通常、そのシステムでありつづけ、その要素をすべて取り替えたとしても、つながりと目的が同じである限り、変わるとしてもゆっくりとしか変わりません。

つながりが変わると、システムは大きく変わります。チームの選手が同じであったとしても、それとは認識できなくなることがあるほどです。ルールをフットボールのルールからバスケットボールのルールに変えれば、「試合の仕方がまったく変わる」といった、まったく新しい事態になります。木のつながりを変えれば（たとえば、二酸化炭素を吸収して、酸素をはき出す代わりに、その逆にしたら）、それはもはや木ではなくなるでしょう（動物かもしれませんね）。大学で、学生が教授の評価をし、議論は論理ではなく力で勝負が決まるのであれば、その場所には「大学」ではなく、別の名前をつける必要があるでしょう。それは興味深い団体かもしれませんが、大学ではないでしょう。システムのつながりを変えることは、システムを劇的に変えうるのです。

機能や目的を変えることも、劇的なものになりえます。たとえば、選手とルールはそのままで、目的を、「勝つこと」から「負けること」へ変えたら、どうなるでしょうか？　木の機能が「生き延びて繁殖すること」ではなく、「土中の栄養分をすべて取り込み、どこまでも大きくなること」だったとしたら？　人々は、大学の目的を「知識を広げること」以外にもいろいろと考えてきました（お金を儲けること、人々を洗脳すること、フットボールの試合に勝つことなど）。たとえ要素やつながりは何一つ変わらなかったとしても、目的が変われば、システムは根底から変わります。

「システムの中の要素、つながり、目的のどれがいちばん重要なのですか？」という質問は、

“システム的”ではない質問です。すべてが重要なのです。すべてが関連しており、すべてが役割を持っているのです。しかしながら、多くの場合、システムの中でも最も目につかない部分である機能または目的は、そのシステムの挙動を決する上で最も重要です。つながりも極めて重要です。関係性を変えると、通常はシステムの挙動が変わります。システムの部分である要素は、私たちがいちばん気づきやすいものですが、システムの独自の特性を決める上では、最も重要ではない場合が多い（つねにではありませんが）のです。もっとも、要素を変えることが関係性や目的を変えることにつながる場合は、要素も重要です。

トップに位置するリーダーをひとりだけ替えることは（ブレジネフからゴルバチョフへ、またはカーターからレーガンへ）、国土や工場、何億人という国民はまったく同じままでも、国全体を新しい方向に向けることもありますし、そうならないこともあるでしょう。リーダーは、国土や工場、国民に新しいルールで別の試合を行わせたり、新たな目的に向かってプレーをするよう指示することができます。

他方、国土や工場、国民は、長い時間軸で存在し、ゆっくりと変わっていく、システムの物理的な要素ですから、どんなリーダーであっても、一国の方向を変えられるスピードには限度があります。

バスタブから学ぶ入門編　システムの経時的な挙動を理解する

ドネラの言葉

システムの中でも最も目につかない部分である「機能」または「目的」は、多くの場合、そのシステムの挙動を決する上で最も重要です。

> 自然の中に含まれている情報……のおかげで、私たちは過去を部分的に再構築することができる。……川の曲がりくねった流れや、地球の地殻の複雑さが増していくことは……遺伝子系と同じように、情報を蓄積する装置なのだ。……情報を蓄積することは、そのメカニズムの複雑さが増大するということである。
>
> ――ラモン・マーガレフ[2]

「**ストック**」は、どのようなシステムであれ、その基盤となるものです。ストックとはシステムの要素ですが、いつでも見たり感じたり、数えたり測ったりすることができるものです。システムのストックとは、その名の通り、時間の経過とともに蓄積された物質や情報の蓄え、量、蓄積です。バスタブの中の水もそうでしょうし、人口、本屋にある書籍、木材、銀行にあるお金、あなた自身の自信もそうでしょう。ストックは物理的なものであるとは限りません。他の人に対するあなたの善意の蓄えも、世界はよりよくなれるというあなたの希望の供給源も、ストックです。

ストックは、**フロー**の動きを通して、時間の経過とともに変わっていきます。フローは、注水と排水、出生と死亡、購入と販売、成長と衰弱、預金と引き出し、成功と失敗といったものです。つまり、ストックとは、「システムの中で変化するフローの履歴の現時点での記憶」ということになります（図1）。

たとえば、地下にある鉱床はストックで、鉱床から採鉱することで、鉱石のフローが出てきます。鉱石が鉱床に入るインフローには、ほぼ永久といってよいほどの時間がかかります。そこで私は、単純化して、インフローがひとつもないシステム（図2）を描くことにしました。どのようなシステムの図も説明も、現実世界を単純化したものなのです。

ダムの背後にある貯水池の水は、ストックです。そこに雨や河川の水が入り、そこから貯水池の水面からの蒸発によって、そしてダムへの放水によって、水が出ていきます（図3）。

森林の潜在的に伐採可能な木質量は、ストックです。インフローは、木の生長で、アウトフローは、木の自然死と伐採者による伐採です。伐採された木材は、別のストック（おそらく製材所の材木の在庫）へのインフローとなります。材木が顧客に売れると、在庫ストックからのアウトフローとして、木材が出ていきます（図4）。

ストックとフローの**ダイナミクス**（その経時的な挙動）を理解できれば、複雑なシステムの挙動についてかなりの部分を理解したことになります。そして、バスタブでの経験を何度もしていれば、ストックとフローのダイナミクスがわかるでしょう（図5）。

バスタブに水がいっぱいだと想像してください。排水栓をして、蛇口は閉じられています。何も変わらない、動きのない、退屈なシステムです。では、排水栓を抜いたところを想像してみてください。もちろん、水が流れ出ていきます。バスタブの水位は、バスタブ

ドネラの言葉

ストックとは、システムの中で変化するフローの履歴の記憶です。

図1　ストック・フロー図の読み方

本書では、ストックは「箱」で、フローはストックに出入りする矢印の付いた「パイプ」で示しています。それぞれのフローに付いている小さな「T」は蛇口を表しています。蛇口は絞ったりゆるめたり、開けたり止めたりできます。「雲」は、それがどこであれ、フローがやってくる場所や出ていく場所で、今現在の議論においては考えない供給源や吸収源です。

図2　採鉱によって枯渇する鉱物のストック

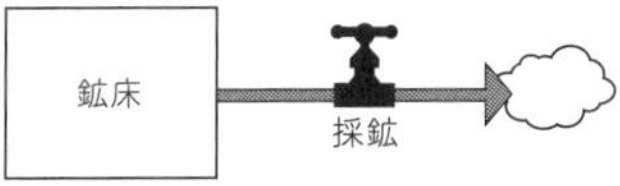

図3　いくつものインフローやアウトフローがある貯水池の水のストック

図4　森林の中の木のストックにつながっている木材のストック

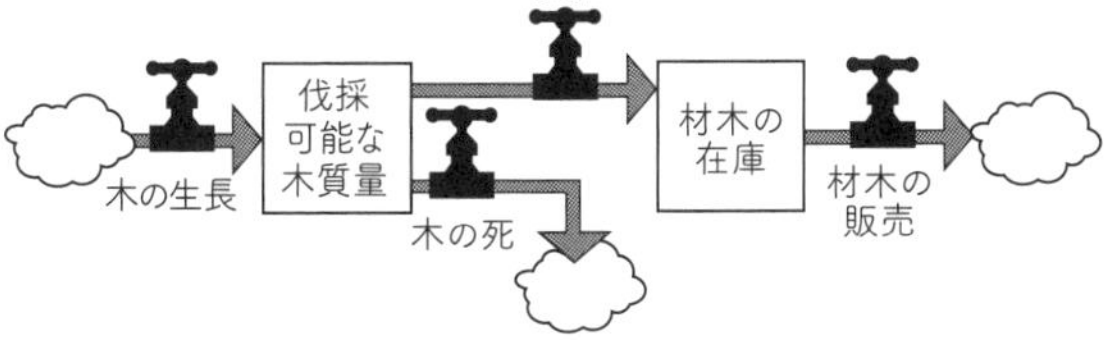

図5　バスタブシステムの構造

が空っぽになるまで下がっていきます（図6）。

時系列変化グラフを見る際の注意

システム思考家は、個々の出来事に注意を集中するのではなく、時間の経過に伴う〝趨勢〟を理解するため、システムの挙動をグラフにしたものを用います。システムは目標や限界に近づきつつあるのか、もしそうであるならば、どれほどすぐかを知るためにも、時系列変化グラフを使います。

グラフの変数は、ストックの場合もフローの場合もあります。重要なのは、パターン（変数の線の形状）です。その線が、どこで形や方向を変えるかも重要です。多くの場合、軸上の正確な数値はそれほど重要ではありません。

時間を示す横軸によって、「何が前に起こったのか？」、「次に何が起こるかもしれないのか？」という問いを立てることができます。それによって、今調べている問いや問題にふさわしい時間軸に焦点を絞ることができるでしょう。

では、もう一度、水がいっぱいに張られたバスタブを想像してください。ふたたび排水栓を抜きますが、今回はバスタブの水位が半分になったとき、蛇口をひねって、流れ出る水の量とちょうど同じだけ、水が流れ込むようにします。どうなるでしょうか？

バスタブの水量は、インフローがアウトフローと等しくなったときに達していた水位で保たれます。これは、**動的な平衡状態**です。水はつねにバスタブの中を流れているのですが、水位は変わりません（図7／49頁）。

アウトフローは一定のまま、インフローをいくぶん強めにしたと想像しましょう。バスタブの中の水位は少しずつ上昇します。その後、蛇口を戻して、インフローがアウトフローと同じになるようにすると、バスタブの水の上昇は止まります。さらに蛇口を絞ると、水位はゆっくりと下がっていくでしょう。

このバスタブのモデルは、ストックはひとつだけ、インフローもアウトフローもひとつというとても単純なシステムです。モデルが検討したい時間軸（分単位）でいえば、バスタブからの蒸発は取るに足らないと見なしましたので、そのアウトフローは含めていません。モデルはすべて（メンタルなモデルであれ、数学的なモデルであれ）、現実世界を単純化したものです。このバスタブの有する動的な可能性は全部わかりましたか？　そこから、より複雑なシステムにも適用できるいくつかの重要な原則を導き出すことができます。

図6　排水栓を抜いたときのバスタブの水位

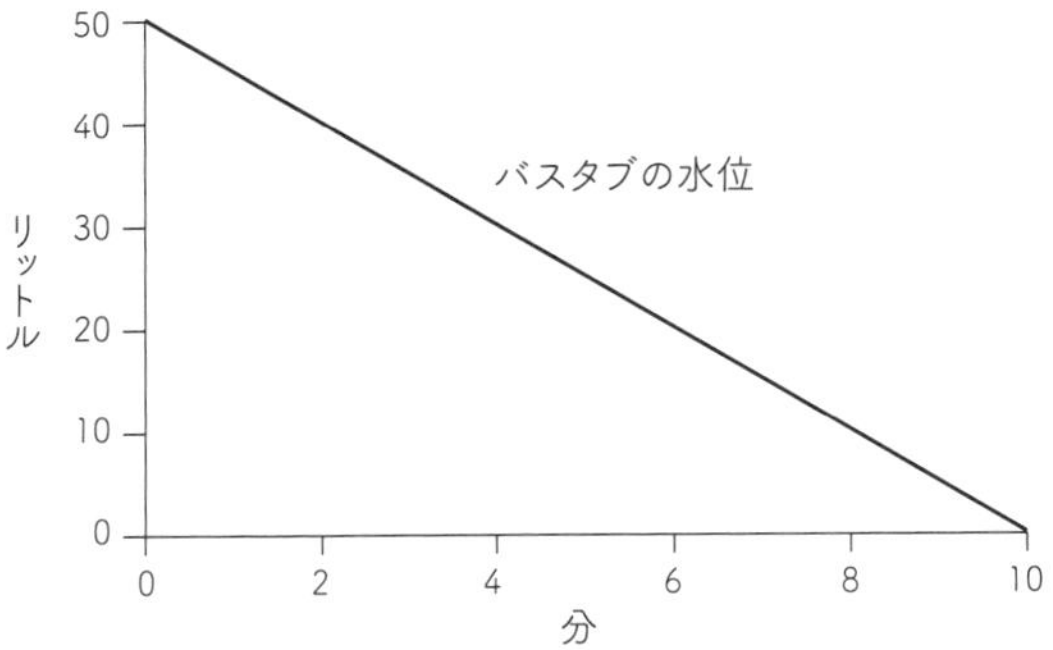

● すべてのインフローの合計が、すべてのアウトフローの合計を上回っている限り、ストックのレベルは上昇します。
● すべてのアウトフローの合計が、すべてのインフローの合計を上回っている限り、ストックのレベルは下がっていきます。
● すべてのアウトフローの合計がすべてのインフローの合計と等しい場合は、ストックのレベルは変わりません。インフローとアウトフローが等しくなった時点に到達していたレベルで、動的な平衡状態に保たれることになります。

人間はどうも、フローよりもストックに集中して考えがちなようです。加えて、私たちがフローに注意を向けるときは、アウトフローよりもインフローにより注意を集中する傾向があります。そのせいで、「バスタブを満たすには、インフローの量を増やすだけではなく、アウトフローの量を減らしてもよい」ことを見逃すことがあります。「石油を基盤とした経済の寿命を延ばすには、新しい油田を発見すればよい」ということは、だれもが理解していますが、「石油を燃やす量を減らすことでも同じ結果が得られる」ことを理解するのは、より難しいようです。入手可能な石油のストックに対する影響という点からみれば、エネルギー効率の大躍進は、新たな油田の発見に匹敵します。もっとも、だれがそこから利益を得るかは異なりますが。

同様に、企業は、採用を増やすことで労働力を増やすことができますし、退職や解雇を減らす

図7　バスタブの水のストックの変化

アウトフローは一定、インフローは5分後に開始。

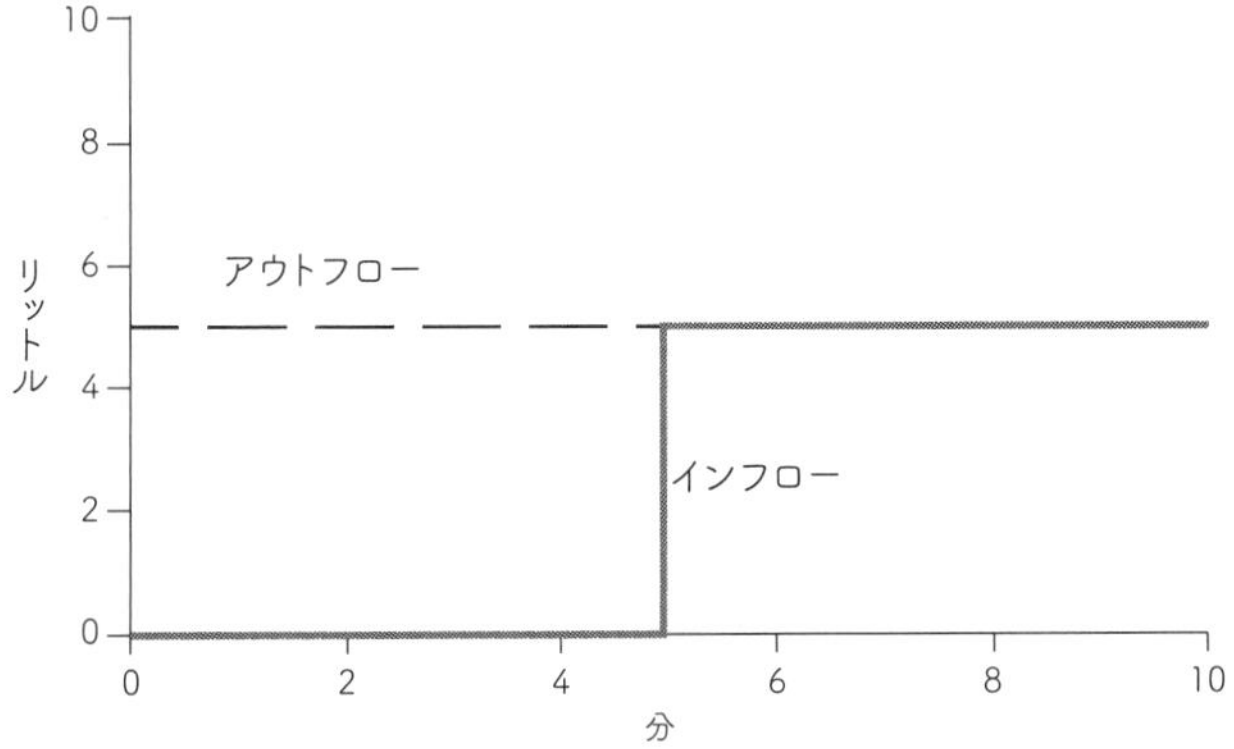

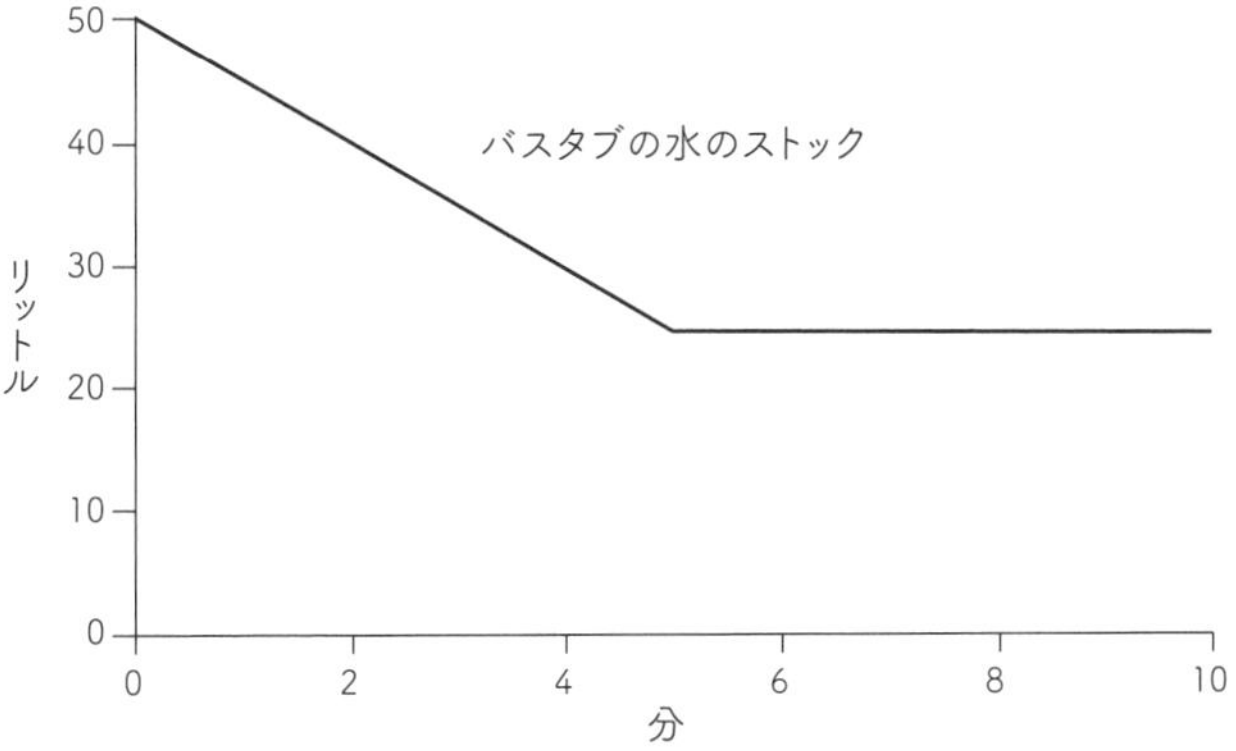

ことによっても同じことができます。そのために必要なコストは、やり方によってかなり異なるかもしれません。国の富は、工場や機械のストックを増大するための投資によって増やすことができます。また、工場や機械の摩耗・故障・廃棄の速度を減らすことによっても増やせます。多くの場合、そのほうがコストは安くてすみます。

バスタブの排水栓や蛇口（フロー）の調節は一瞬でできますが、バスタブの中の水位（ストック）を急に変えるのはずっと難しいことです。排水栓を抜いても、水が瞬時に排水栓から流出することはありえません。蛇口を全開しても、バスタブを瞬時にいっぱいにすることはできません。ストックが変化するのには時間がかかるのです。なぜならば、フローの移動には時間がかかるからです。これはとても重要なポイントであり、「システムはなぜそのように挙動するか」を理解する上での鍵を握っています。ストックはたいていゆっくりと変化し、システムにおいて、時間的遅れ、タイムラグ、バッファー、安定器、勢いの源として機能しうるのです。ストックの反応は、急激な変化に対しても、ゆっくりと満ちたりゆっくりと空になったりするだけです。大きなストックは特にそうです。

ストックに固有の勢いは、過小評価されることがよくあります。人口が増えたり、増加が止まったりするのには、長い時間がかかります。森林に木質が蓄積するのも、貯水池がいっぱいになるのも、鉱山が枯渇するのも同じです。莫大なお金が使えたとしても、ある経済が一夜のうちに、機能する工場や高速道路、発電所の大きなストックを築き上げることはできません。いったんある経済の中で石油を燃やす炉や自動車エンジンが大量に使わ

ドネラの言葉

ストックは、アウトフローの量を減らすことによっても、インフローの量を増やすことによっても、増やすことができます。バスタブを水で満たすやり方は、ひとつだけではないのです！

れるようになれば、石油の価格が急に変わったとしても、別の燃料を燃やす炉やエンジンに急転換することはできません。地球のオゾン層を破壊する成層圏汚染物質は、何十年もかけて蓄積してきました。これらの汚染物質を除去するのにも何十年もかかるでしょう。

ストックの変化が、システムのダイナミクスのペースを決めます。工場や機械が作られる速度や、人々が教育を受けて操作・メンテナンスができるようになる速度を超えて、工業化を進めることはできません。森林は一夜のうちには育ちません。いったん汚染物質が地下水に蓄積されれば、地下水が入れ替わるペースでしか除去できません。それは何十年も、場合によっては何百年もかかるかもしれないのです。

ゆっくりと変化するストックから生じるタイムラグは、システムに問題を発生させることがありますが、安定を生み出す源にもなりえます。何百年もかけて蓄積した土壌は、一瞬のうちにすべてが浸食されるということはめったにありません。多くの技術を学んだ人々が、あっという間に学んだ技術を忘れるということもありません。長期にわたって、地下水が再補充されるペースよりも速いペースで、地下水を汲み上げることができます。帯水層が損なわれるほど水がなくなるのは、そのあとなのです。ストックがもたらすタイムラグのおかげで、いろいろいじってみたり、実験したり、うまくいっていない政策を変えたりする余地が生まれます。

ストックの変化のペースに対する感覚を持っていれば、起こりうるよりも速く物事が起こることを期待することも、すぐにあきらめてしまうこともありません。システムの勢いがもたらすチャンスを活用して、それを良い結果へとつなげようとすることができます。柔道家が、相手の勢いを利用して自分の目標を達成しようとするのと同じです。

システムにおけるストックの役割に関して、もうひとつ大事な原則があります。その原則は、フィードバックの概念に直接つながるものです。ストックがあることで、インフローとアウトフローはそれぞれが独立し、一時的に両者間のバランスを崩すことが可能となる、ということです。

もし自動車がガソリンを燃焼するペースとまったく同じペースで、ガソリンを精製所で生産しなければならないとしたら、石油会社の経営は困難極まるでしょう。木々が生長するそのペースで森林を伐採することは、実現可能ではありません。貯蔵タンクの中のガソリンも森林に立っている木々の木質もストックであり、そのおかげで、ある確実性、連続性、予測可能性を持って物事が進むのです。短期的にフローが変動したとしても、です。

インフローとアウトフローを切り離して安定させるために、ストックを維持するメカニズムがたくさんつくり出されてきました。干ばつや洪水の時には特にそうですが、貯水池のおかげで、下流の住民や農家は、川の流量の変化に合わせて暮らしや仕事を絶えず調整することなく暮らすことができます。銀行があるおかげで、一時的にはお金を稼ぐペースがお金を使うペースとずれていても大丈夫なのです。流通業者から、卸売業者、小売業者へのサプライチェーンに沿って製品の在庫があるおかげで、消費者の需要は変動しますが、生産はスムーズに進めることができます。そして、生産量が変動したとしても、消費者の需要を満たすことができるのです。

ドネラの言葉

ストックへのインフローやアウトフローが急に変化したとしても、たいていの場合、ストックはゆっくりと変化します。そこで、ストックは、システムにおける時間的な遅れ、バッファー、緩衝材として機能します。

個人や組織の意思決定の多くは、ストックの水準を調整しようとするものです。在庫が多すぎれば、価格を下げたり広告費を増やしたりします。そうすることで、販売が増え、在庫が減るでしょう。あなたの台所の食材のストックが少なくなれば、買い物に行きますよね。田畑で育っている穀物のストックの増加具合を見て、農家は水や農薬を散布するかどうかを決め、穀物会社は、収穫後の搬送に向けて何隻の輸送船を押さえておくかを決め、投機家は、収穫物の将来価値に値を付け、牧畜業者は牛の数を増やしたり減らしたりします。貯水池の水位は、高すぎたり低すぎたりすると、それを正そうとするさまざまな行動をもたらします。同じことが、あなたの財布の中のお金のストックにも言えるでしょう。石油会社が所有している石油の埋蔵量、製紙工場の原料となる木材チップの山、湖の汚染物質の濃度についても同じです。

人々は絶えずストックを監視して、ストックを増やしたり減らしたり、または許容範囲内に保とうと、意思決定をし、行動をとります。こういった意思決定が積み重なって、あらゆる種類のシステムの盛衰、つまり成功と問題を生み出します。システム思考家は、世界を「フローの操作によってその水準を調整するメカニズムが付いているストックの集合体」として見ています。

つまり、システム思考家は、世の中を「フィードバック・プロセス」の集合体として見ているのです。

ドネラの言葉

ストックがあることで、インフローとアウトフローを切り離すことができます。そして、それぞれが独立し、一時的に両者間のバランスを崩すことが可能となります。

システムはどのようにして自らを動かすか　フィードバック

情報フィードバック・コントロールのシステムは、生物の進化のゆっくりしたペースから最新型の人工衛星の打ち上げまで、あらゆる生命や人間の試みにとっての根本である。……私たちが個人として、業界として、または社会として行うことはすべて、情報フィードバック・システムの文脈で行われているのだ。

――ジェイ・W・フォレスター[3]

ストックが飛躍的に増えたり、急激に減ったり、またはまわりで何が起ころうとある範囲内に保たれているとき、そこにはコントロール・メカニズムが作用しているように思えます。つまり、時間が経過しても持続する挙動があれば、そこにはおそらく、その一貫した挙動をつくり出しているメカニズムがあるのでしょう。そのメカニズムは、**フィードバック・ループ**を通して機能します。「フィードバック・ループが存在している」という最初の手がかりは、長期間にわたって一貫した挙動パターンが見られることです。

フィードバック・ループができるのは、ストックの変化がその同じストックに入ってくるインフローやそこから出ていくアウトフローに影響を与えるときです。フィードバック・ループは、とても単純で直接的な場合もあります。銀行の利息付き貯蓄口座を考えてみましょう。口座の残高（ストック）は、その口座に利子としていくらのお金が入ってくるかに影響を与えます。銀行には「口座は毎年あるパーセントの利子を得る」というルールがあるからです。毎年口座に支払われる利子の合計額（インフロー）は、決まった金額ではなく、口座の残高によって変動します。

毎月、当座預金口座の取引明細書が届くときには、別の種類のかなり直接的なフィードバック・ループを経験することになります。当座預金口座の中にある使える現金（ストック）の水準が下がれば、もっと働いてもっとお金を稼ごうと決めるかもしれません。あなたの銀行口座に入ってくるお金は、自分の現金のストックをより望ましい水準に増やすために、あなたが自分で調整できるフローです。そして、銀行口座の残高がとても大きいものになれば、働く時間（インフロー）を減らしてもよいと思うかもしれません。この種のフィードバック・ループは、使うことのできる現金の水準を自分の許容範囲内に保つことになります。収入の調整だけが、現金のストックに作用するフィードバック・ループでないことはわかりますね。たとえば、口座から出ていくお金のアウトフローを調整することもできるかもしれません。支出に対するアウトフロー調整型のフィードバックが考えられるでしょう。

フィードバック・ループによって、ストックの水準をある幅で保ったり、または増やしたり減らしたりできます。いずれにせよ、ストック自体の大きさの変化によって、ストックに入るインフローやストックから出ていくアウトフローが調節されるのです。ストックの水準を監視しているのがだれ（または何）であったとしても、インフローまたはアウトフロー（またはその両方）のペースを調整し、それによってストックの水準を変えようという、是正プロセスを始めます。ストックの水準は、それ自体をコントロールするための一連のシグナルと行動を通してフィードバックされるのです（図8）。

どの図でも、ストックと、ストックを変化させるフロー、行動を指示する情報のリンク（細い曲線の矢印で示されている）を区別します。強調したい点は、「行動や変化はつねに、フローの調整を通して進む」ということです。

すべてのシステムにフィードバック・ループがあるわけではありません。ストックとフローが閉じずにつながっている、比較的単純なシステムもあります。その場合、そのつながりは外部要因の影響を受けるかもしれませんが、そのつながりの中にあるストックの水準はフローに影響を与えません。しかし、フィードバック・ループを含むシステムはよくあります。これから見ていくように、高度に洗練されているものもあれば、かなりびっくりさせられるようなものもあります。

安定化のループ　バランス型フィードバック

図8　フィードバック・ループのあるストック・フロー図の読み方

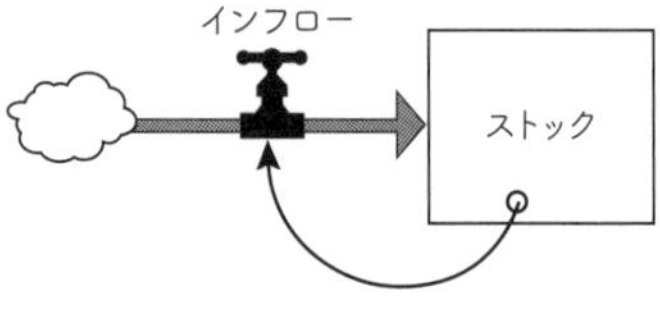

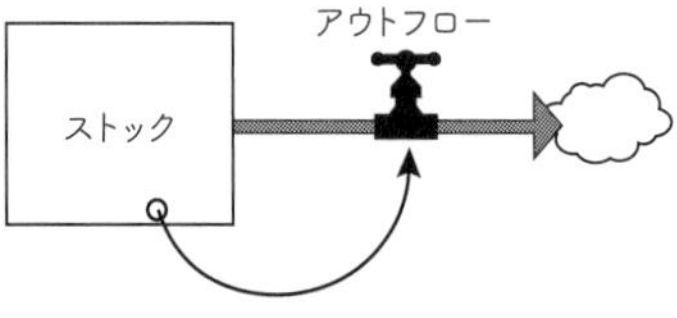

どの図でも、ストックと、ストックを変化させるフロー、行動を指示する情報のリンク（細い曲線の矢印で示されている）を区別します。

よく見られるフィードバック・ループのひとつめは、先ほどの当座預金口座の例のように、ストックの水準を安定させるものです。ストックの水準は、ぴったりとは固定されていないかもしれませんが、つねにある許容範囲内にあります。あなたにもおなじみかもしれない、安定化のフィードバック・ループの例をいくつか示しましょう。最初に、フィードバック・ループの中のステップのいくつかを詳しく説明します。

もしあなたがコーヒーを飲む人なら、自分のエネルギーレベルが下がってきたと感じると、自分を元気づけるために、熱い黒い液体の入ったカップを手に取るかもしれません。コーヒーを飲む人として、あなたの心の中には、望ましいストックの水準（仕事のためのエネルギー）があります。この〝カフェイン配達システム〟の目的は、あなたの実際のストック水準を、自分の望む水準あたりで保つことです（コーヒーを飲む目的は、フレーバーを楽しむ、社交活動に参加するなど、ほかのものもあるかもしれません）。あなたの仕事に対するエネルギーの実際の水準と望ましい水準の隔たり（ギャップ）が原動力となって、あなたは毎日、カフェイン摂取を調整する意思決定をするのです。

図9の文字を見てください。本書の図はすべて、それぞれの

図９　コーヒーを飲む人のエネルギー水準

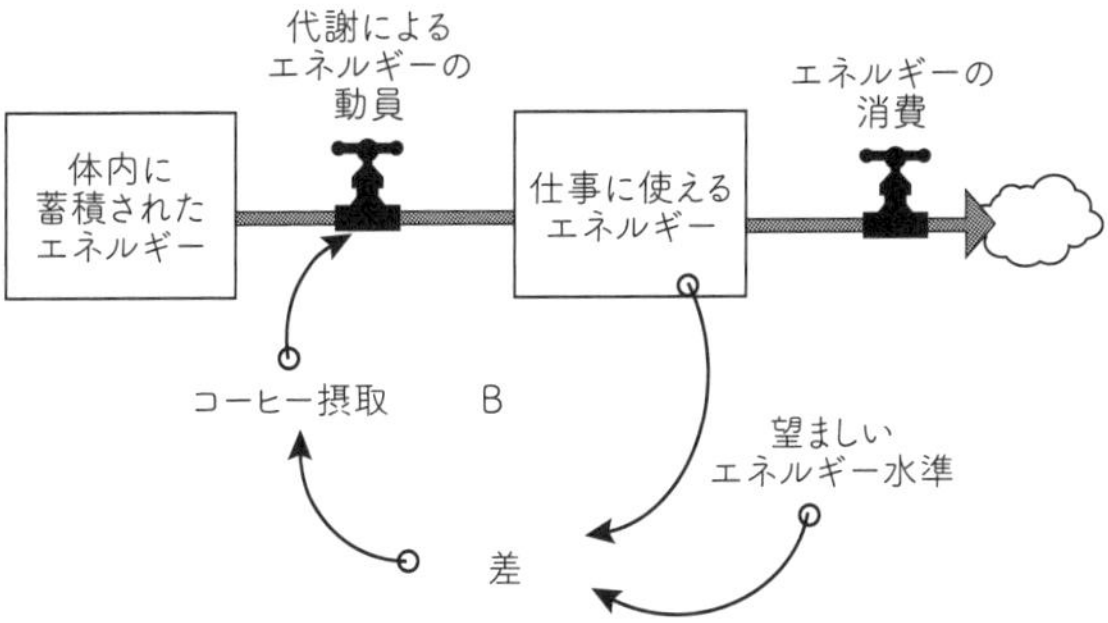

ラベルが「多く」、「少なく」といった方向性を示さない書き方になっています。「低いエネルギー水準」ではなく、「体内に蓄積されたエネルギー」です。「より多くのコーヒー摂取」ではなく、「コーヒー摂取」とあります。なぜかというと、フィードバック・ループは両方向に作用しうることが多いためです。この例で言えば、フィードバック・ループは、過剰供給を正すためにも供給不足を正すためにも機能します。コーヒーを飲みすぎて、エネルギーがあり余ってじっとしていられない自分に気づけば、しばらくはカフェインを摂らないでしょう。高いエネルギー水準は、「多すぎる」という差をつくり出し、エネルギー水準が落ち着くまで、あなたはコーヒーの摂取を減らすようになるのです。この図の意図は、「ループはエネルギーのストックをどちらの方向にも動かす」ということを示すことです。

エネルギーのインフローが雲（詳細は156頁）から入ってくるように描くこともできますが、ここでは、システム図をもう少し複雑に作ってみました。「すべてのシステム図は、現実世界を単純化したものである」ことを思い出してください。見る際の複雑度を選ぶのは、私たちそれぞれなのです。この例で、私はもうひとつのストック（カフェインによって活性化されうる、体内に蓄積されたエネルギー）を描きました。このシステムにはひとつの単純なループ以上のものがあることを示したかったからです。

コーヒーを飲む人ならだれでも知っているように、カフェインは短期的な刺激にすぎません。コーヒーを飲めば、あなたのモーターをより速く動かすことはできますが、コー

ドネラの言葉

フィードバック・ループとは、因果関係のつながりが閉じた連鎖となっているものです。ストックから始まって、ストックの水準によって左右される一連の意思決定やルール、物理的な法則や行動を経由し、ストックを変化させるフローを通して、再びストックに戻ります。

ヒーはあなたの燃料タンクにエネルギーを補充してくれるものではありません。いつかは、カフェインによる興奮状態は冷めていき、身体は前よりもエネルギーが欠乏している状態になります。この低下によって、もう一度フィードバック・ループが起動し、またコーヒーポットのところに行くかもしれませんね（本書の後半にある「中毒」に関する箇所を参照ください）。または、何か食べる、散歩する、少し寝るなど、より長期的でより健康的なフィードバック反応が出てくるかもしれません。

安定を求め、目標を追求し、あるいは調整を図るこの種のループを「**バランス型フィードバック・ループ**（Balancing feedback loop）」と呼びます。ですから、図のループの内側に、「B」と書いてあります。バランス型フィードバック・ループは、〝目標追求型〟または〝安定追求型〟です。バランス型フィードバックはどれも、ストックをある与えられた値に、またはある範囲内に保とうとします。どの方向にせよシステムを変えようとすると、バランス型フィードバック・ループはそうはさせまいとします。あなたがストックを押し上げすぎれば、バランス型フィードバック・ループはそれを引き下げようとします。あなたがストックを減らしすぎると、バランス型フィードバック・ループはそれを戻そうとするでしょう。

コーヒーに関しては、バランス型フィードバック・ループがもうひとつあります。ただし、こちらは人間の意思決定というより、物理法則を通じて作用するものです。カップに入った熱いコーヒーは、しだいに冷めて室温になります。冷めていくペース

ドネラの言葉

バランス型フィードバック・ループは、システムにおける均衡型または目標追求型の構造で、安定を生み出すとともに、変化への抵抗を生み出します。

は、コーヒーの温度と室温の差によって決まります。差が大きいほど、コーヒーの冷め方は速くなります。このループは、反対方向にも作用します。暑い日にアイスコーヒーを作ったら、室温と同じ温度になるまでぬるくなっていくでしょう。このシステムの機能は、コーヒーの温度と室温の差を（その方向にかかわらず）ゼロにすることです（図10）。

沸騰直前から凍結直前まで、さまざまなコーヒーの温度が、時間の経過とともにどうなるかを示したのが図11です（そのコーヒーを飲まなかったとしたら、です）。ここで、バランス型フィードバック・ループの「ホーム・ポジションに戻る」挙動がわかるでしょう。システムのストックの最初の値（この場合はコーヒーの温度）が何であっても（「目標＝室温」の上でも下でも）、フィードバック・ループによって目標に向かって動いていきます。変化は、最初は速く、ストックと目標の差が縮まるにつれて、ゆっくりになってきます。

「システムの定められた目標に少しずつ近づく」というこの挙動パターンは、放射性元素が減衰するときにも見られます。ミサイルが標的を見つけるときも、資産が減価していくときにも、水を増やしたり減らしたりして貯水池を望ましい水位に持っていこうとするときにも、あなたの身体が血糖値を調整するときも、車を信号のところで止めようとすると

図10　冷めていくコーヒー（左）、ぬるくなっていくコーヒー（右）

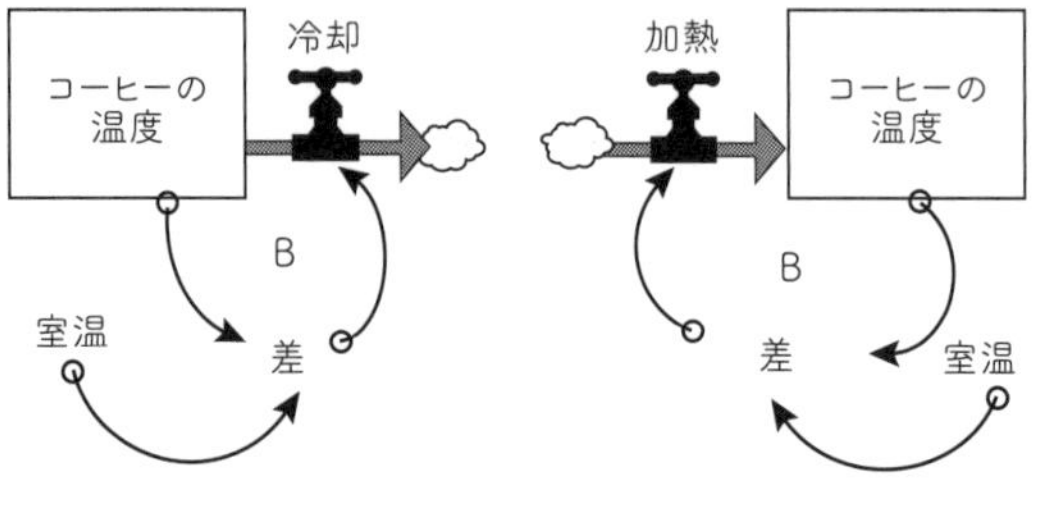

きもそうです。もっとたくさんの例を考えることができるでしょう。世の中には、目標追求型フィードバック・ループがいっぱいあるのです。

フィードバック・ループ・メカニズムがあるからといって、必ずしもメカニズムがうまく機能しているわけではありません。フィードバック・ループ・メカニズムが、ストックを望ましい水準にするほど強くない場合もあるでしょう。フィードバック（つながり、システムの情報の部分）がうまくいかない理由はたくさんありえます。情報が届くのが遅すぎたり、間違った場所に届くこともあります。情報が不明瞭だったり、不完全だったり、解釈できないものだったりするかもしれません。それによって動き出す行動が弱すぎたり、遅すぎたり、資源の制約があったり、単に効果がなかったりすることもありえるでしょう。実際のストックでは、フィードバック・ループの目標が達成されないかもしれません。しかし、「1杯のコーヒー」という単純な例では、コーヒーはいずれ室温に到達するでしょう。

図11　コーヒーの温度が室温（18℃）に近づく

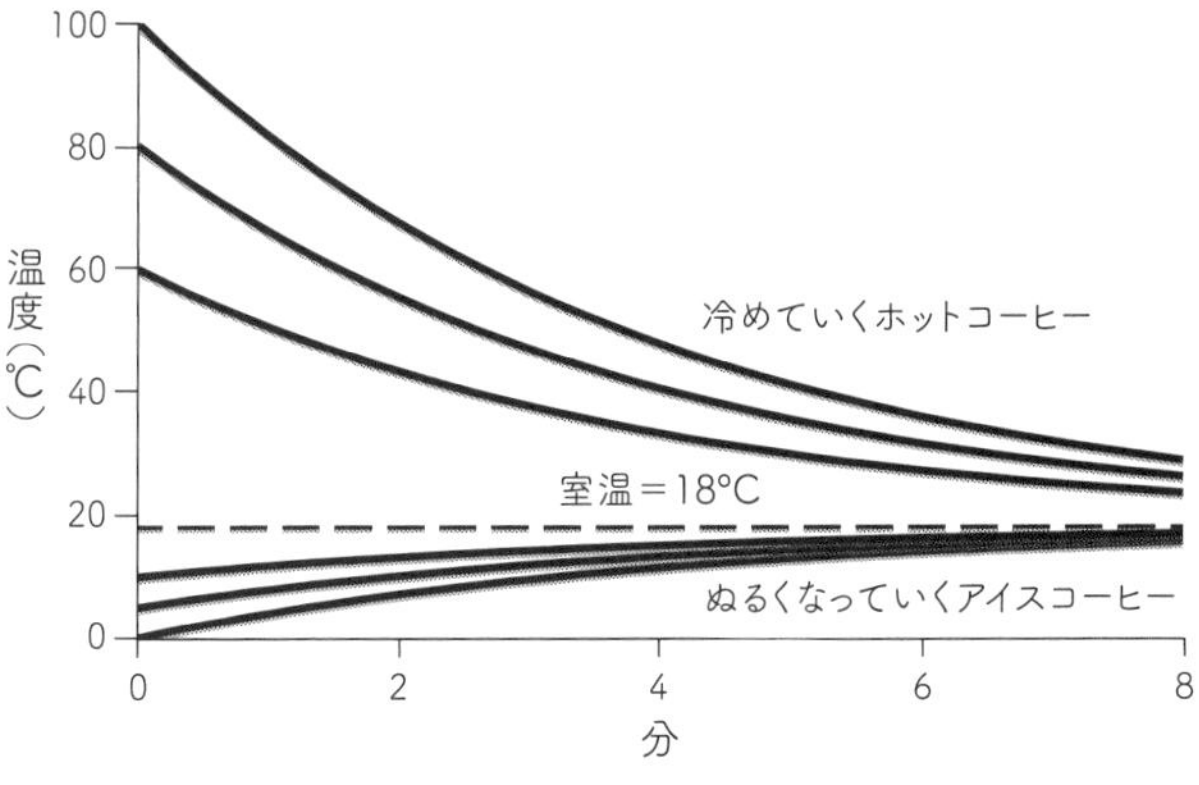

どんどん進行するループ　自己強化型フィードバック

頭をリフレッシュするために、休む必要がありそうだ。休むためには、旅行する必要がある。そして、旅行するには、お金がなくちゃいけない。そして、お金を得るには、働かなくちゃいけない……。私は悪循環に陥っている。……そこから脱出することは不可能だ。

——オノレ・バルザック[4]（19世紀の小説家、劇作家）

ここに大変重要な特徴がある。それは、あたかも循環型の論拠のようだ。つまり、利益が減ったのは投資が減ったからで、投資が減ったのは利益が減ったからなのだ。

——ジャン・ティンバーゲン[5]（経済学者）

ふたつめのフィードバック・ループは、増幅型、自己増殖型、雪だるま式のもので、健全な成長や暴走型の破壊をもたらす、「好循環」または「悪循環」です。「**自己強化型フィードバック・ループ**（Reinforcing feedback loop）」と呼ばれ、図では「R」が付きます。元々のストックがたくさんあればあるほど、ストックに対するインプットが多くなります（元々が少ないほど、生じるインプットも少なくなります）。自己強化型フィードバック・ループは、どの方向に向かってであれ、自らに課せられた変化を増進します。

- 子供の頃のこと。お兄ちゃんが自分を押せば押すほど、自分もお兄ちゃんを押し返す。そうすると、お兄ちゃんはもっと自分を押し、だから自分もお兄ちゃんをもっと押し返す……。
- 価格が上がれば上がるほど、生活水準を保つために、賃金がもっと上がる必要があります。賃金が上がれば上がるほど、利益を維持するために、価格を上げる必要があります。そうすると、また賃金を上げなくてはならなくなり、そうすると、価格もまた上がることになります。
- ウサギがたくさんいればいるほど、赤ちゃんを生む親ウサギがたくさんいます。赤ちゃんウサギがたくさんいればいるほど、育って親ウサギになる数が多くなり、もっとたくさんの赤ちゃんウサギが生まれることになります。
- 地面の土壌浸食が進めば進むほど、生えうる植物が減ります。そうすると、土壌を抑える根が減ることになり、それによって、土壌がさらに浸食され、生えうる植物もさらに減ることになります。
- ピアノを練習すればするほど、その音から得る喜びが増えます。そうすると、もっとピアノを弾くようになり、つまりもっと練習することになります。

システムの要素がそれ自身を再生産する能力か、それ自身に対する一定の割合で大きくなる能力を持っているところならどこでも、自己強化型ループを見つけることができます。たとえば、「人口」や「経済」といった要素です。利息付きの銀行口座の例を覚えているでしょうか。銀行口座の残高が多ければ多いほど、受取利息は多くなり、それはすでに口座にあるお金に追加され、さらに多くの受取利息を得るようになります（図12）。

図13は、この自己強化型ループがどのようにお金を増やしていくかを示しています。100ドルの残高からスタートし、12年間、お金の出し入れはないと仮定します。5本の線は、年率2％から10％まで、5種類の利率を示しています。

これは、単純な線形の成長ではありません。時間の経過とともに変わっていきます。利率の低い銀行口座の成長は、最初の数年間は直線に見えるかもしれません。しかし実際には、成長はどんどん加速していきます。残高が多ければ多いほど、追加分が増えます。この種の成長は、「幾何級数的」と呼ばれます。その成長が良い知らせなのか悪い知らせなのかは、何が成長しているかによります。銀行口座のお金、ＨＩＶ／ＡＩＤＳ感染患者、トウモロコシ畑の害虫、国家経済、軍備競争における武器など、何が増えていくかしだいです。

図14を見てください。所有する機械や工場（合わせて「資本」と呼びます）が増えれば増えるほど、財やサービス（「アウトプット」）をたくさん産み出すことができるようになります。産み出すアウトプットが増えるほど、新しい機械や工場への投資がより多くできます。機械や工場を作れば作るほど、さらに多くを産み出すための能力が増えます。この自己強化型フィードバック・ループ

図 12 利息付きの銀行口座

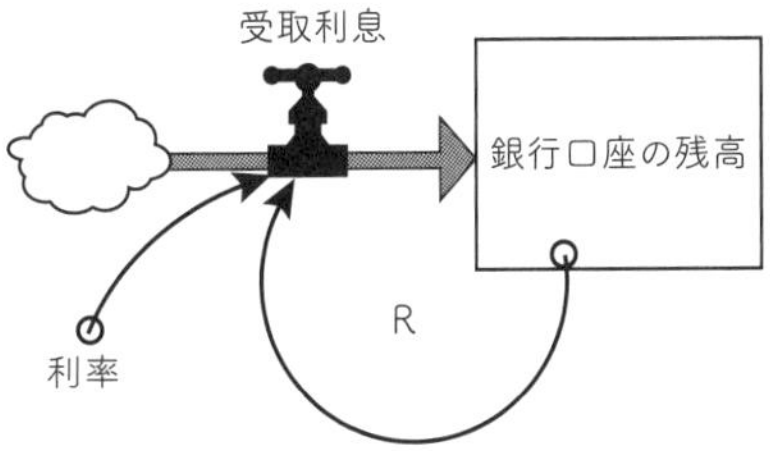

図 13 さまざまな利率での貯金の成長

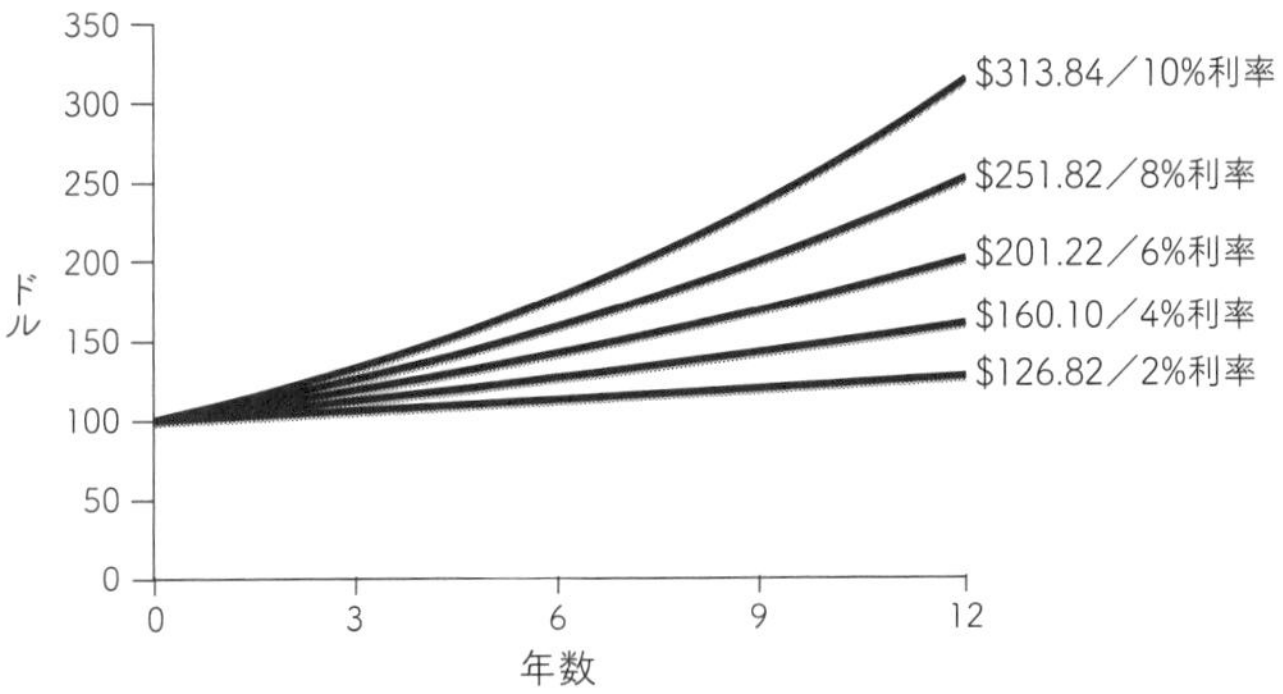

図 14 資本への再投資

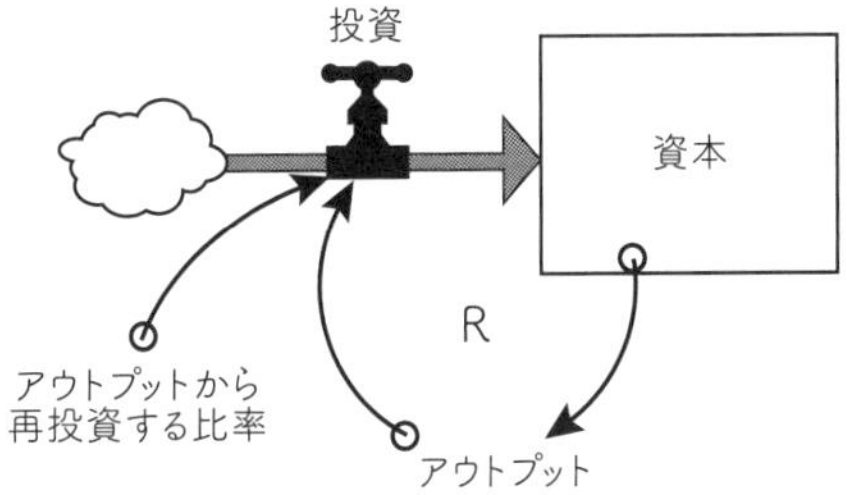

は、経済における成長の中核にある原動力です。

ここまで、基本的なバランス型フィードバック・ループと自己強化型フィードバック・ループがシステムにとってどのようなものかを見てきました。時々私は、学生たちに「フィードバック・ループなしに起こる人間の意思決定を考えてごらんなさい」と、難しい問いを出すことがあります。つまり、意思決定の中でも、それが影響を与えるストックの水準についての情報に関係なく行われる意思決定です。みなさんも考えてみてください。そうすればするほど、いたるところにフィードバック・ループが見えるようになるでしょう。

「フィードバックなしの」意思決定の例として、学生たちからいちばんよく挙がるのは、「恋に落ちること」と「自殺をすること」です。これらの意思決定は、本当にフィードバックの関与なしに行われているのでしょうか？　どう考えるかは、あなたにお任せしましょう。

そう、気をつけてくださいね！　いたるところにフィードバック・ループが見えてくるようになったら、アブナイことに、すでに〝システム思考家〟になりかけているのかもしれませんよ！　「AがどのようにBをもたらしたか」を見るだけではなく、「BもまたどのようにAに影響を与えているか」、そして、「Aがどのようにそれを強化する（または覆す）か」と考え始めることでしょう。夜のニュースで、「FRB（連邦準備制度理事

ドネラの言葉

自己強化型フィードバック・ループは自己増殖型で、時間の経過とともに、幾何級数的な成長、または、下がる一方の暴落につながります。このフィードバック・ループは、ストックが自らを強化または再生産する能力を有しているところなら、どこにでも見つけることができます。

会）は、経済を統制するために○○を行いました」と聞けば、「ＦＲＢに影響を与えるようなことを経済がしたに違いない」と考えることでしょう。だれかから「人口増加が貧困を生み出している」と言われたら、あなたは「どのように、貧困が人口増加を生み出している可能性があるだろうか」と自問することでしょう。

自己強化型ループと倍増期間に関するヒント

自己強化型ループに出会うことは非常に多いので、この簡便な計算法を知っておくと便利です。幾何級数的に成長しているストックが2倍の大きさになるのに必要な時間、つまり「倍増期間」はだいたい、70÷成長率（％）なのです。

たとえば、銀行に年利７％で１００ドル預けたとすると、そのお金は10年間（70÷７＝10）で2倍になります。利子が５％しかなければ、２倍になるのに14年かかります。

考えてみましょう

「AがBを引き起こしている」としたら、「BがAを引き起こしている」ということもありうるでしょうか？

そのように考え始めれば、世界を静止したものではなく、ダイナミックなものとして見るようになるでしょう。だれが悪いのかと犯人探しをするのをやめ、代わりに「システムは何か」と問い始めることでしょう。フィードバックの概念から発想が広がって、「システムがそれ自体の挙動をつくり出しうる」という考えが出てくるのです。

これまでのところ、1度に1種類のフィードバック・ループに絞って話を進めてきました。言うまでもなく、実際のシステムでは、フィードバック・ループがひとつだけということはほとんどありません。フィードバック・ループが互いにつながっていて、多くの場合、目を見張るほど複雑なパターンをつくり出しています。

ひとつのストックに、異なる強さで多方面に引っ張ろうとする自己強化型ループとバランス型ループがいくつもあることでしょう。3つか5つか10のストックの内容が、ひとつのフローの調整をしているかもしれません。ひとつのフローがひとつのストックを満たしながら、別のストックを減らし、またさらに別のストックを変化させる意思決定にフィードバックを送っている、という状況もありえます。あるシステムには多くのフィードバック・ループがあって、互いに綱引きをして、ストックを成長させよう、ゼロにしよう、またはストック同士のバランスをとらせよう、としているのです。その結果、これから見ていくように、複雑なシステムは、「ずっと安定しているか」、「幾何級数的に急成長するか」、「目標にスムーズに近づいていくか」にとどまらない動きを見せます。

第2章　〝システムの動物園〟にちょっと行ってみる

> あらゆる理論がめざしているのは、体験の適切な説明をあきらめざるを得なくなることなく、基本的な要素を可能な限りシンプルに、そして少なくすることだ。
> ――アルバート・アインシュタイン[1]（物理学者）

新しいことを学ぶよいやり方は、抽象概念や一般論よりも、具体例を通して学ぶことです。そこで、よくある、単純ながら重要なシステムの例をいくつか見ていきましょう。これらの例は、それ自体を理解することにも役に立ちますし、複雑なシステムの一般原則の多くも示してくれます。

この〝コレクション〟には、動物園と同じ長所・短所がいくつかあります。[2] それがあるおかげで、世界に存在しているさまざまなシステムがどのようなものなのかがわかりますが、一方で、その多岐にわたるすべてを100%示しているものではありません。動物園では、動物を「○○科」と分類しますよね。こちらがサル、あちらがクマ（こちらが「ストックひとつのシステム」、あちらが「ストックをふたつ持つシステム」）といった具合です。そうすることで、クマと比べたときのサルの特徴的な行動を観察することができます。

しかし、動物園と同じく、この〝コレクション〟は整理されすぎています。動物を見えやすく、理解しやすくするために、他の動物からも、姿を隠してくれる通常の環境からも、切り離しているからです。動物園の動物たちも生態系の中では入り交じって生息しているのがより自然な形であるように、ここで説明する〝システムの動物たち〟も通常は互いに、またここには出てこないシステムともつながり、影響し合っています。それらのすべてが、私たちを取り巻くにぎやかに変化しつづける複雑さをつくり出しているのです。

生態系の話はあとにして、まずは〝システムの動物〟をひとつずつ見ていきましょう。

ひとつのストックからなるシステム

ストックがひとつで、ふたつの競合するバランス型ループを持つ――サーモスタット

目標追求型のバランス型フィードバック・ループの〝ホーム・ポジションに戻る〟挙動については、先ほど、カップ内のコーヒーが冷めていく例で見ました。もしこのようなループがふたつあって、ひとつのストックを別々の目標へ引っ張ろうとしていたら、何が起こるでしょうか？

このようなシステムの一例として挙げられるのは、部屋の暖房を調節するサーモスタットの仕組み（サーモスタットが暖房装置ではなく冷房装置につながっている場合は冷房）です。すべてのモデルと

同じく、図15のサーモスタットは、実際の住宅用暖房システムを単純化して表しています。

室温がサーモスタットの設定温度よりも下がればすぐに、サーモスタットはその差を感知し、暖房機からの熱のフローのスイッチを入れるシグナルを送り、部屋を暖めます。室温が再び上がれば、サーモスタットは熱のインフローのスイッチを切ります。このわかりやすい「ストック維持型のバランス型フィードバック・ループ」が図15の左側です。もしこのシステムには他には何もなく、寒い部屋でサーモスタットの設定温度を18℃にしたなら、その挙動は図16のようになるでしょう。暖房装置がついて、部屋が暖まります。室温がサーモスタットの設定温度に達すると、暖房装置のスイッチは切れ、部屋は目標温度ちょうどで保たれます。

しかし、このシステムにあるループはこれだけではありません。熱は外にも漏れていくのです。熱のアウトフローを制御しているのはふたつめのバランス型フィードバックで、図15の右側に示されています。このループは、つねに室温を外気温と等しくしようとします。カップ内のコーヒーが冷めるのと同じです。もしシステムにこのループしかなかったとしたら（暖房装置がないとしたら）、寒い日に最初は暖かい部屋がどうなるかを示したのが図17です。

ここでは、「部屋の断熱が完璧ではないため、熱の一部は暖かい部屋から冷たい戸外へ逃げていく」ことが前提になっています。断熱がしっかりしているほど、室温の低下はゆっくりになることでしょう。

では、このふたつのループが同時に作用したら、どうなるでしょう？　断熱が十分しっかりしていて暖房装置も適切な大きさだとすると、〝暖房ループ〟が〝冷却ループ〟よりも優勢になります。

図 15　サーモスタットと暖房装置で調節される室温

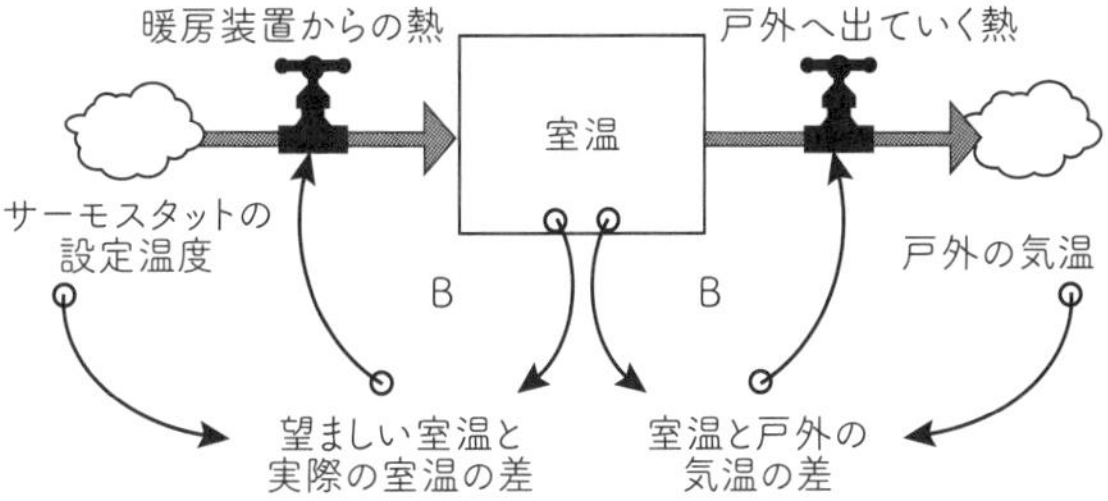

図 16　寒い部屋がすぐにサーモスタットの設定温度まで暖まる

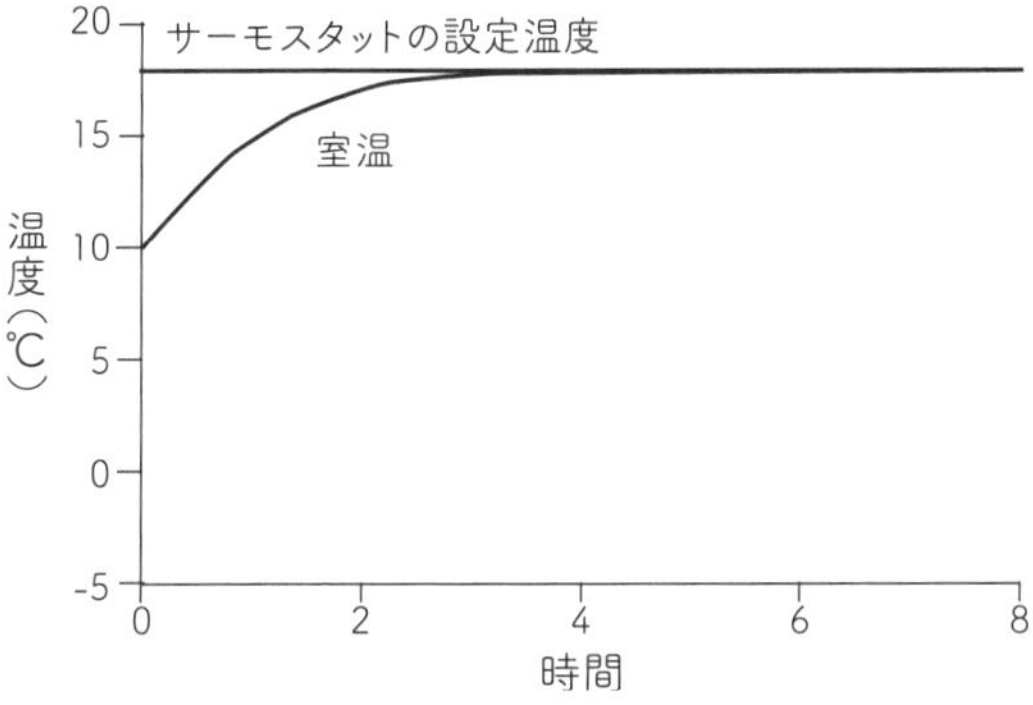

図 17　暖かい部屋はごくゆっくりと 10℃という戸外の温度に近づいていく

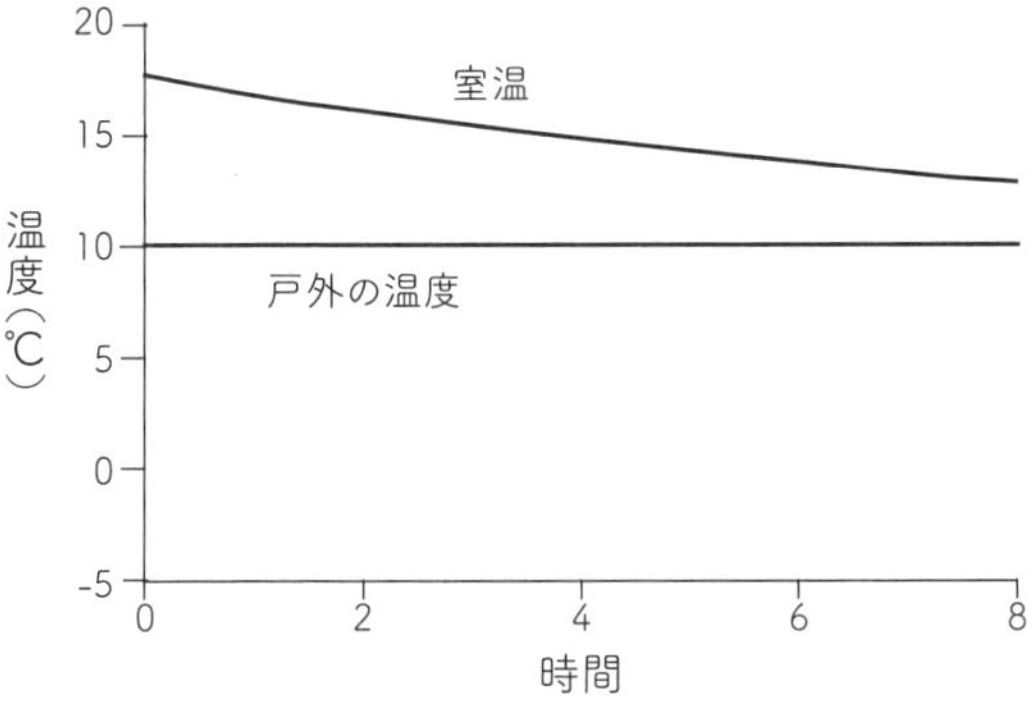

寒い日に室温の低い部屋からスタートとした場合でも、最後には暖かい部屋になるでしょう（図18）。

部屋が暖かくなるほど、部屋の外へ逃げていく熱が増えます。室内と戸外の温度差が大きくなるためです。しかし、暖房装置は漏れる熱よりも多くの熱を送り込み続けるので、部屋は目標温度近くまで暖まります。それ以降は、絶えず部屋から逃げていく熱の埋め合わせをするため、暖房装置のスイッチはついたり消えたりを繰り返します。

このシミュレーションでは、サーモスタットの設定温度は18℃ですが、室温は18℃を少し下回ったところで横ばいになります。外へ熱が漏れていくからです。暖房装置が温度を戻すためのシグナルを受け取っている間にもいくらかの熱が失われるのです。これが、競合するバランス型ループを持つシステムに特徴的な、時に驚くべき挙動です。底に穴が空いたバケツを水でいっぱいにしておこうとするようなものです。さらに悪いことには、穴から漏れ出す水はフィードバック・ループに制御されています。バケツの中の水が多いほど、底の穴にかかる水圧が増しますから、外に流れ出る水のフローは増えるのです！　ここで挙げた例では、室

図18　部屋から熱が漏れ続けたとしても、暖房装置は寒い部屋を暖める

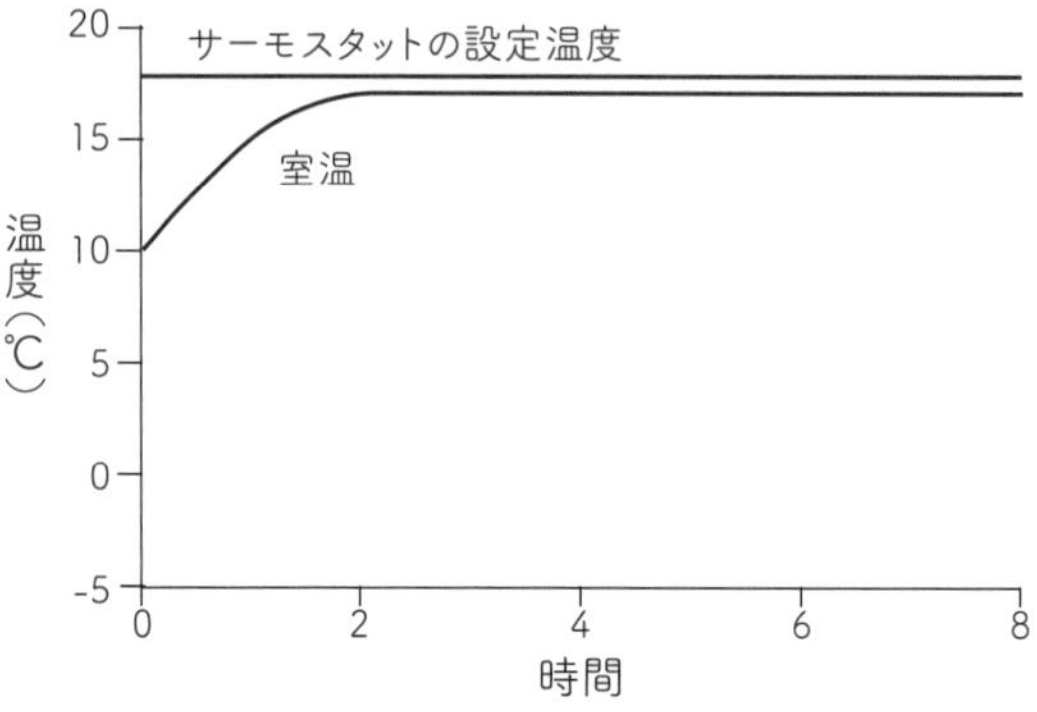

内の温度を戸外よりも暖かく保とうとしているのですが、部屋が暖かければ暖かいほど、速いペースで熱が外に失われます。この増えた分の熱損失を暖房装置が補うには時間がかかり、その間にもさらに熱が漏れていきます。断熱のしっかりした家は、断熱の不十分な家に比べると熱の漏れはゆっくりですから、断熱の不十分な家（たとえ大きな暖房装置があっても）より快適でしょう。

住宅の暖房システムでは、みんな「実際の目標温度よりも少し高めにサーモスタットを設定したらよい」ことを知っています。「正確にどれくらい高めに」というのはややこしい質問です。暖かい日に比べると寒い日のアウトフローのペースは速くなるためです。でも、サーモスタットに関しては、この制御の問題は深刻なものではありません。あれこれやりながら、これでよいというサーモスタットの設定温度を見つけることができるでしょう。

この例と同じように、バランス型フィードバック・ループが競合しているという構造を持つほかのシステムにとって、「ストックをコントロールしようとしている間もそのストックが変化し続ける」ということが、実際の問題を引き起こす可能性があります。たとえば、店の在庫をある水準に保とうとしているとしましょう。今すぐに明らかな不足を補うために、瞬時に新しい在庫を発注することはできません。注文の品が入ってくるのを待っている間に売れていく品物を考慮に入れなければ、在庫は十分に高い水準には決してならないでしょう。現金の残高をある水準で維持しようとしたり、貯水池の水位を保とうとしたり、絶えず流れている反応システムの中の化学物質の濃度を保とうとしたりする場合も、同じように惑わされてしまうでしょう。

ここには、重要な一般原則と、サーモスタットの構造に独自の原則があります。まず、一般的な原則を説明しましょう。「フィードバック・ループが伝える情報が影響を及ぼせるのは、将来の挙動だけである」というものです。現在のフィードバックを動かしている挙動を正せる速さで情報を届けることはできないために、現在の挙動に影響を与えることはできません。システムの中でフィードバックに基づいて意思決定をしている人は、現在のフィードバックを動かしているシステムの挙動を変えることはできません。その人の行う意思決定が影響を与えられるのは、将来の挙動だけなのです。

なぜこのことが重要なのでしょうか？　それは、「反応にはつねに時間的な遅れがある」ことを意味しているからです。「フローは、フローに対して瞬時に反応できない」ということです。フローはストックの変化にのみ反応することができます。それも、入ってくる情報を検知する時間分、若干の遅れがあった後です。バスタブの例なら、水の深さを評価してフローの調整を決めるのに、何分の1秒の時間ですみます。多くの経済モデルは、ここで過ちを犯しています。たとえば価格の変化に対して、消費や生産は直ちに反応しうると仮定しているのです。実際の経済は、多くの経済モデルとぴったり同じようには挙動しないことが多いのですが、その理由のひとつがこの反応の時間的遅れなのです。

このシンプルなシステムから推論できる具体的な原則は、「サーモスタットのようなシステムでは何であれ、アウトフローやインフローのプロセスが続いていることを覚えておく必要がある」ということです。そうでないと、ストックの目標水準は達成できな

ドネラの言葉

フィードバック・ループ（非物質的なフィードバックでも）の運ぶ情報は、将来の挙動だけに影響を与えます。現在のフィードバックを動かしている行動を正せるだけのスピードでシグナルを送ることはできません。非物質的な情報ですら、システムへフィードバックされるのに時間がかかります。

いでしょう。室温を18℃にしたいのであれば、サーモスタットは望む温度より少し高めに設定しなくてはなりません。クレジットカードの借り入れ（または国家債務）を完済したいのであれば、払っている間に生じる支払い（利息を含む）を十分にカバーできるように、返済額を高く設定しなければなりません。従業員数をより高い水準まで増やそうとするならば、採用している間に辞めていく人々の分を是正できるだけの速さで雇用する必要があります。言い換えれば、システムのメンタル・モデルには、重要なフローをすべて入れておかなくてはならない、ということです。さもなければ、システムの挙動にびっくりすることになるでしょう。

サーモスタットの話の最後に、さまざまな戸外の温度に対してどのような挙動をするのかを見ておきましょう。図19は、申し分なく機能するサーモスタット・システムの、24時間の通常運転の様子です。戸外の温度は（夜更けに）氷点下まで下がっていきます。暖房システムからの熱のインフローは、熱が戸外へ出ていくアウトフローを上手に後追いしています。部屋の温度は、いったん部屋が暖まればほとんど変わりません。

どのバランス型フィードバック・ループにも、“破綻点”があります。

図19　部屋を暖めるインフローが、熱を戸外へ出すアウトフローを上回る

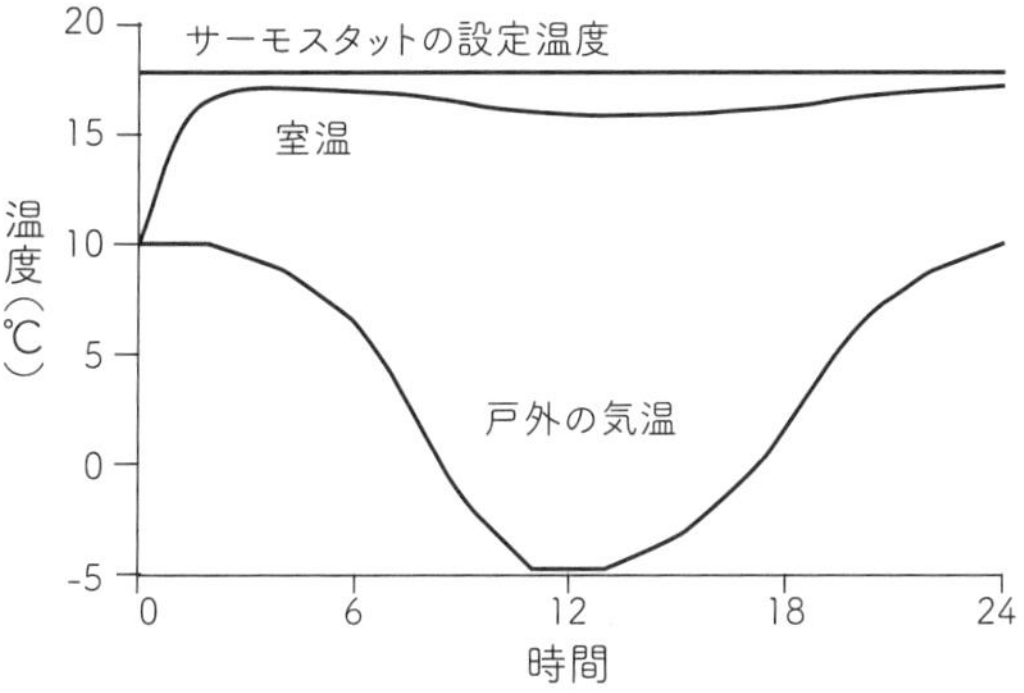

ほかのループがそのストックを目標からあまりにも強く引き離してしまい、戻ることができなくなる地点です。このサーモスタット・システムのシミュレーションでも、温度を上げるループの力を弱めたり（それほど熱が出せない小さめの暖房システム）、または、温度を下げるループの力を強めたり（戸外の温度がもっと低かったり、断熱が十分でなかったり、熱の漏れが大きかったり）すると、〝破綻点〟が生じることがあるでしょう。図20は、戸外の温度は図19と同じですが、部屋からの熱損失がより大きい場合です。温度が非常に低いと、暖房システムは熱の損失についていくことができません。しばらくの間、このシステムを支配しているのは、室温を戸外の温度まで下げようとするループです。かなり居心地の悪い部屋になってしまいますね！

時間の経過につれて、図20の変数が互いにどのようにつながっているか、わかるでしょうか。初めは、室温も戸外の温度も低い状態です。暖房システムからの熱のインフローが、戸外への熱の漏れを超え、部屋は暖まります。1時間か2時間の間、戸外はそれほど寒さが厳しくなく、暖房システムは戸外に失ってしまう熱のほとんどを補うことができ、室温は目標温度の近くで保たれます。

しかし、戸外の温度が下がって、熱の漏れが増大するにつれ、暖房システムは熱を十分な速さで補うことができなくなります。暖房システムがつくり出す熱は漏れ出る熱よりも小さいため、室温が下がっていきます。最終的に、戸外の温度が再び上がり、熱の漏れが鈍化し、その時なおも最大限で運転している暖房システムはやっと先んじること

ドネラの言葉

ストックを維持するバランス型フィードバック・ループは、ストックに影響を与えるアウトフローまたはインフローのプロセスを補うよう、適切に目標を設定しなくてはなりません。そうしないと、フィードバック・プロセスは、ストックの目標に対して、足りなかったり行きすぎたりしてしまうでしょう。

ができ、部屋をもう一度暖め始めます。

バスタブのルールと同じように、暖房システムが漏れる熱よりも多くの熱を供給しているときはつねに、室温は上がります。インフローの速度がアウトフローの速度よりも遅くなれば、室温は下がります。しばらくの間、このグラフのシステムの変化を調べて、このシステムのフィードバック・ループの図に関連させれば、このシステムの構造的なつながり（ふたつのフィードバック・ループと、それらの相対的な力関係のシフト）がどのようにシステムの挙動の経時的な展開をもたらすのかがよくわかるでしょう。

ひとつの自己強化型ループとひとつのバランス型ループを持つひとつのストック――人口と工業経済

自己強化型ループとバランス型ループの両方が同じストックを引っ張ろうとしていたら、何が起こるでしょうか？　これは、最もよくある、重要なシステム構造のひとつです。とりわけ、この構造は、人口などあらゆる生物の個体数や、あらゆる経済を説明するものです。

人口には、出生率を通して成長をもたらす自己強化型ループと、

図20　熱を戸外へ出すアウトフローが、部屋を暖めるインフローを上回る

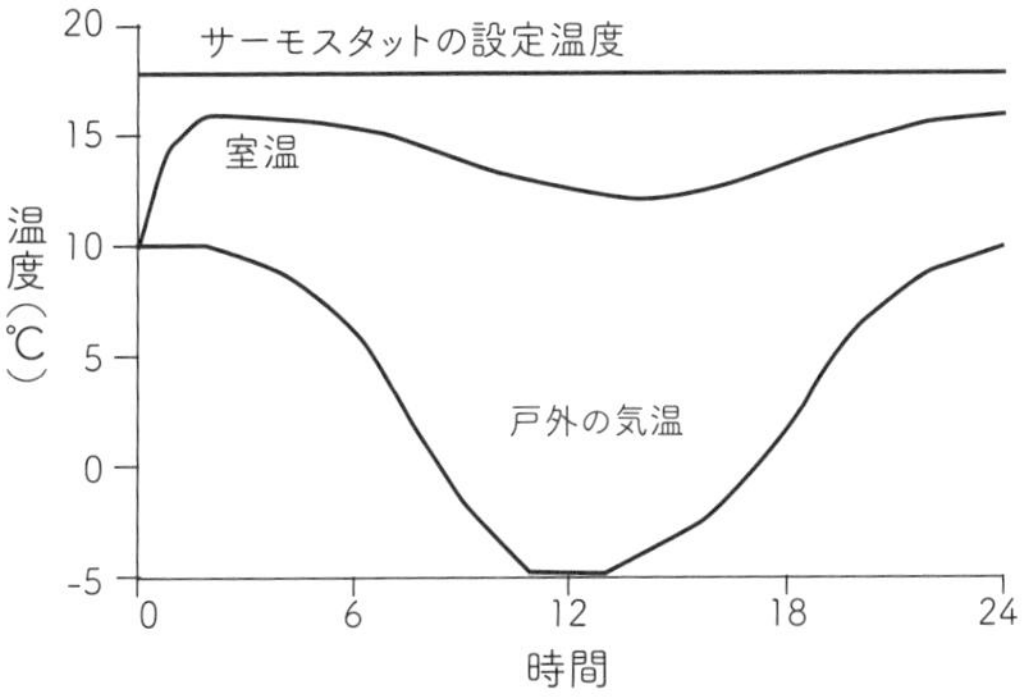

死亡率を通して減少をもたらすバランス型ループがあります（図21）。

出生率と死亡率が一定である限り（実際のシステムではめったにないことですが）、このシステムの挙動はシンプルなものです。出生を決める自己強化型フィードバック・ループが、死亡を決めるバランス型フィードバック・ループよりも強いかどうかによって、幾何級数的に増えるか、減るか、です。

たとえば、2007年の世界の人口は66億人で、人口1000人当たり年に約21人の赤ちゃんが生まれるという出生率でした。死亡率は、年に人口1000人当たり9人でした。出生率が死亡率よりも高かったため、自己強化型ループがこのシステムを支配していました。もしこの出生率と死亡率がずっと変わらないとしたら、2007年に生まれた子供が60歳になる時には世界人口は2倍以上になっていることになります。この様子が図22です。

もし恐ろしい病気のために、死亡率が高く、たとえば人口1000人当たり30人で、出生率は1000人当たり21人のままだとしたら、死亡ループがこのシステムを支配することになります。毎年、生まれる人よりも死ぬ人の数が多く、人口はしだいに減っていきます（図23）。

時間の経過とともに出生率と死亡率が変わると、もっと興味深い状況になってきます。国連が長期的な人口予測を行うとき、一般的な仮定は「国が発展するほど、平均的な出生率は減る（女性ひとり当たり1・85人の子供という置き換えレベルに近づく）」というものです。最近では、「死亡率もやはり低下していくが、そのペースはよりゆっくりである」（死亡率は、世界の多くの場所ですでに低いため）と仮定していました。しかし、HIV／AIDSが蔓延しているため、国連は現在

図21 出生の自己強化型ループと死亡のバランス型ループの影響を受ける人口

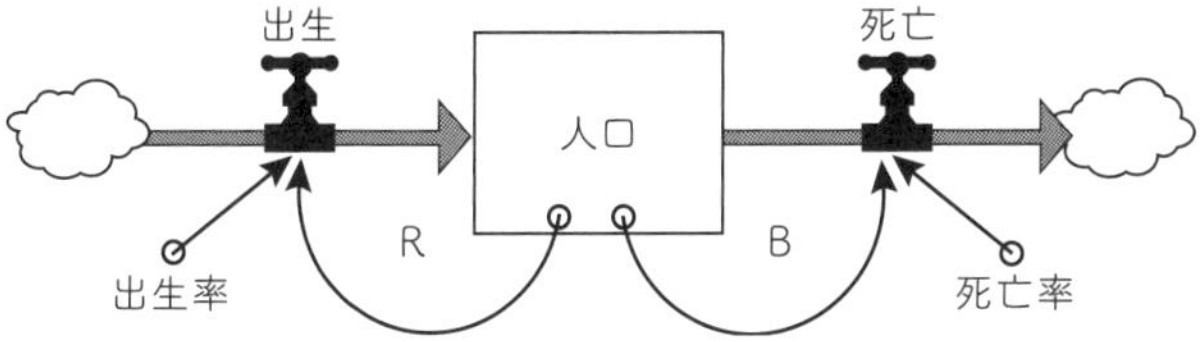

図22 出生の自己強化型ループがシステムを支配

出生率と死亡率が2007年の水準を維持し、それぞれ1000人当たり21人、9人だった場合の人口増加

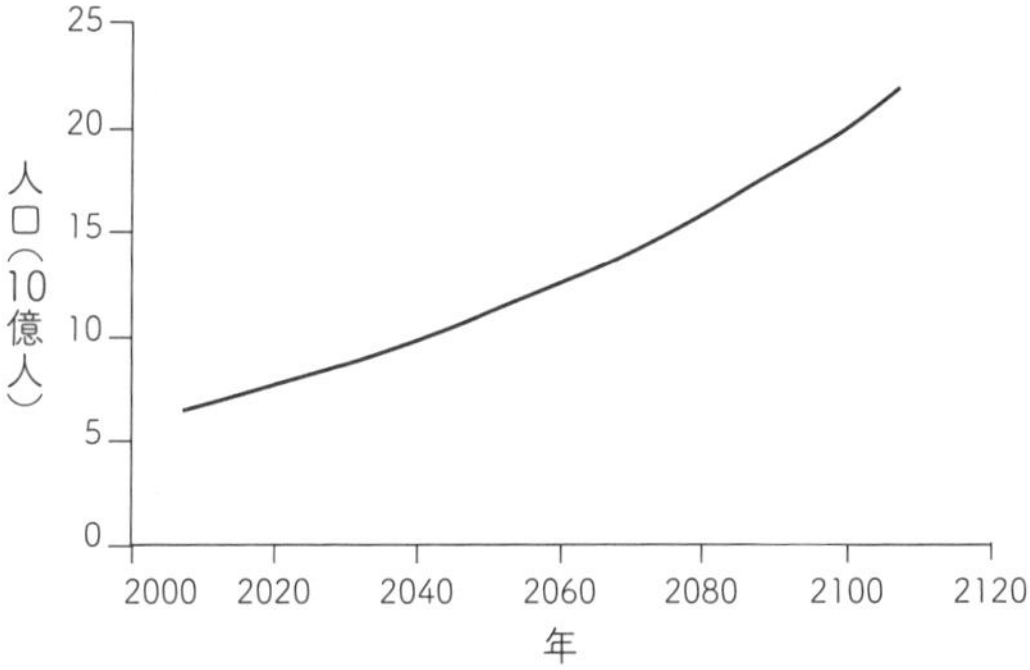

図23 死亡のバランス型ループがシステムを支配

出生率は2007年の水準（人口1000人当たり21人）だが、死亡率がずっと高く、人口1000人当たり30人だった場合の人口減少

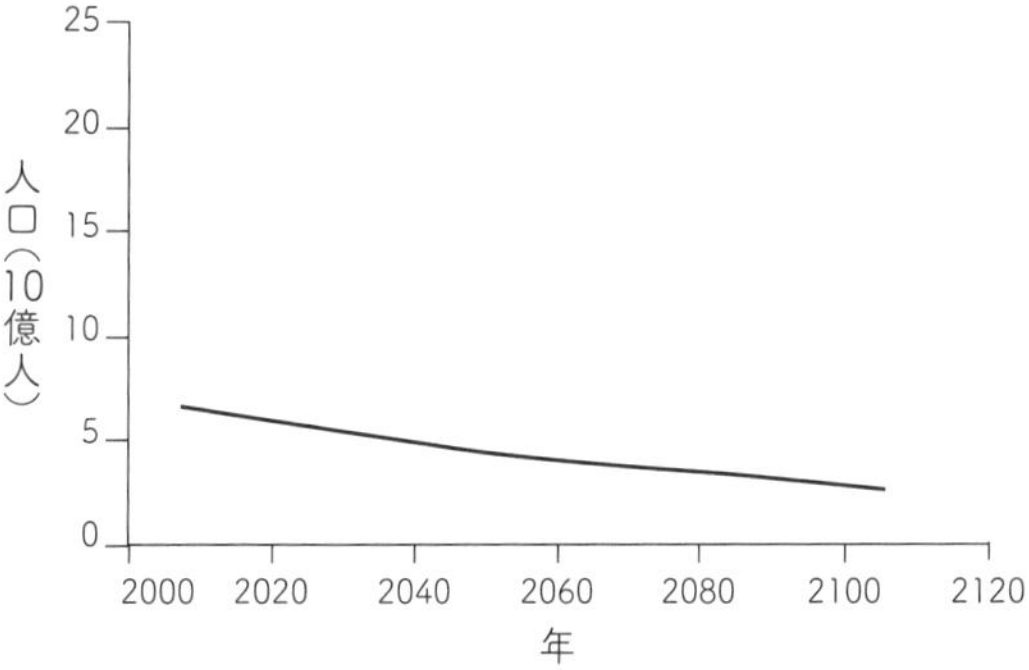

では「今後50年間、寿命の延びの傾向は、HIV／AIDSの影響を受けている地域では鈍化する」と予想しています。

フロー（出生と死亡）の変化が、ストック（人口）の経時的行動の変化をつくり出します（グラフの線が曲がります）。たとえば、世界の出生率が2035年までに死亡率と同じところまで着実に落ちていき、その後、死亡率も出生率も一定であるとしたら、人口は横ばいになり、出生と死亡がきっちりバランスする、動的な平衡状態になります。その様子が図24です。

この挙動は、フィードバック・ループの支配がシフトするひとつの例です。この「支配」という考え方は、システム思考で重要な概念です。ひとつのループが別のものよりも支配的である場合、挙動への影響も大きくなります。多くの場合、システムには、同時に作用しているいくつもの競合するフィードバック・ループがあるため、システムを支配しているループが挙動を決めることになるのです。

初めのうち、出生率が死亡率よりも高い間は、自己強化型の成長ループがシステムを支配しており、結果としての挙動は幾何級数的な増加となります。しかしこのループは、出生率が低下するにつれ、徐々に弱まってきます。最終的には、死亡率のバランス型ループの強さとまったく同じになります。その時点から、どちらのループも支配的ではなくなり、動的な平衡状態となります。

サーモスタットのシステムで、戸外の温度が下がり、断熱が不十分な家から漏れ

ドネラの言葉

システムの複雑な挙動が起こることが多いのは、フィードバック・ループの相対的な強さが移り変わり、最初はあるループが、次には別のループが挙動を支配するときです。

る熱が、暖房システムが部屋に熱を供給する能力を超えてしまったとき、支配がシフトする様子を見ました。温度を上げるループから温度を下げるループへの**支配のシフト**です。

人口のシステムの挙動には、ほんのいくつかのあり方しかありません。そしてそれは、出生率と死亡率という〝原動力となる〟変数に何が起こるかによって決まってきます。自己強化型とバランス型のループをひとつずつ持ったシンプルなシステムに起こりうるのは、次のどれかだけです。つながっている自己強化型とバランス型ループの影響を受けるストックは、自己強化型ループがバランス型よりも支配的であれば、幾何級数的に増大します。バランス型ループが自己強化型よりも支配的であれば、衰退していきます。ふたつのループの強さが同じであれば、横ばいになります（図25／85頁）。または、ふたつのループの相対的な強さが時間の経過とともに変わる場合には、これらのことを次から次へと繰り返すことになります（図26／85頁）。

ここでは、いくつかの挑発的な人口シナリオを選びました。

図24　出生率が死亡率と同じになった時、人口は安定化

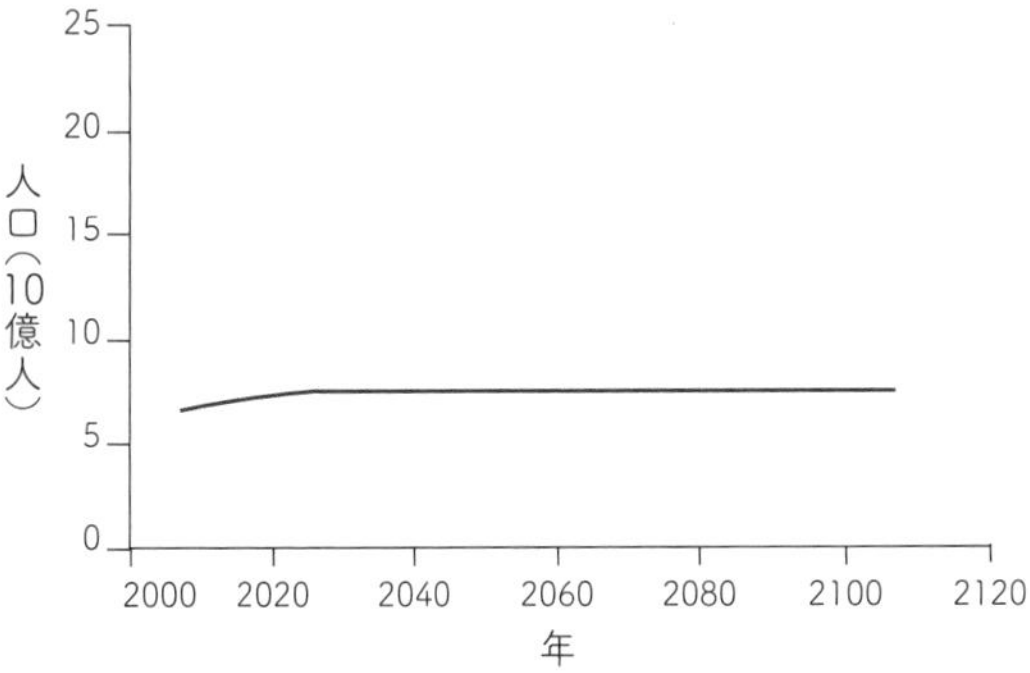

モデルと、モデルがつくり出しうるシナリオについてのポイントを示すためです。シナリオに直面しているときは（経済予測を聞くとき、企業の予算、天気予報、将来の気候変動、株の投資家がある銘柄に何が起こるかを話しているのを聞くときなどは、シナリオに直面しているのです）つねに、次の問いかけをしてみる必要があります。それによって、その根底にあるモデルがどのくらい現実をよく代表しているのかを見定めることができます。

- 原動力となる要因は、そのように展開しうるか？（出生率と死亡率は、どのようになりそうか？）
- もしそうだとしたら、システムはそのように反応するだろうか？（出生率と死亡率は、こうだろうと私たちが考えているような形で、人口のストックの挙動を本当につくり出すだろうか？）
- 原動力となる要素を動かしているのは何だろうか？（何が出生率に影響を与えるのか？　何が死亡率に影響を与えるのか？）

最初の質問には、事実上、答えることはできません。これは将来に対する推測であり、将来とは本来的に不確実だからです。何らかの強い意見を持っていたとしても、実際に将来が現実になるまでは、自分が正しいということを証明する方法はありません。システム分析では、多くのシナリオを試してみて、原動力となっている要因が異なる展開をした場合に何が起こるかを見ます。これが通常、システム分析のひとつの目的です。しかし、実際に可能な将来として、どのシナリオを真剣に取り上げるかは自分で決めなくてはなりません。

図25　人口についてのありうる3つの挙動

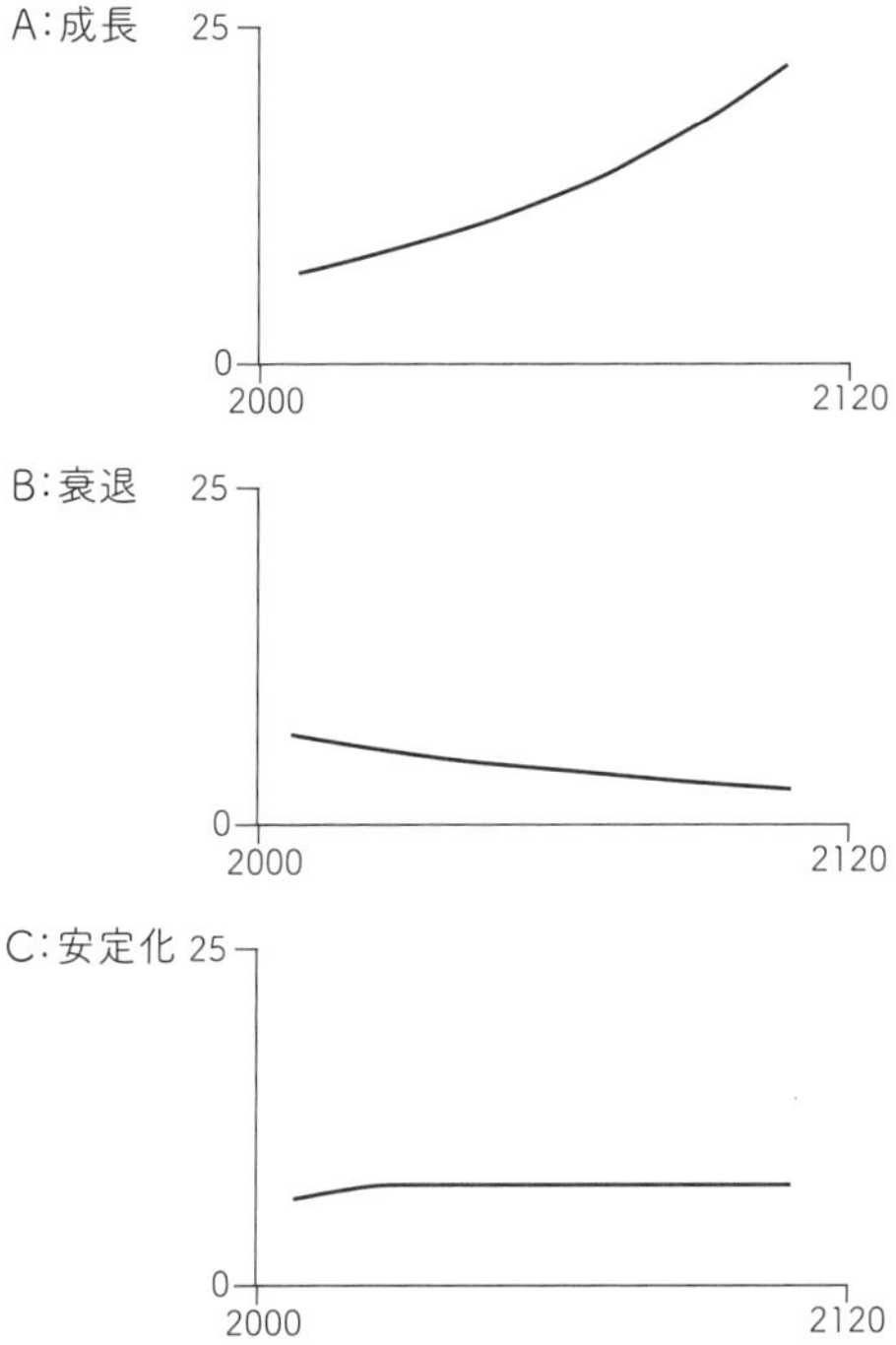

図26　出生率と死亡率のループの支配の移り変わり

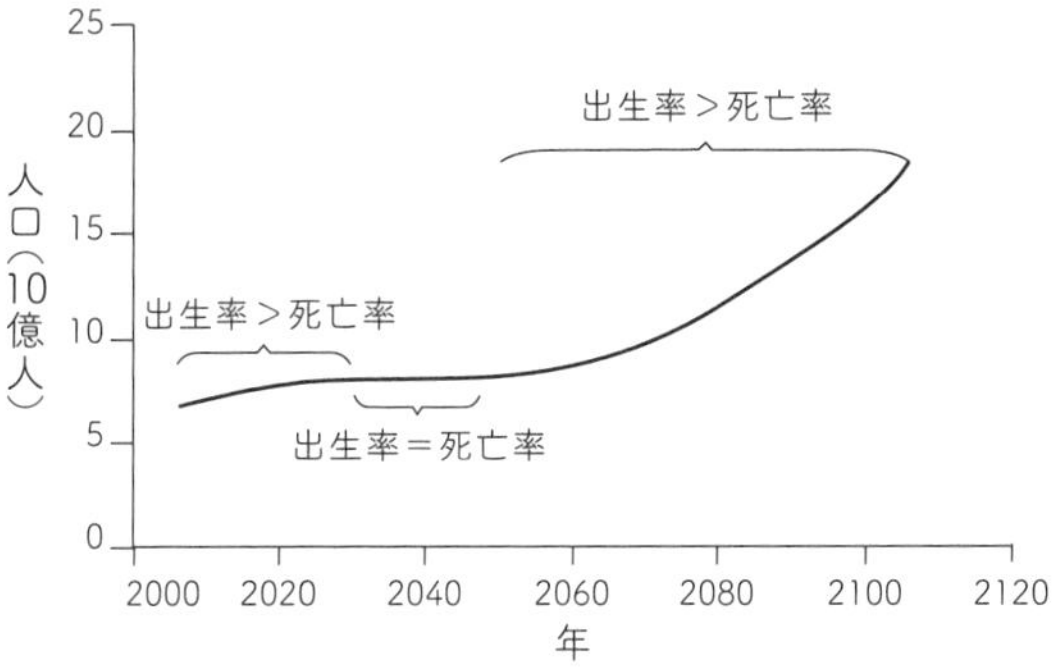

ダイナミックなシステム研究は、通常、何が起こるかを〝予測〟するためのものではありません。予測ではなく、数多くの原動力となる要因がさまざまなやり方で展開した場合に〝何が起こりうるか〟を模索するためのものなのです。

2番目の問い「システムは実際に、そのように反応するか」は、より科学的な問いであり、モデルがどれほど良いものかを問うものです。そのモデルは、システムの内在的なダイナミクスをとらえているでしょうか？　原動力となる要因が（あなたがどう考えていたとしても）もしそのように展開したとしたら、システムはそのように挙動するでしょうか？

前述の人口シナリオで言えば、どれぐらいそうだとあなたが考えるかにかかわらず、この2番目の問いに対する答えは、だいたい「はい」となります。出生率と死亡率がそうなれば、人口はそのように挙動するでしょう。ここで私が用いてきた人口モデルはとてもシンプルなものです。より詳細なモデルならば、たとえば年齢層を区別するでしょう。しかし基本的に、このモデルは実際の人口が反応するようなやり方で反応します。実際の人口が増大する条件下では増大し、実際の人口が減少する時には減少します。数字は外れていても、基本的な挙動パターンは現実のものなのです。

最後に、3番目の質問です。原動力となる要因を動かしているのは何でしょうか？　何がインフローとアウトフローを調整しているのでしょうか？　これはシステムの境界に関する問いです。原動力となっている要因をしっかりと見て、実際に独立したものなのか、それともシステムの中に埋め込まれたものなのかを知る必要があります。

たとえば、人口の大きさに関して、出生率や死亡率にフィードバックして影響を与える可能性のあるものがあるでしょうか？　ほかの要因（経済、環境、社会の趨勢など）が出生率と死亡率に影響を及ぼすでしょうか？　人口の大きさが、こういった経済や環境、社会的要因に影響を与えるでしょうか？

もちろん、これらの質問への答えは、すべて「はい」です。出生率も死亡率も、フィードバック・ループの影響を受けています。少なくともこれらのフィードバック・ループの一部は、人口の大きさに左右されます。ここでの人口は、より大きなシステムの一片にすぎません。[3]

モデルの有用性を調べるための質問

1）原動力となっている要因は、そのように展開しうるだろうか？
2）もしそうだとしたら、システムはそのような形で反応するだろうか？
3）原動力となる要因を動かしているのは何だろうか？

人口に影響を与えるより大きなシステムの重要な部分のひとつは、経済です。経済の中核には、別の「自己強化型ループ＋バランス型ループ」のシステムがあります。人口と

ドネラの言葉

システム・ダイナミクスのモデルは、可能性のある将来を模索し、「もしこうなったらどうなるか？」という問いを発します。

同じ種類の構造で、同じ種類の挙動を見せるものです(図27)。

経済における物理的な資本(機械や工場)のストックが大きいほど、また、生産の効率(単位資本当たりのアウトプット)が高いほど、毎年より多くのアウトプット(モノやサービス)が生産されます。

作り出されるアウトプットが多ければ多いほど、より多くを投資し、新しい生産資本を作ることができます。これは自己強化型フィードバックで、人口で言えば出生のループです。投資に向けられる割合が出生率に当たります。アウトプットのうち社会が投資する割合が大きいほど、資本ストックは速く大きくなります。

物理的な資本は、減耗(時代遅れになることや摩耗)によって失われていきます。減耗を左右するバランス型フィードバックは、人口で言えば死亡ループです。資本の〝死亡率〟は、資本の平均寿命によって決まります。寿命が長いほど、毎年、引退して置き換えるべき

図27　物理的な資本における自己強化型ループ(投資)とバランス型ループ(減耗)

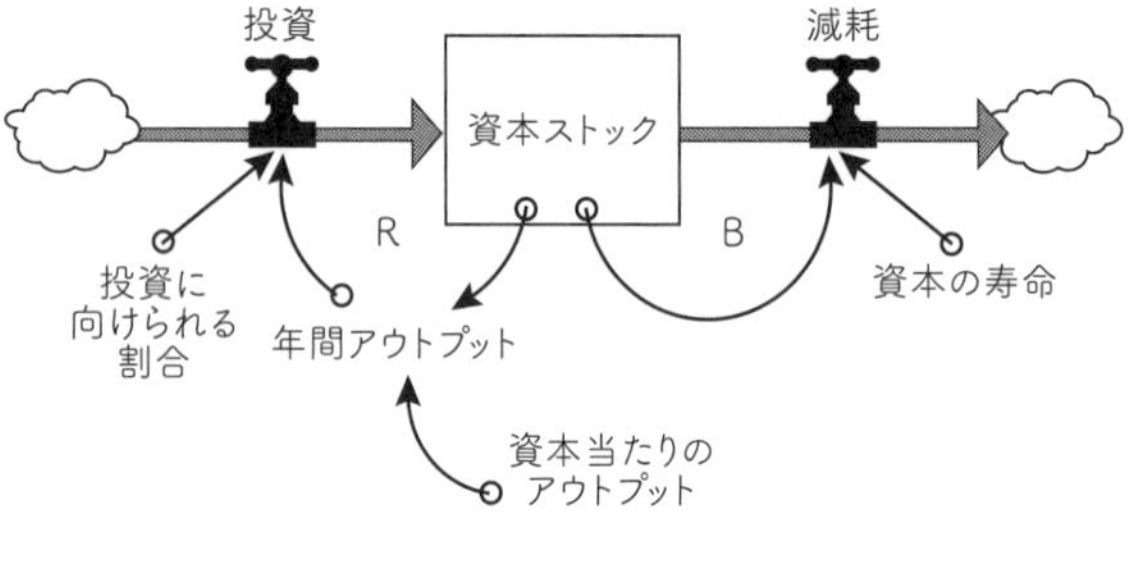

ドネラの言葉

モデルの有用性は、その原動力となっているシナリオが現実的かどうかによって決まるのではなく(なぜならそれが確実にわかる人はいないからです)、シナリオに対して現実的な挙動パターンで反応しているかどうかによって決まります。

資本の割合は小さくなります。

このシステムが人口システムと同じ構造を持っているとしたら、挙動のレパートリーも同じはずです。近年の歴史を見ると、世界の資本は、世界の人口と同様に、自己強化型ループによって支配され、幾何級数的に増大してきました。将来、成長し続けるのか、一定になるのか、減っていくのかは、この自己強化型の成長ループがバランス型の減耗ループよりも強いままであるかによって決まります。それは次の要素によって決まります。

- 投資率：社会がどのくらいのアウトプットを、消費ではなく投資に回すか
- 資本の効率：ある量のアウトプットを生産するのに、どれほどの資本が必要か
- 資本の平均寿命

アウトプットの一定の割合が資本ストックに投資され、資本の効率（アウトプットを生産する能力）も一定だとすれば、資本ストックは、資本の寿命によって、減少か維持または増大することになります。図28（90頁）の線は、資本の平均寿命の異なるシステムを示しています。寿命が比較的短ければ、資本は置き換えられるよりも早く減耗します。再投資は減耗に追いつかず、経済はゆっくりと衰退していきます。減耗が投資とちょうどバランスを取っていれば、経済は動的な平衡状態となります。資本の寿命が長ければ、資本ストックは幾何級数的に伸びます。資本の寿命が長いほど、その成長速度は速くなります。

これは、すでに出てきた原則を示す別の例です。「ストックを増やすには、インフローの速度を上げるか、アウトフローの速度を落とすか」なのです。

人口の出生率や死亡率に影響を与える要因がたくさんあったのと同じように、資本の効率、投資比率、資本の寿命に影響を与える要因はたくさんあります――金利、技術、税政策、消費習慣、価格などがその例です。人口そのものも、アウトプットに対して労働力を提供することと、消費側の需要を増やし投資比率を減らすことによって、投資に影響を与えます。経済的なアウトプットも、さまざまなやり方で人口にフィードバックして影響を与えます。より豊かな経済には通常より良い医療ケアがあり、死亡率はより低いものとなります。より豊かな経済では通常、出生率も低くなります。

事実、実際の経済の長期モデルはすべて、人口と資本のふたつの構造をつなげ、それらが互いにどのように影響を与え合うかを示す必要があります。経済発展の中核的な課題は、「人々が貧しくなるのではなく豊かになるために、

図28　資本の寿命を変化させたときの資本ストックの成長

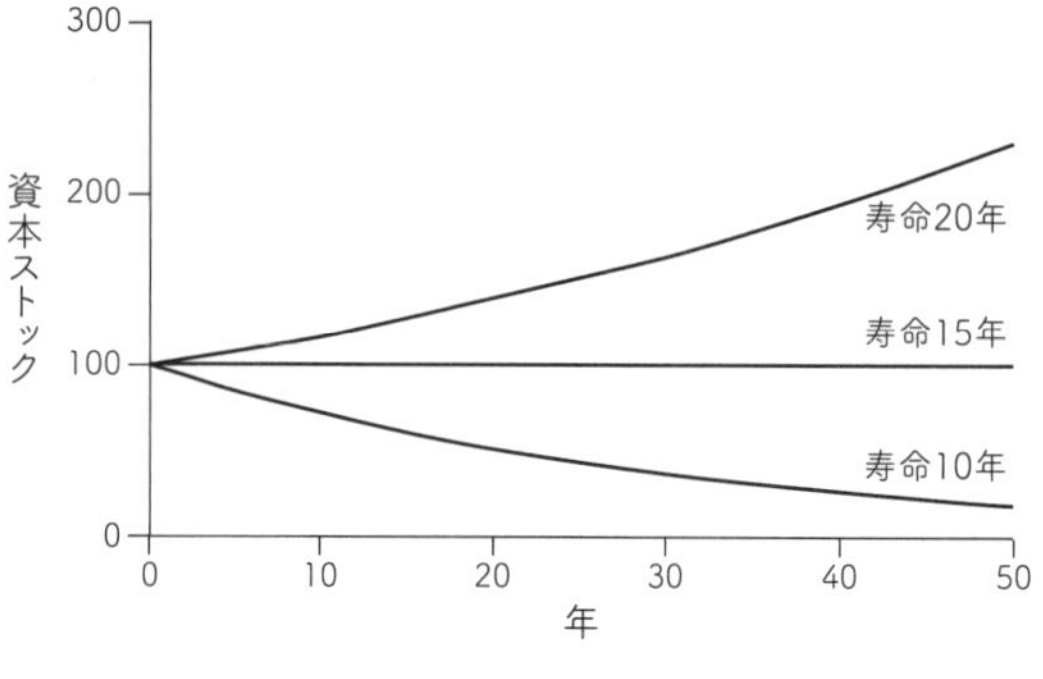

単位資本当たりのアウトプット比率が 1/3 で、投資比率が 20% であるシステムでは、寿命 15 年の資本はちょうど減耗に遅れずについていきます。それよりも寿命が短い場合は、資本ストックの衰退につながります

いかにして資本蓄積のフィードバック・ループの成長が、人口増加の自己強化型ループの成長よりもゆっくりにならないようにするか[4]」です。

資本のシステムを、人口のシステムと同じ種類の〝動物園の動物〟と呼ぶのは、ヘンだと思うかもしれません。工場や出荷といった生産システムや経済的なフローは、赤ちゃんが生まれたり増えたり、人々が年老いたり死んでいったりという人口システムには、あまり似ていませんから。これらのシステムは、多くの点では似つかないものの、システム的な観点から見ると、重要な共通点がひとつあります。それはフィードバック・ループの構造です。両方とも、自己強化型の成長ループとバランス型の死のループの影響を受けるストックがひとつあります。どちらにも、老いていくプロセスがあります。鉄工所も旋盤もタービンも、人と同じように年を取り、命を終えるのです。

「たいていの場合、システムがそれ自体の挙動を生み出す」という見解は、システム理論にとっての中核的な洞察ですが、それと同じぐらい重要なもうひとつの洞察は、「外見上のシステムはまったく似ていなくても、フィードバック構造が似ているシステムは、同じようなダイナミックな挙動を生み出す」というものです。

人口は、工業経済とはまったく異なりますが、例外的に共通しているのは、「自らから自らを再生産することができ、それによって幾何級数的に成長できる」ことです。そして、どちらも年を取り、死んでいきます。カップのコーヒーが冷めていくのは、暖まった部屋が冷えていくことや、放射性物質が減衰していくこと、人口や工業経済が年老いて死んで

ドネラの言葉

似たようなフィードバック構造を持つシステムは、似たようなダイナミックな挙動を生み出します。

いくことと同じようなものです。どの衰退も、バランス型フィードバック・ループの結果なのです。

時間的遅れのあるシステム――企業の在庫

自動車販売店の店舗にある在庫のストックに、工場からの納車というインフローと、新車の販売というアウトフローを付けてシステム図を描いてみましょう。自動車販売店の駐車場にある自動車のストックだけなら、バスタブの水と同じように挙動します。

では、つねに10日分の販売をカバーできるよう、十分な在庫を持っておくための調整フィードバック・システムを描いてみます（図29）。自動車販売店は、ある程度の在庫を保っておく必要があります。毎日、工場からの納車と消費者の購入がぴったり合うわけではないからです。消費者がどのくらい購入するかは、日々の単位では予測することができません。自動車販売店は、工場からの納車が時折遅れることに備え、予備の在庫（バッファー）もいくらか持っておく必要があります。

販売店は、販売（認知された販売）を見ながら、たとえば、増えているようであれば、工場への発注数を調整します。そうして、車の

図29　ふたつの競合するバランス型ループによって一定に保たれる自動車販売店の在庫

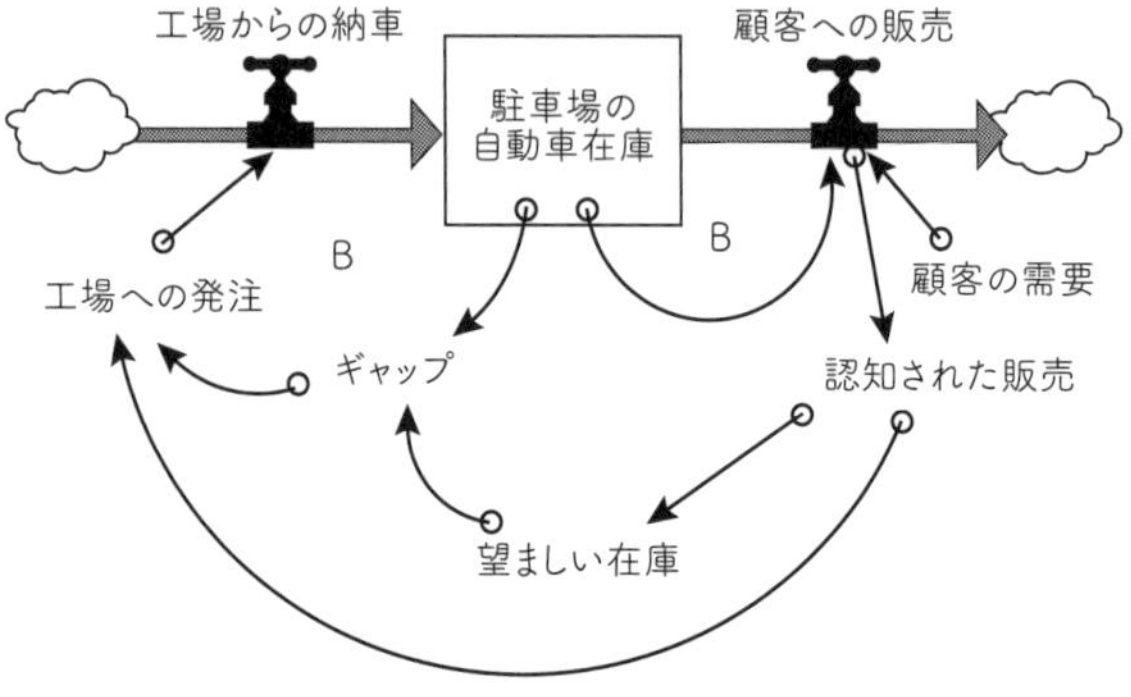

販売数が前よりも多くても、10日分はまかなえるよう、新たな望ましいレベルに在庫を引き上げます。つまり、たくさん売れるということは、認知された販売数が増えることであり、すると、在庫と望ましい在庫の間のギャップが大きくなります。すると、発注数を増やすことになり、それによって、納車される車が増え、在庫を引き上げることになるので、販売ペースが前より高いレベルでも問題なく供給することができます。

　このシステムは、サーモスタット・システムのバージョンのひとつです。販売というバランス型ループが在庫ストックから車を引き出し、それと競合しながら、販売で減った車を補充して在庫を維持するバランス型ループがあるのです。図30は、消費者の需要が10%増加したときの、それほど驚くことのない結果を示しています。

　図31（94頁）では、このシンプルなモデルに、別のものを足してみました。実際の世界でもよく経験する、3つの時間的遅れです。

　まず、認知の遅れです。この場合は、意図的なものです。自動車販売店は、販売が一時的に跳ね上がっても反応しません。一時的な跳ね上がりや落ち込みと区別して実際の傾向を把握するために、過去5日間の販売の平均を計算してから、発注の意思決定をします。

図30　25日目から消費者の需要が10%増えた場合の、自動車販売店の在庫

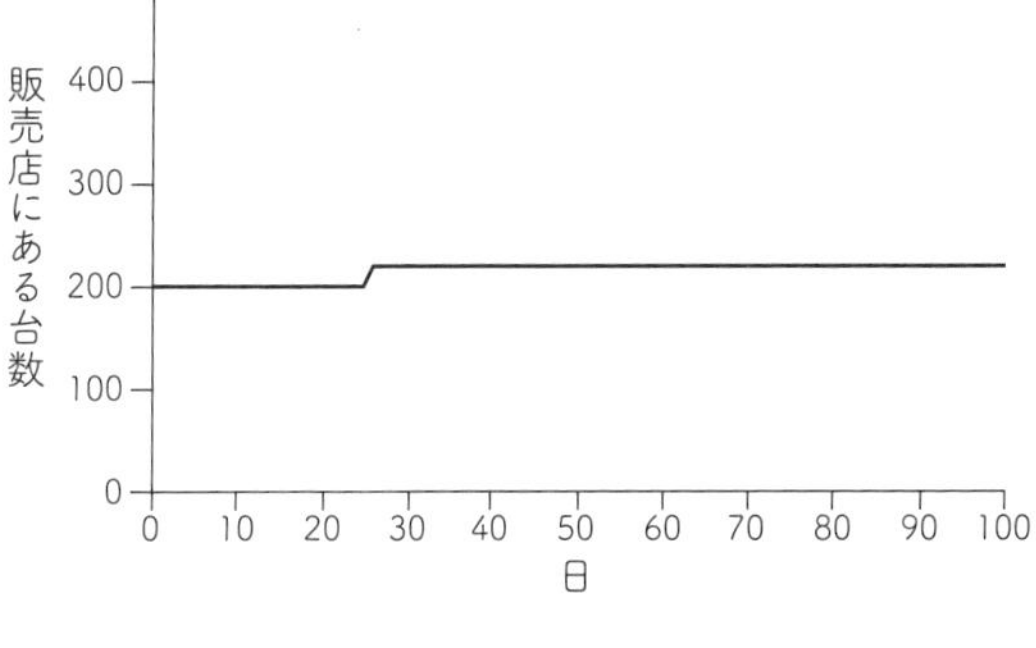

ふたつめは、反応の遅れです。発注を調整する必要性が明らかであっても、1回の発注ですべてを調整しようとはしません。そうではなく、1回の発注ごとに、不足分の3分の1を補います。別の言い方をすれば、この傾向が本物であるかをさらに確認するために、3日間かけて部分的に調整していくのです。

3つめは、納車の遅れです。工場のサプライヤーが注文を受け取り、処理し、販売店に納車するまでに5日間かかります。

簡略化したサーモスタットのシステムと同じく、このシステムにはバランス型ループがふたつあるだけですが、サーモスタットのシステムのようには挙動しません。何が起こるのか、たとえば、図32を見てください。先ほどと同じように、消費者の需要の増加によって販売が10％増えたときの販売店の在庫の様子です。

上下に振れる「振動」が起こっています！　一度販売が増えると、在庫は減ります。自動車販売店は、高い水準での販売が続くことを確認するまで、十分な期間、見守ります。それから、新たな販売ペースをカバーし、在庫を引き上げようと、車の発注を増やし始めます。しかし、その発注分が納車されるまで、時間がかかります。その間、在庫はさらに低下します。そこで、10日分の在庫まで戻すため、発

図31　3つのよくある時間的遅れを加えたときの自動車販売店の在庫

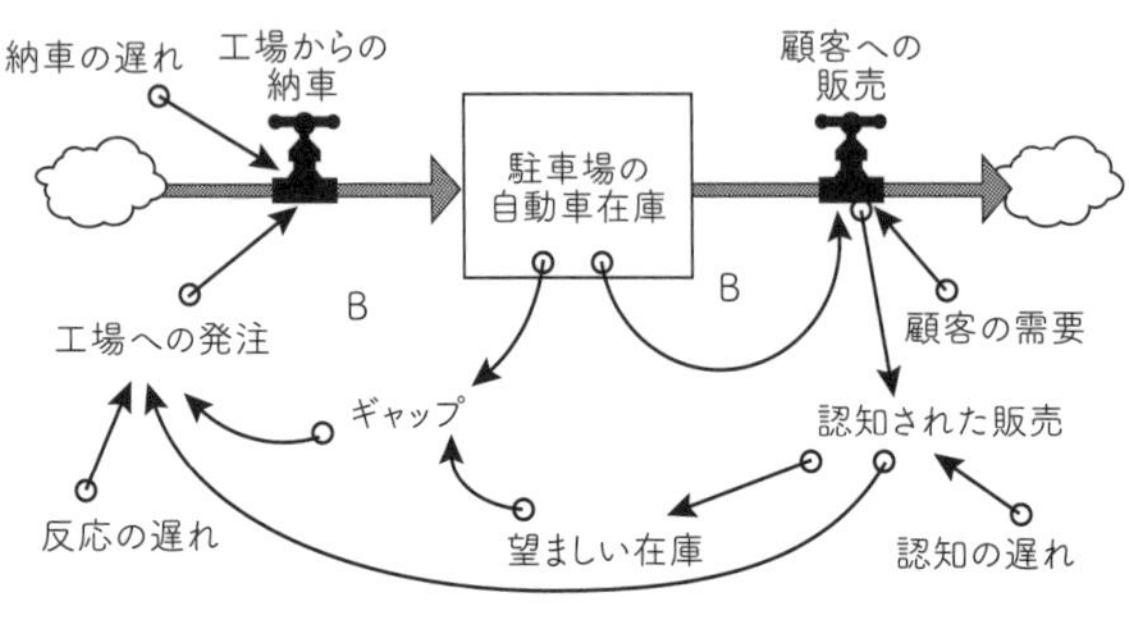

注をもう少し増やさねばなりません。

ようやく、増やした発注分の自動車が納車され始めます。そして、在庫は回復しますが、回復レベルを超えてしまいます。実際の傾向が確実にはわからない間に、販売店は発注しすぎていたのです。販売店はその時点で自分のミスに気がつき、発注数を減らします。しかし、過去の増やした台数での発注分が納車され続けますから、さらに発注数を減らします。実際には、ほとんど必ずといってよいほど、次に何が起こるかわからないために、発注数を減らしすぎます。在庫はふたたび、低すぎる水準になってしまいます。新たな望ましい在庫レベルのまわりを振動しながら、こういったことが続いていきます。図33（97頁）が示すように、ふたつか3つの時間的遅れが、何という違いを生み出すのでしょう！

あとで、在庫のこういった振動を和らげる方法があることを見ていきますが、まずは、何が起きたかを理解することが重要です。販売店が間抜けだったからこうなったわけではありません。こうなったのは、タイムリーな情報を持たない（持てない）、そして、物理的な時間的遅れのために自分の行動がすぐに在庫に影響を与えられないというシステムの中で、販売店が苦労して何とかしようとしたからです。

図32　システムに時間的遅れがあるときの、販売が10％増加したときの在庫の反応

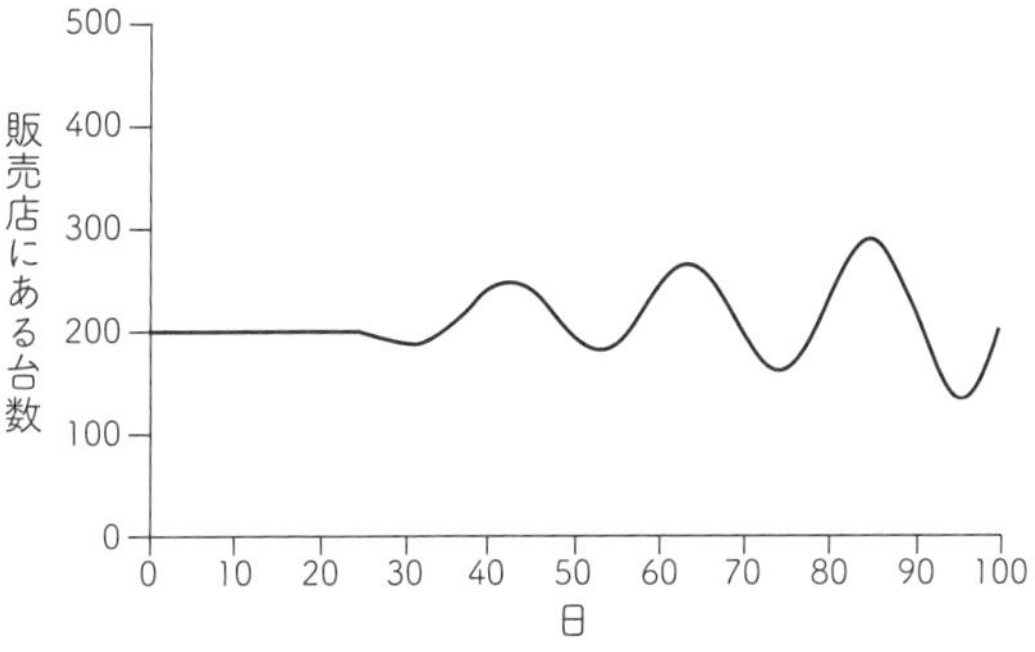

販売店には、顧客が次に何をするかはわかりません。顧客が何かをしたときに、顧客がそれをし続けるかどうかは確信が持てません。発注するとき、すぐに反応は見えません。このように、情報が不十分で、物理的な遅れがある状況は、どこにでもあるものです。こういった振動には、在庫やその他多くのシステムで、しょっちゅうお目にかかります。熱湯と冷水を混ぜるところから、とても長い配水管を通ってシャワーヘッドからお湯の出るシャワーを浴びると考えてみてください。長い反応の遅れのせいで、シャワーのお湯が熱くなったり冷たくなったりして飛び上がることになるでしょう。

「どのような状況下で、どのぐらいの時間的遅れがあれば、どのような振動が生まれるか」は、単純ではありません。この在庫システムを用いて、その理由を説明しましょう。「こんな振動は耐え難いわ」と、自動車販売店の店長が言います（この人自身が学習するシステムであり、今では在庫システムの挙動を変えようと決意を固めています）。「時間的遅れを短くしましょう。工場からの納車の遅れについては、自分ができることはあまりないから、自分自身の反応をもっと速くしましょう。5日間ではなく、2日間の販売動向を平均して、発注を調整するようにします」

図34は、販売店の認知の遅れが5日間から2日間に短縮されたときに、何が起こるかを示しています。

販売店が自分の認知の遅れを短くしたとき、ほとんど何も起こりません。強いて言えば、販売店に置いてある車の在庫の振動が少し悪化しています。そして、販売店が、認知する

ドネラの言葉

バランス型フィードバック・ループの時間的遅れは、振動しやすいシステムを作ります。

図 33　需要の増加に対する発注と納車の反応

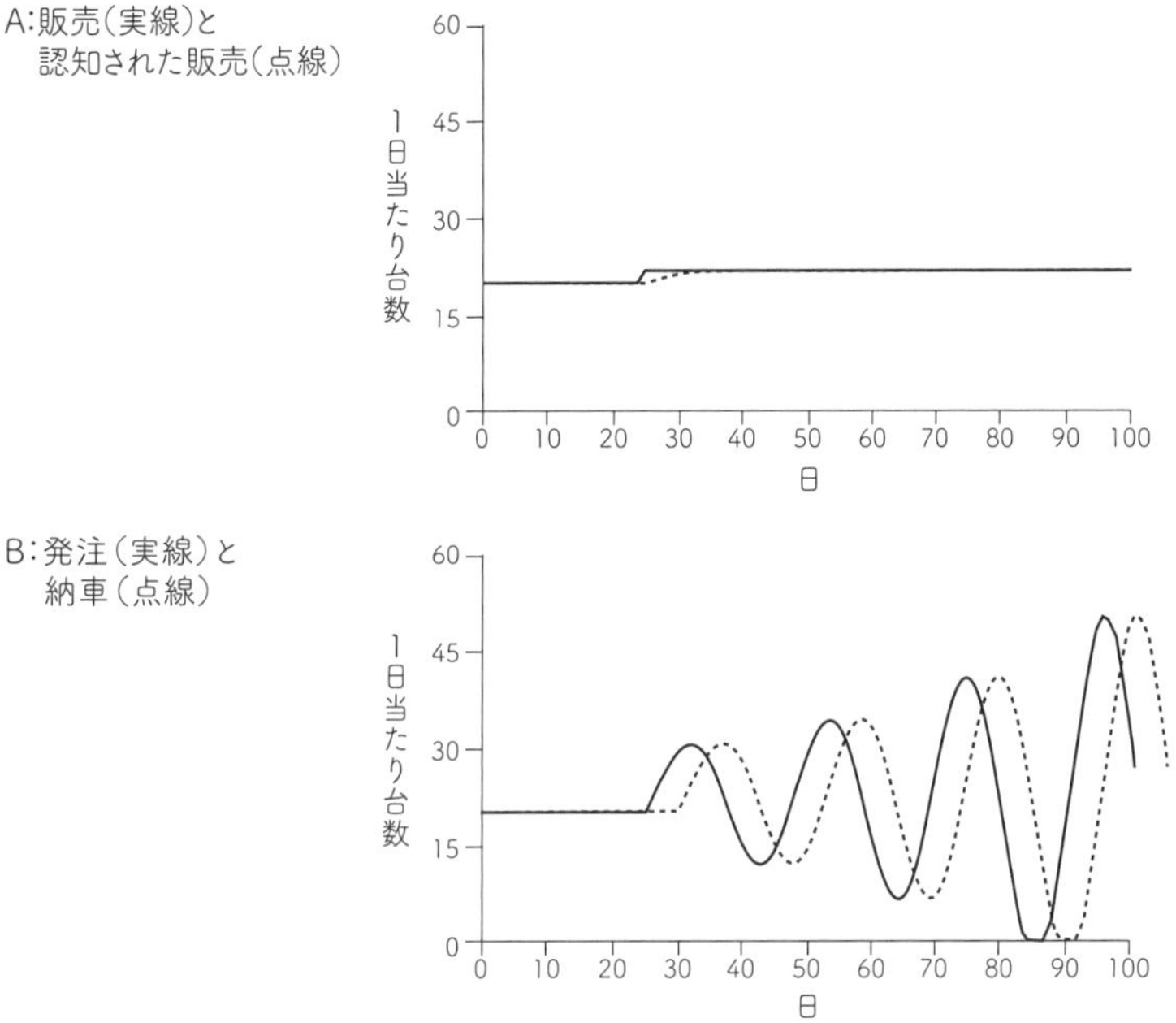

A は、25 日目に、販売が少し跳ね上がり、自動車販売店の“認知された”販売（この変化を販売店は5日間で平均化する）がどうなるかを示しています。B は、その結果としての発注パターンと、その後を追う実際の工場からの納車の様子を示しています。

図 34　認知の遅れを短縮したときの、同じ需要増への在庫の反応

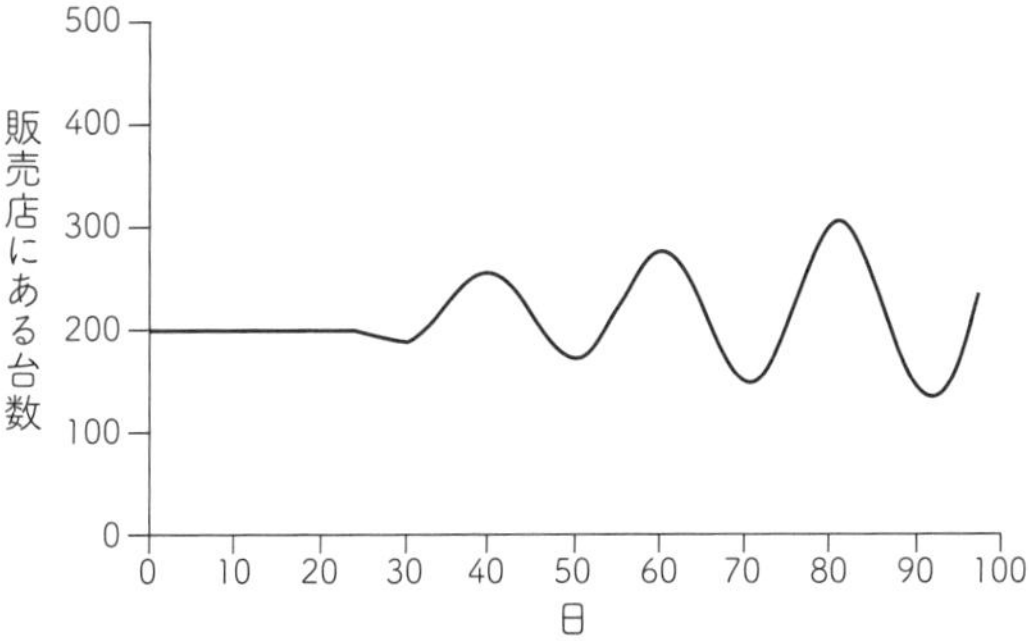

までの時間を短縮する代わりに、反応時間を短くして、認知された不足分を、3日ではなく2日で埋め合わせようとしたら、図35に示すように、事態はさらに悪化してしまいます。

何かを変える必要があり、このシステムには〝学習する人間〟がいますから、何かが変わるでしょう。振動を安定化するためのこのやり方の失敗を見て、販売店は「効果的なレバレッジを、間違った方向に押したってわけね」とつぶやきます。このように、正反対の結果になってしまうことは、よくあります。あるシステムを直そうとしている人が、実際にシステムへの強い影響力を有するレバーに、直感的に惹かれます。そうして、善意で何とかしようとしているその人は、そのレバーを間違った方向に引いてしまうのです！　これは、「私たちがシステムを変えようとし始めるとき、直感に反するシステムの挙動に驚くことになるかもしれない」という一例に過ぎません。

ここでの問題のひとつは、自動車販売店の反応が「遅すぎた」のではなく、「速すぎた」ということです。このシステムの構造を考えれば、過剰反応だったのです。もし、反応時間を3日から2日に減らすのではなく、3日から6日に遅れを増やしていたら、図36に示すように、状況はよくなっていたことでしょう。

図35　反応時間を短縮したときの、同じ需要増への在庫の反応

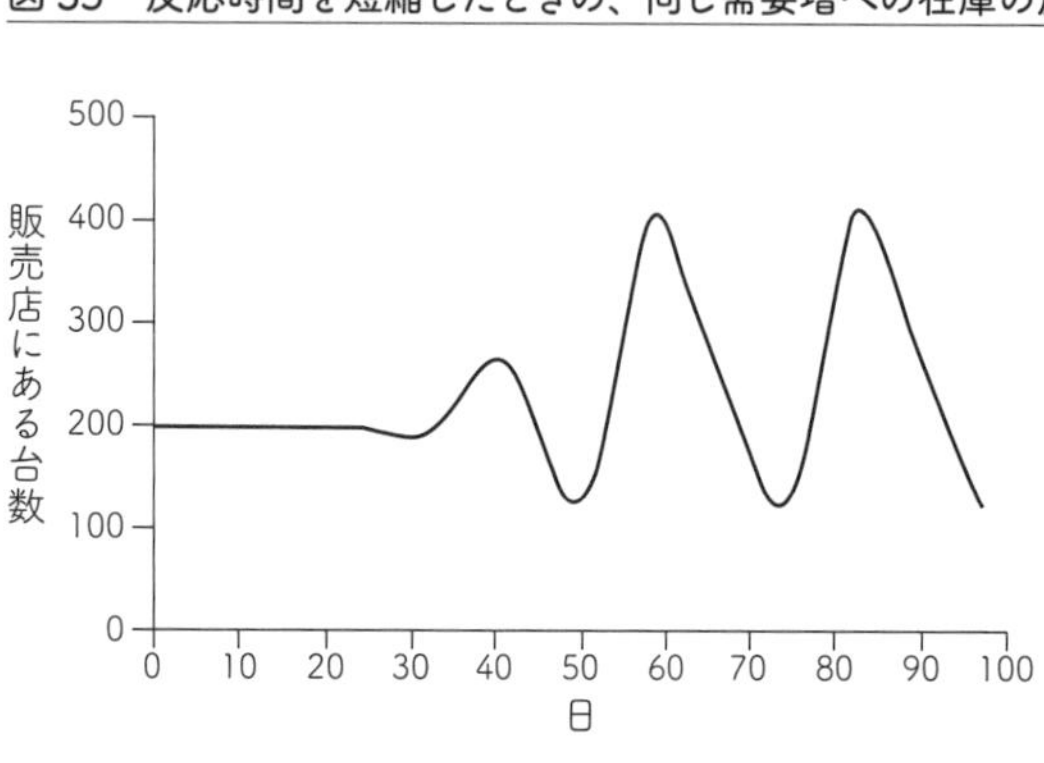

図36が示すように、この変化によって、振動は大きく減らすことができ、システムはかなり効率的に、新しい平衡状態を見いだすことができます。

このシステムで最も重要な遅れは、工場からの納車の遅れであって、それは自動車販売店には直接コントロールできないものです。しかし、システムのその部分を変える力がなかったとしても、自動車販売店は、在庫をかなり上手に扱えるようになります。

システムにおける時間的遅れを変えることによって、ずっとやりやすくなることもあれば、ずっとやりにくくなることもあります。システム思考家たちが、「時間的遅れ」というテーマに対して、ある意味熱狂的である理由がわかるでしょう。私たちはつねに、システムの中で、どこで時間的遅れが生じているか、どのくらいの遅れなのか、情報の流れの遅れなのか、物理的なプロセスの遅れなのかを注意してみています。遅れがどこにあって、どれほどの長さかがわからないうちは、システムのダイナミックな挙動を理解し始めることはできません。そして、時間的遅れの中には、やり方を変える強力なレバーになる可能性のあるものが存在することがわかっています。時間的遅れを長くしたり短くしたりすることで、システムの

図36　反応時間を遅くしたときの、同じ需要増への在庫の反応

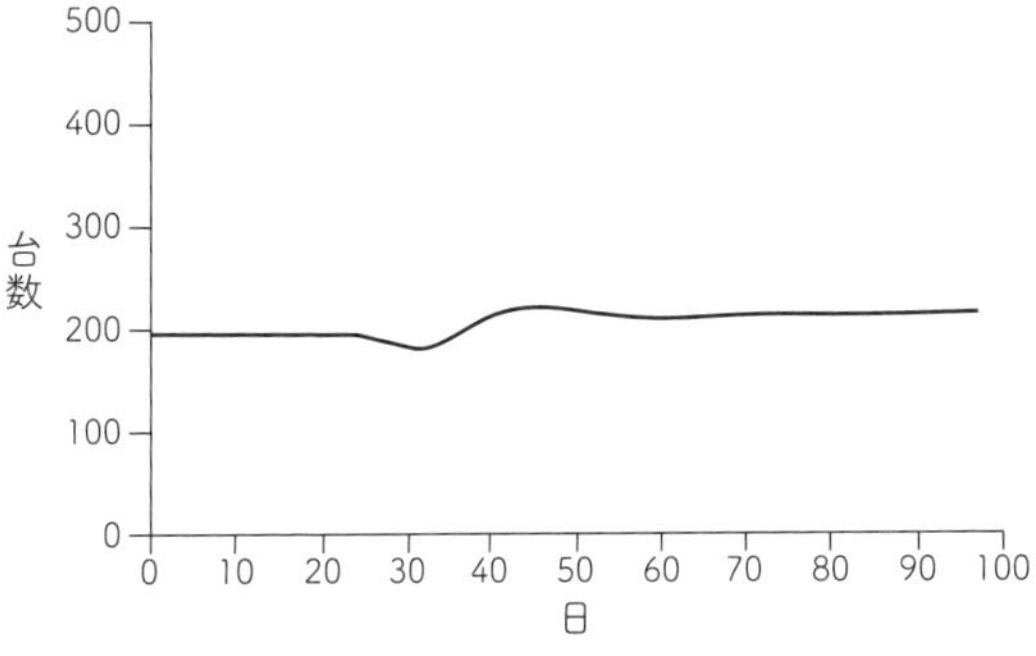

挙動に大きな変化をもたらしうるのです。

大きな構図からいえば、ひとつの店舗の在庫問題はちっぽけなもので、修正可能に思えるかもしれません。でも、その在庫が、全国の販売前のすべての自動車の在庫だったと想像してみてください。自動車の発注の増減は、組み立て工場や部品工場での生産だけでなく、製鉄所や、ゴムやガラスの工場、布地の生産者、エネルギー生産者の生産にも影響を与えるでしょう。このシステムのあらゆる所に、認知の遅れ、生産の遅れ、納品の遅れ、建設の遅れがあります。

では、自動車生産と雇用のつながりを考えてみましょう。生産が増加すれば雇用が増え、より多くの人が車を買えるようになります。これは自己強化型ループで、逆方向にも機能します。つまり、生産が減れば雇用が減り、自動車販売数が減り、生産が減ります。別の自己強化型ループを加えてみましょう。自動車会社や自動車サプライヤーの最近の業績に基づいて、投資家がそれらの会社の株を売買します。それによって、生産が急に増えると株価が跳ね上がり、生産が急減すれば株価は落ち込みます。

互いにつながっている業界が遅れを通じて反応し合い、それぞれの振動で互いを引きずり合い、増幅要因や投機家によって増幅される、この極めて大きなシステムが景気循環の根本的な原因です。景気循環は、社長たちが起こすわけではありません（社長たちは、景気上昇の楽観論や下降の痛みを和らげたり強めたりすることはできますが）。経済とは、極めて複雑なシステムです。時間的遅れのあるバランス型フィードバック・ループがぎっしり詰まっており、本質的に振動するものなのです。[5]

ドネラの言葉

時間的遅れは、システムのいたる所にあり、挙動を左右する強力な要因です。時間的遅れの長さを変えると、システムの挙動が大きく変わる可能性があります（その可能性がない場合もあります。遅れの種類とほかの遅れとの相対的な長さによります）。

ストックがふたつあるシステム

再生不可能なストックの制約を受ける再生可能なストック――石油経済

これまでお見せしてきたシステムは、「周囲の環境からの制約はない」というものでした。工業経済モデルの資本ストックでは、アウトプットを生産するための原材料は不要でしたし、人口にも食料は必要ではありませんでした。サーモスタットの付いた暖房システムには、石油がなくなる心配はありませんでした。システムのこういったシンプルなモデルは、制約を受けない形で、内的なダイナミクスにしたがって機能することによって、そのダイナミクスがどのようなものかを見ることができます。

しかし、実際の物理的な実体は、つねにその環境に囲まれ、環境とさまざまなモノをやりとりしています。企業であれば、「エネルギーと原材料」、「労働者」、「マネージャー」、「顧客」が絶えず供給される必要があります。トウモロコシが育つには、水と栄養素、そして害虫からの保護が必要です。生き物には、食料と水と住む場所が必要であり、それが人間ならば、雇用と教育、医療ケアなどさまざまなものが必要となります。エネルギーと原材料を使っているなら、廃棄物を置いておく場所か、廃棄物をどこかへ運び去るプロセスが必要になります。

ということで、物理的なシステムで成長しているものは何であれ、早晩、何らかの制約にぶつかることになります。その制約とは、バランス型ループの形を取ることになるでしょう。バランス型ループは、何らかのやり方で、アウトフローを強めるか、インフローを弱めることによって、成長という挙動を推進していた自己強化型ループの支配をシフトさせます。

「制約のある環境での成長」はよくあることなので、システム思考家は、これを「成長の限界」の原型と呼んでいます（原型とは、よく見られる挙動パターンをつくり出す、頻繁に見いだされるシステム構造のことです。第5章でさらに多くの原型について見ることになります）。

人口であれ企業であれ、銀行口座であれ噂であれ、伝染病であれ新製品の販売であれ、成長している何かがあれば、私たちは必ず、その成長を推進している自己強化型ループと、最終的に成長を制約することになるバランス型ループを探します。システムの挙動を支配していないとしても、バランス型ループがそこにあることはわかっています。永久に成長し続けられる物理的なシステムは、現実にはありえないからです。大流行している新製品であっても、最終的には市場が飽和するでしょう。原子力発電所や核爆弾の連鎖反応も、燃料を使い果たすでしょう。ウィルスも、感染しやすい人々が残っていない状況になるでしょう。経済の制約となるのは、工業資本やインフラなどの物理的な資本、財務資本、または労働力や市場、マネジメントや資源、汚染かもしれません。

ストックにインフローを供給する資源には「再生可能なもの」と「再生不可能なもの」があるように、汚染の制約にも、再生可能なものもあれば、そうでないものもあります。環境に、汚染を吸収・無害化する能力がなければ、再生可能ではありません。環境に、有限の（通常は可変の）汚染除去の能力があれば、再生可能です。したがって、ここで資源の制約を受けるシステムについて説明したことはすべて、フローはアウトフローに変わりますが、同

ドネラの言葉

幾何級数的に成長している物理的なシステムでは、成長を推進している自己強化型ループが少なくともひとつと、その成長を制約するバランス型ループが少なくともひとつあります。有限の環境下で永久に成長できる物理的なシステムはないからです。

じダイナミクスを持つものとして、汚染の制約を受けるシステムにも当てはまります。

成長するシステムに対する限界は、一時的なものかもしれませんし、永続的なものかもしれません。システムは、短期的もしくは長期的にその限界を回避できるやり方を見つけるかもしれませんが、最終的には、ある種の適応が起こるはずです。システムがその制約に合わせるか、制約がシステムに合わせるか、または互いが互いに合わせたりします。その適応の中で、ある種の興味深いダイナミクスが起こります。

制約をかけるバランス型ループの源が、再生可能資源なのか、再生不可能な資源なのかによって、ある違いが生じます。それは、「成長が永久に続けられるかどうか」ではなく、「成長がどのように終わりそうか」の違いです。

最初に、資本のシステムを見てみましょう。再生不可能な資源を掘り出すことで利益を生み出す資本システムです。新しく大油田を発見したばかりの石油会社を考えてみましょう。図37を見てください。

図37　自己強化型の成長ループを持ち、再生不可能な資源の制約を受ける経済資本

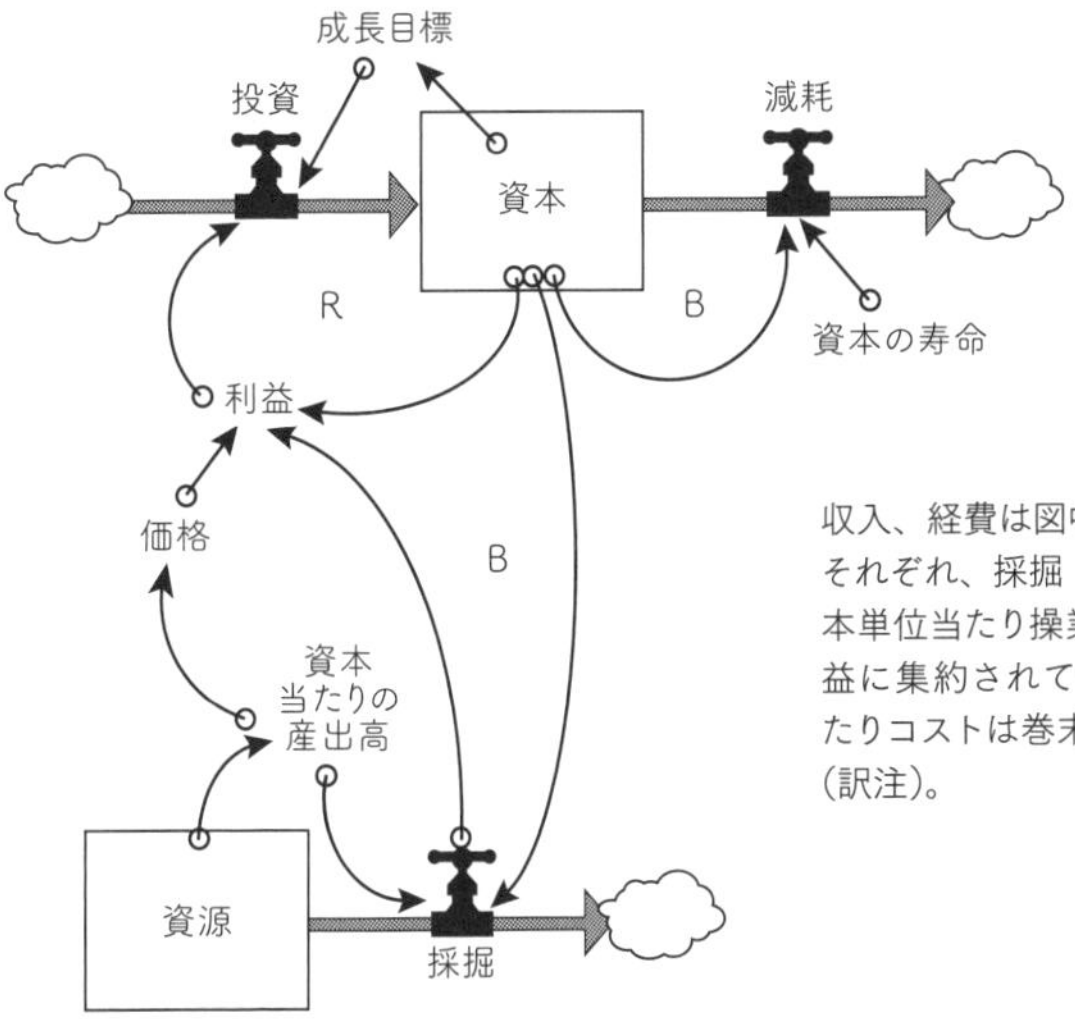

収入、経費は図中に明示されていないが、それぞれ、採掘（量）×価格、資本×資本単位当たり操業コストで計算され、利益に集約されている。価格及び単位当たりコストは巻末の付録を参照されたい（訳注）。

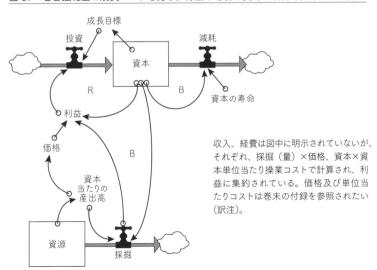

図37の図は、複雑に見えるかもしれませんが、「アウトプット」の代わりに「利益」を用いているだけで、すでに見てきた資本成長システムと同じです。減耗を推し進めるのは、今ではおなじみのバランス型ループです。石油の掘削・精製の機器の資本ストックが多ければ多いほど、壊れたり摩耗したりする機械・精油所が多くなり、資本ストックを減らすことになります。この例では、資本ストックは20年の寿命で減耗します。つまり、毎年、資本ストックの20分の1（5％）が使用不可能になっていくということです。資本ストックは、石油掘削からの利益を投資することで増えていきます。つまり、自己強化型ループです。資本が多いほど、より多くの資源を掘削できるようになり、再投資できる利益がさらに増えます。この会社が「設備資本を年率5％で成長させる」という目標を持っていたとしましょう。5％成長に十分な利益がなければ、この会社は投資可能な利益をすべて投資します。

利益は、「収入」から「経費」を引いたものです。このシンプルな例での「収入」は、石油の価格に、この会社が掘削した石油の量を掛けたものです。「経費」は、資本に、資本単位当たりの操業コスト（エネルギー、労働、資材など）を掛けたものです。当面の間、「価格も、資本単位当たりの操業コストも一定」というシンプルな仮定にしておきましょう。

一定であることが前提となっていないのは、資本単位当たりの資源の産出高です。ここでの資源は、石油という再生不可能なものであるため、掘削のフローの元となっているストックには、インプットがありません。資源が取り出されるにつれ、油井が枯渇し、次の1バレルの石油を掘り出すのはだんだん大変になってきます。残っている資源は、どんどんと深い所のものか、より密度の薄いものになり、石油の場合なら、より不自然な圧力を掛けなければ地表に取り出すことが難しくなってきます。資源を取り出し続けるためには、技術的に高度でよりコストのかかる手法が必要となります。

ここに、究極的に資本の成長をコントロールすることになる、新しいバランス型フィードバック・ループがあります。資本が多ければ多いほど、掘削のペースが上がります。掘削のペースが上がるほど、資源のストックは減ります。資源のストックが減るほど、資本単位当たりの資源の産出高は低下し、利益が低下します（価格は不変と仮定しています）。そして、投資率が低下し、したがって、資本の成長率は低くなります。資源の枯渇が、資本効率と操業コストを介してフィードバックされると想定することもできます。実際の世界では、この両方が起こります。いずれにしても、そこから生まれる挙動パターンは同じであり、昔からある枯渇のダイナミクスです（図38／107頁）。

このシステムは、当初の操業規模なら200年間供給できるだけの石油が油田にあるところから始まります。しかし、実際の掘削量は、40年ほどでピークに達します。掘削量が幾何級数的に成長したときの驚くべき結果のためです。投資率が年に10％のとき、投資ストックと掘削ペースは共に、年率5％で増大し、最初の14年間で2倍になります。28年目には、資本ストックは4倍になり、資本単位当たりの産出高が減ってくるため、掘削は遅れをとり始めます。50年目には、資本ストックの維持コストが資源掘削からの収入を上回ってしまうので、資本の減耗に先んじて投資をし続けるだけの利益が上がらなくなります。資本ストックが減るにつれ、採掘サイトはパタパタと閉鎖されます。最後まで残っている、最もコストのかかる資源は、地下に埋まったままです。それを取り出すのは、コスト的に見合わないのです。

もし当初の資源の規模が、地質学者が最初に考えたものの2倍あったとしたら、または4倍あったとしたら、どうなるでしょう? 言うまでもなく、その油田から取り出せる石油の総量は大きく異なることになります。でも、年率5%の資本の成長を生み出す年率10%の再投資という目標が同じであれば、もとの資源量が2倍あったとしても、掘削ペースのピークに達するタイミングは14年しか違いません。この掘削産業に依存している雇用や地域社会の寿命も同じです(図39)。

再生不可能な資源に頼って資本ストックを構築しているときは、大きく速く成長すればするほど、下落も速く大きくなります。掘削量や使用量の幾何級数的な成長の前では、再生不可能な資源が2倍だろうと4倍だろうと、代替案をつくり出すための時間稼ぎはほとんどできません。

もし「最大のペースで資源を取り出して、お金を儲けたい」と思っているなら、そのシステムの中で最も重要な数字は、資源の究極の規模でしょう。「自分の仕事や地域社会の安定がどのくらい続くか」を気にしている鉱山や油田の労働者だったら、重要な数字はふたつ、資源の規模と望ましい資本の成長率です(システムの挙動にとって極めて重要である、フィードバック・ループの目標の好例です)。再生不能資源の管理における実際の選択は、「素早く金持ちになるか」、「それほど金持ちにはならないが、そのやり方でより長く続けるか」ということになります。

図 38　資源枯渇のダイナミクス

掘削（A）が利益を生み出し、資本（B）の成長を可能にする一方、再生不可能な資源（C）を枯渇させます。資本の蓄積が大きいほど、資源の枯渇は速くなります

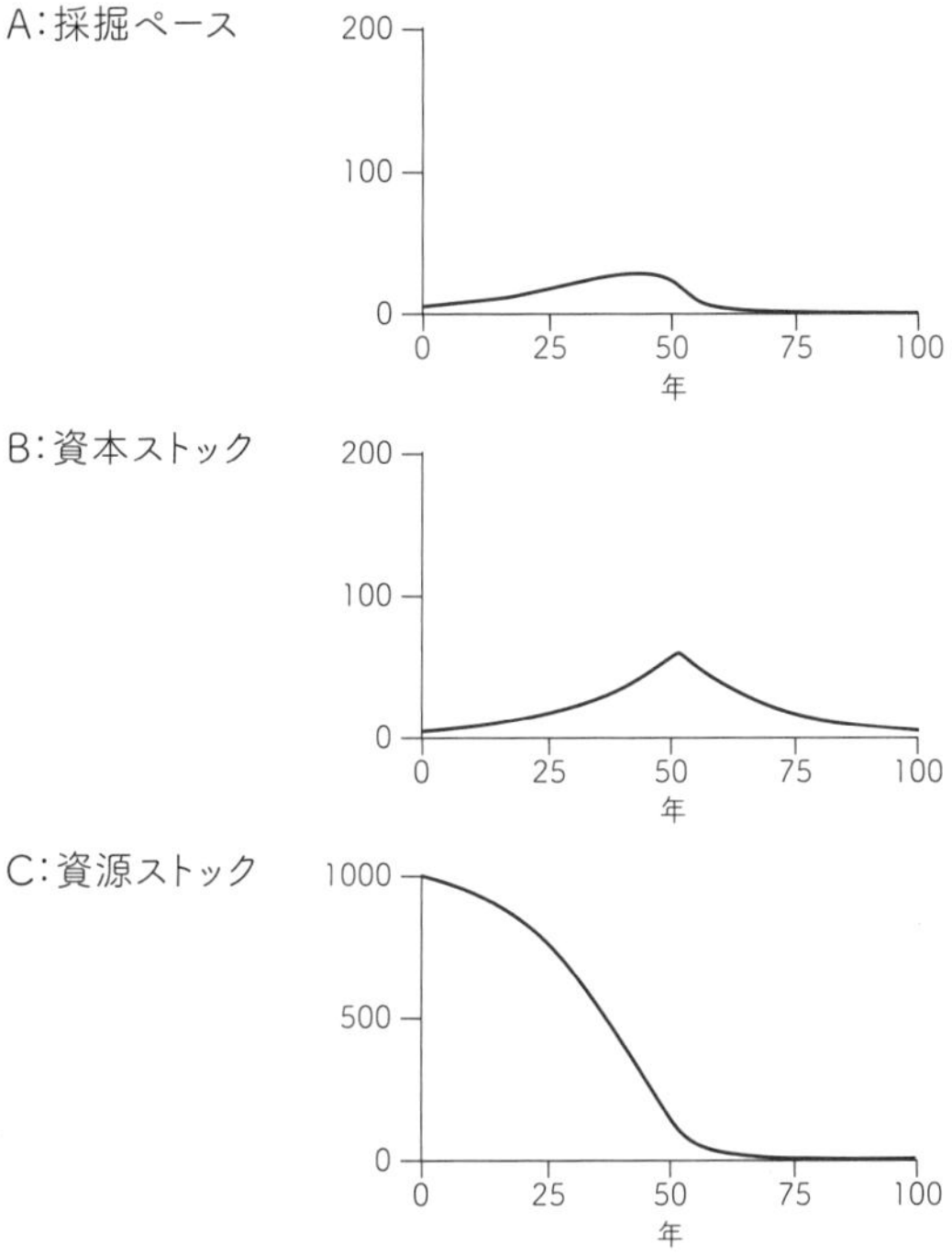

図 39　掘削できる資源量が 2 倍または 4 倍のときの掘削

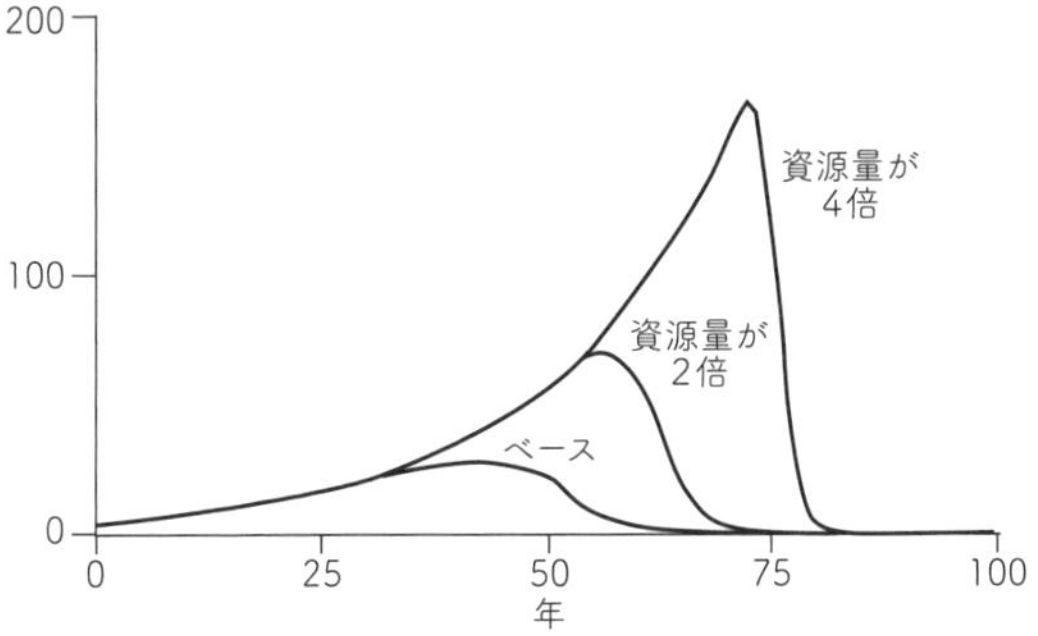

図40のグラフは、望ましい成長率が減耗率よりも年率で、1%、3%、5%、7%高い場合に、掘削量が時間の経過とともにどのように展開していくかを示したものです。7%の成長率であれば、この「200年分の供給量」の掘削は、40年以内にピークに達します。この選択が、その会社の利益に与える影響だけではなく、その地域の社会的環境や自然環境に与える影響を考えてみてください。

先ほど、「価格は一定であるという、シンプルな仮定にしておきましょう」と書きました。しかし、そうでなかった場合はどうなるでしょうか？ 短期的には、その資源は消費者にとってつねに大切なものであるため、価格が高くなっても需要は減らないと想定しましょう。この場合は、図41に示すように、資源が希少になるにつれ、価格は急激に上昇します。

価格が高くなれば、業界にとっての利益は高くなり、投資が増え、資本ストックは増え続け、まだ地下に残っている、よりコストのかかる資源を掘削できます。図41を価格が一定だった図38と比べてみると、価格上昇の主な結果は、「資本ストックが、崩壊する前により高く積み上げられる」ということがわかるでしょう。

ところで、もし価格が上がらなくても、技術によって操業コストが下がったときにも、これと同じ挙動が生じます。これは、実際に起こっていることです。たとえば、油井からの先進的な回収技術、枯渇した鉄鉱山から低品位のタコナイトを抽出する選鉱工程、枯渇しつつある金鉱や銀鉱からでも利益の上がる抽出ができる、シアン化物を用いた浸出工程などです。

私たちはみんな、個々の鉱山や油田、ガス田、炭鉱、地下の帯水層が枯渇しうることは

ドネラの言葉

制約や限界に向かって幾何級数的に成長しているものは、びっくりするほど短い間にその限界に達してしまいます。

図 40　望ましい成長率が減価償却よりも高いときの掘削

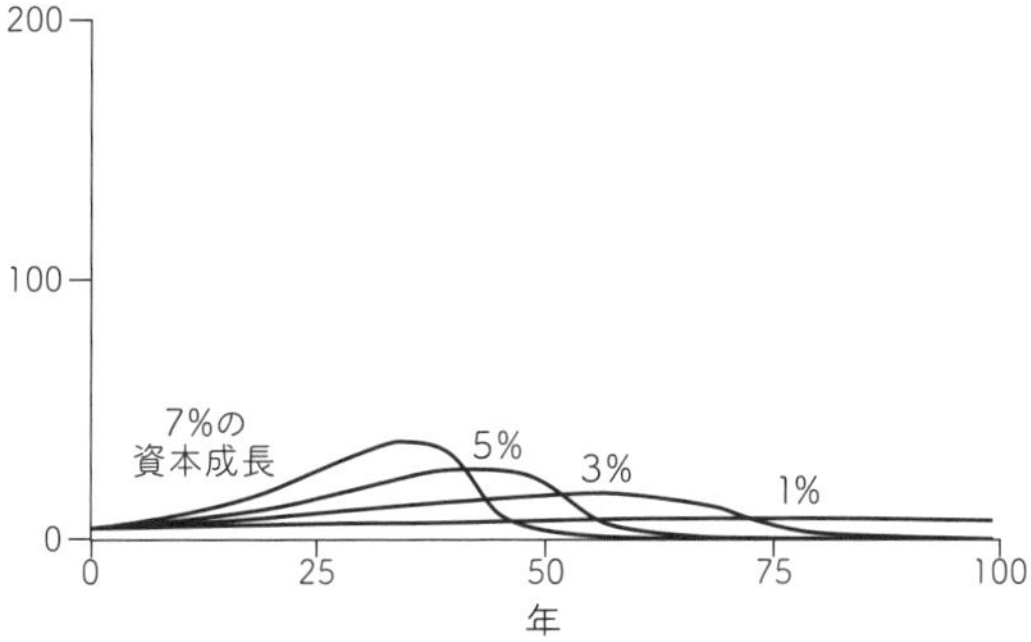

図 41　資源の希少化と価格の急上昇のダイナミクス

資源がしだいに希少になるにつれ、価格が上昇すると、再投資するための利益が増え、資本ストックはより大きく成長でき（B)、より長い時間、掘削ができるようになります（A)。その結果、資源（C）は最後にはさらに急速に枯渇します。

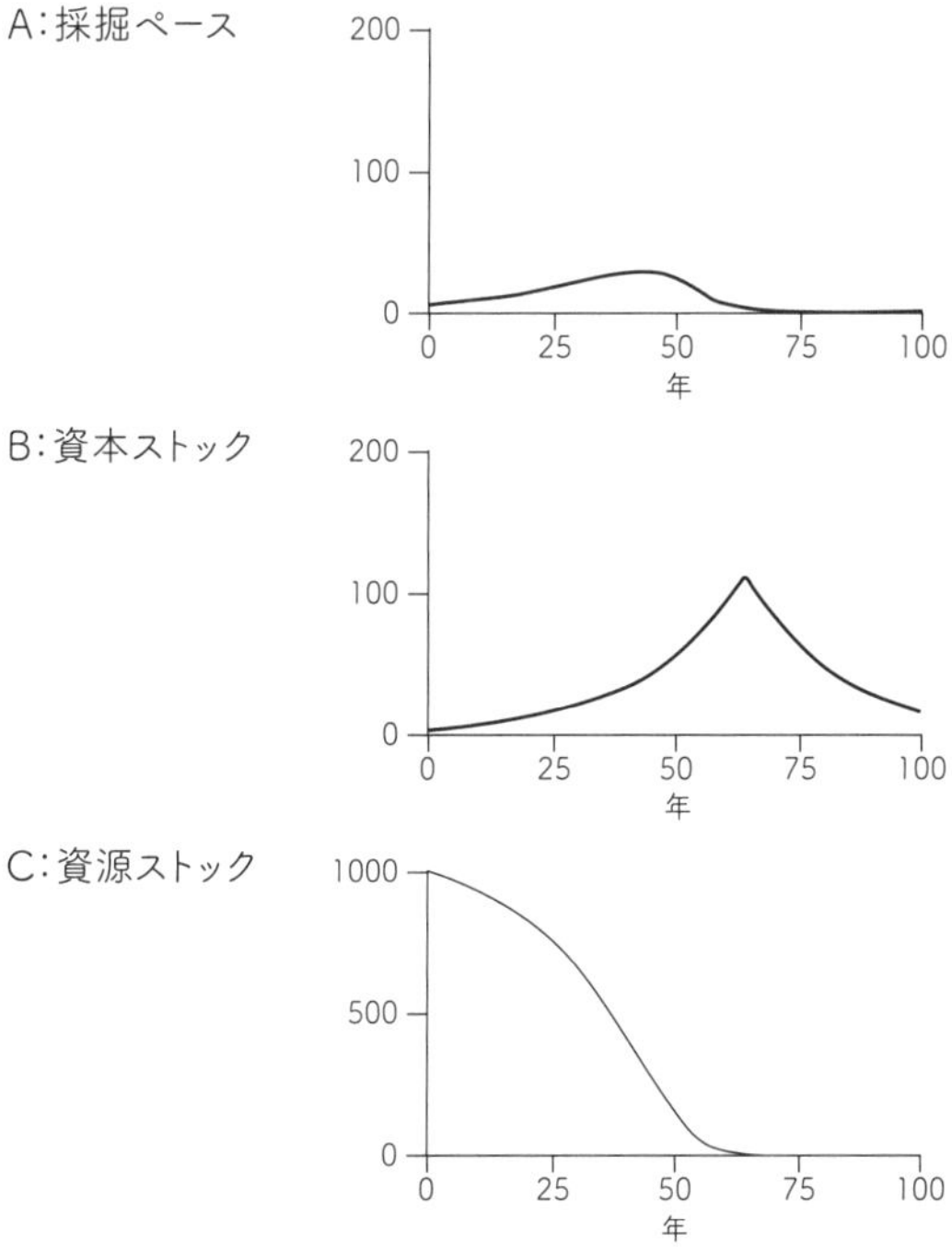

知っています。世界中に、打ち捨てられた炭鉱の町や油井があり、私たちがここで見てきた挙動を現実に証言しています。資源を扱う企業も、このダイナミクスを理解しています。企業は、ひとつの場所で枯渇によって資本効率が落ちるずっと前に、投資をほかの場所に移し、別の鉱床や油田・ガス田を発見し、開発しようとします。しかし、局所的な限界があるとしたら、最終的には地球全体としての限界があるのでしょうか？

この議論については、ぜひ自分で考えるか、別の意見を持つ人と議論してみてください。ひとつだけ指摘しておきましょう。枯渇のダイナミクスによれば、当初の資源ストックが大きいほど、新しく発見される量が多いほど、成長ループが制御ループを回避する時間が長いほど、資本ストックと掘削ペースが高く成長するほど、経済的に生産ピークの反対側に落ちていくのは、より早いタイミングで、より速く、より深くなります。

経済が再生可能な資源だけを用いて営むことができるようにならない限り、おそらく、そのような状況になるでしょう。

再生可能な資源によって制約を受ける再生可能なストック——漁業経済

さきほどと同じ資本システムを考えてみましょう。一点だけ違うのは、今回は資源ストックへのインフローがあり、ストックが再生可能になっていることです。このシステムの再生可能な資源は魚で、資本ストックは漁船かもしれません。木と製材所、牧場と牛でもよいでしょう。魚や木や牧草といった、生命体としての再生可能資源は、自己強化型フィードバック・ループによって、自らから自らを生み出すことができます。太陽や風や川の水といった、生命体ではない持続可能な資源は、自己強化型ループを通してではなく、現在のストックの状態に関係なく資源ストックに再補充し続ける一定のインプットを通じて再生されます。

この同じ「持続可能な資源システム」の構造は、風邪ウィルスの蔓延でも生じます。風邪が治った人は、また風邪を引くことができます。人々が定期的に買う必要のある製品の販売も、再生可能な資源システムです。潜在顧客のストックはつねに再生されるからです。樹木を丸ごとではなく、その一部だけを駄目にしてしまう害虫の発生も同じです。植物は再生し、害虫はもっと食べることができるようになります。こういった事例のすべてに、制限要素となる資源ストックに再補充し続けるインプットがあります（図42）。

漁場を例に考えてみましょう。先ほどと同じく、資本の寿命は20年とし、業界は、可能であれば年率5％で成長するものとします。再生不可能な資源の場合と

図42　再生可能な資源に制約を受ける自己強化型成長ループを持つ経済資本

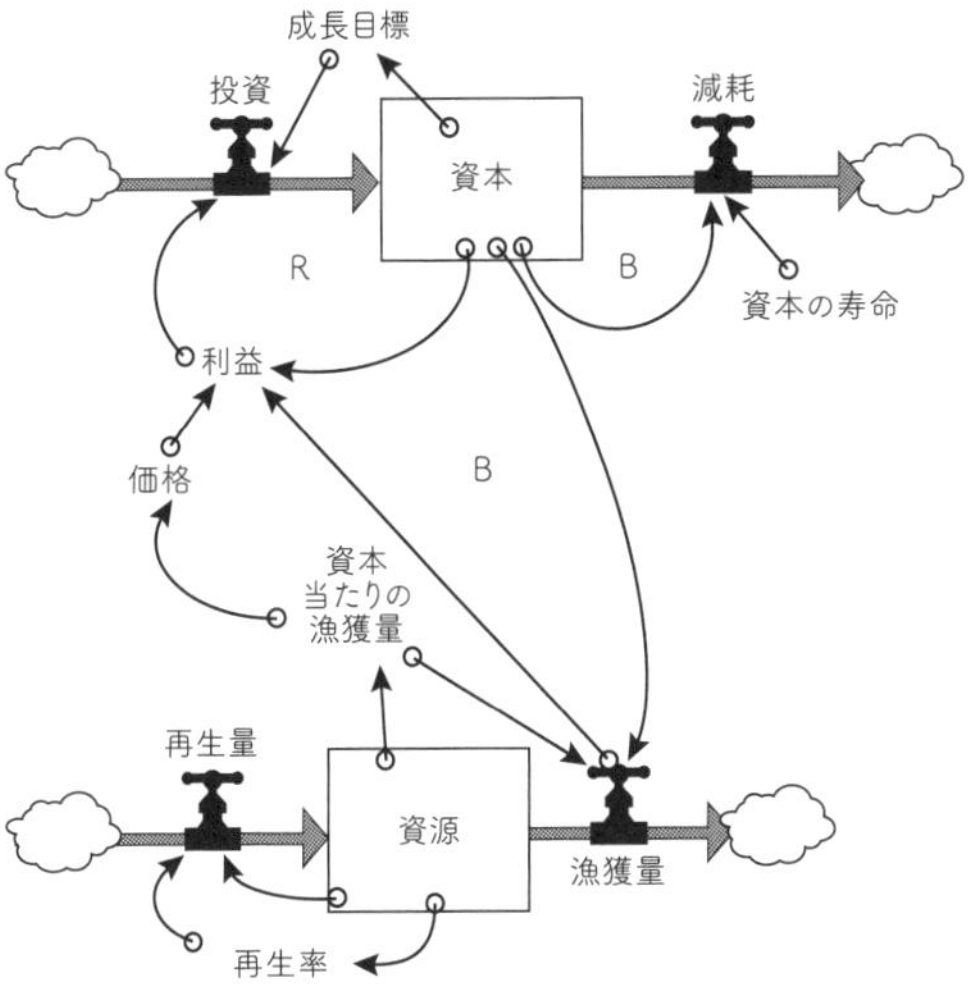

同様に、資源が希少になれば、その資源を入手するために、資本という意味でのコストがより必要になります。最後に残った魚の群れを見つけるには、より遠くまで航海できる、より大型で、ソナーを装備した漁船が必要になる、ということです。または、その魚の群れを獲るには、何キロメートルもの長さの流し網が必要になります。港までの長距離輸送のためには、船上の冷蔵システムも必要になるでしょう。これらはすべて、より多くの資本を必要とします。

魚の再生ペースは一定ではなく、その海域にいる魚の数（魚の密度）によって決まります。魚の密度がつねに高い場合、入手可能な餌と生育域の制約を受け、再生量はゼロに近くなります。魚の個体数が少し減れば、再生スピードはより速くなります。その生態系で、食べられていない栄養や空間が利用できるからです。しかし、あるところで魚の再生量は最大に達します。魚の個体数がそこからさらに減れば、子が産まれる速度は、どんどん速くではなく、どんどん遅くなります。魚が互いを見つけることができなかったり、ほかの種がそのすきまに入り込んでくるからです。

この漁業経済を単純化したモデルは、3つの非線形的関係の影響を受けます。価格（魚が少なくなれば、より高くなります）、再生量（魚が少なすぎても産卵は減り、密度が高すぎても稚魚は育ちません）、資本単位当たりの漁獲量（漁獲技術や漁法の効率）です。

このシステムから生じうる一連の挙動は、さまざまです。図43は、その一例を示しています。図43では、まず資本と漁獲量が幾何級数的に増えます。魚の数（資源ストック）は減りますが、それによって魚の再生量が高まります。数十年の間、資源は、幾何級数的に増える漁獲量を供給

図 43　漁業経済のモデル1「行き過ぎから平衡へ」

毎年の漁獲量（A）が利益を生み出し、そのおかげで、資本ストック（B）が成長しますが、この場合、少し行き過ぎたのちに、漁獲量は横ばいになります。漁獲量が横ばいになった結果、資源ストック（C）も安定します。

A：漁獲量

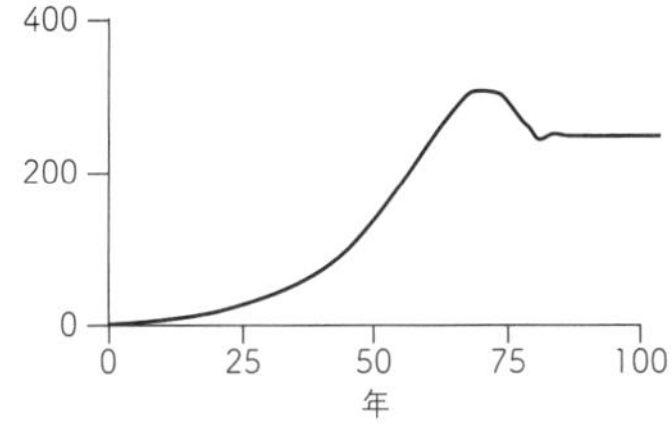

B：資本ストック

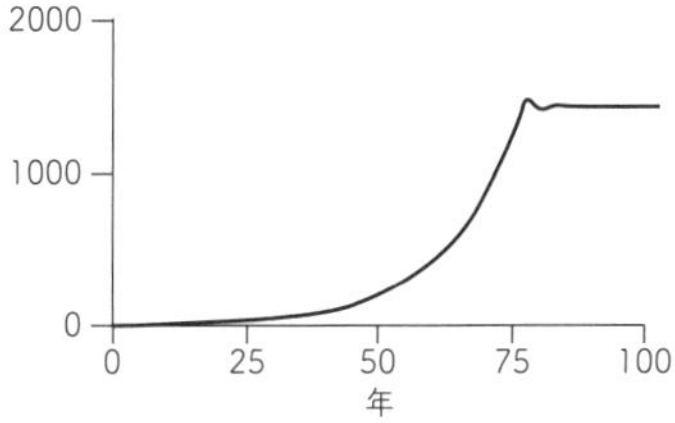

C：資源ストック

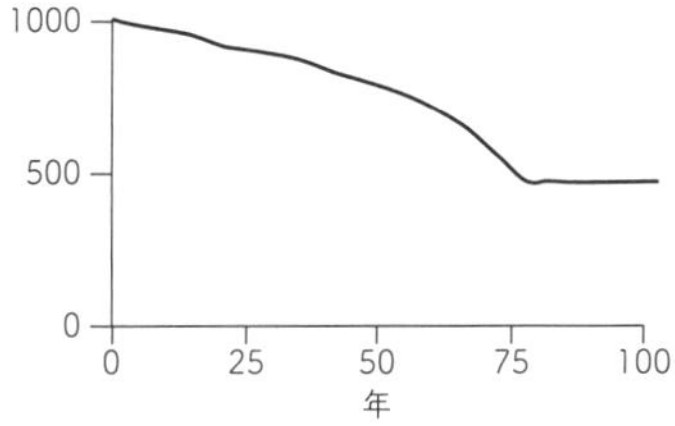

し続けることができます。最終的に、漁獲量が増えすぎ、魚の数が減りすぎて、漁船の採算性を減らしてしまいます。「漁獲量が減るにつれ、利益が減る」というバランス型フィードバックによって、投資率が急速に下がり、漁船数は魚の資源と均衡するようになります。漁船数は永久に増え続けることはできませんが、安定した高い漁獲量を永久に保つことができます。

しかしながら、単位資本当たりの漁獲量を変えて、バランス型フィードバック・ループをコントロールしている強さをほんの少し変えてみると、驚くほど違う状況となります。漁獲量を上げようとして、業界が漁船の効率を改善する技術（たとえば、減りつつある魚を見つけるためのソナー）を取り入れたとしましょう。魚の数が減っていくとき、一隻当たり同じ漁獲量を挙げる漁船の能力は、若干長く維持することができます（図44）。

図44は、レバレッジが効くところを効果的に逆方向に押してしまった別の例なのです！　このちょっとした技術の変化により、すべての漁業者の生産性は上がりますが、システムは不安定になってしまいます。振動が現れるのです！

漁獲技術がさらに向上すれば、漁船は、魚の密度がひどく低くても、経済的に成り立つ形で操業し続けることができます。結果として、魚も漁業産業も、ほぼ完璧に消滅してしまうかもしれません。その結果は、まるで「海の砂漠化」です。魚は、事実上、持続不可能な資源に変えられてしまったのです。図45（117頁）がこのシナリオを示しています。

このシンプルなモデルとは違って、再生可能な資源を基盤とする現実の経済の多くでは、漁獲量を増大させている資本がなくなれば、ほんのわずかでも生き残っている魚が、その数を

図44　漁業経済のモデル2「行き過ぎから振動へ」

単位資本あたりの漁獲量が少し増えると（この場合は、技術の効率が次第に向上することによって）、漁獲量（A）、経済的な資本ストック（B）、資源ストック（C）は、行き過ぎて、それぞれの安定値のあたりで振動するパターンが生じます。

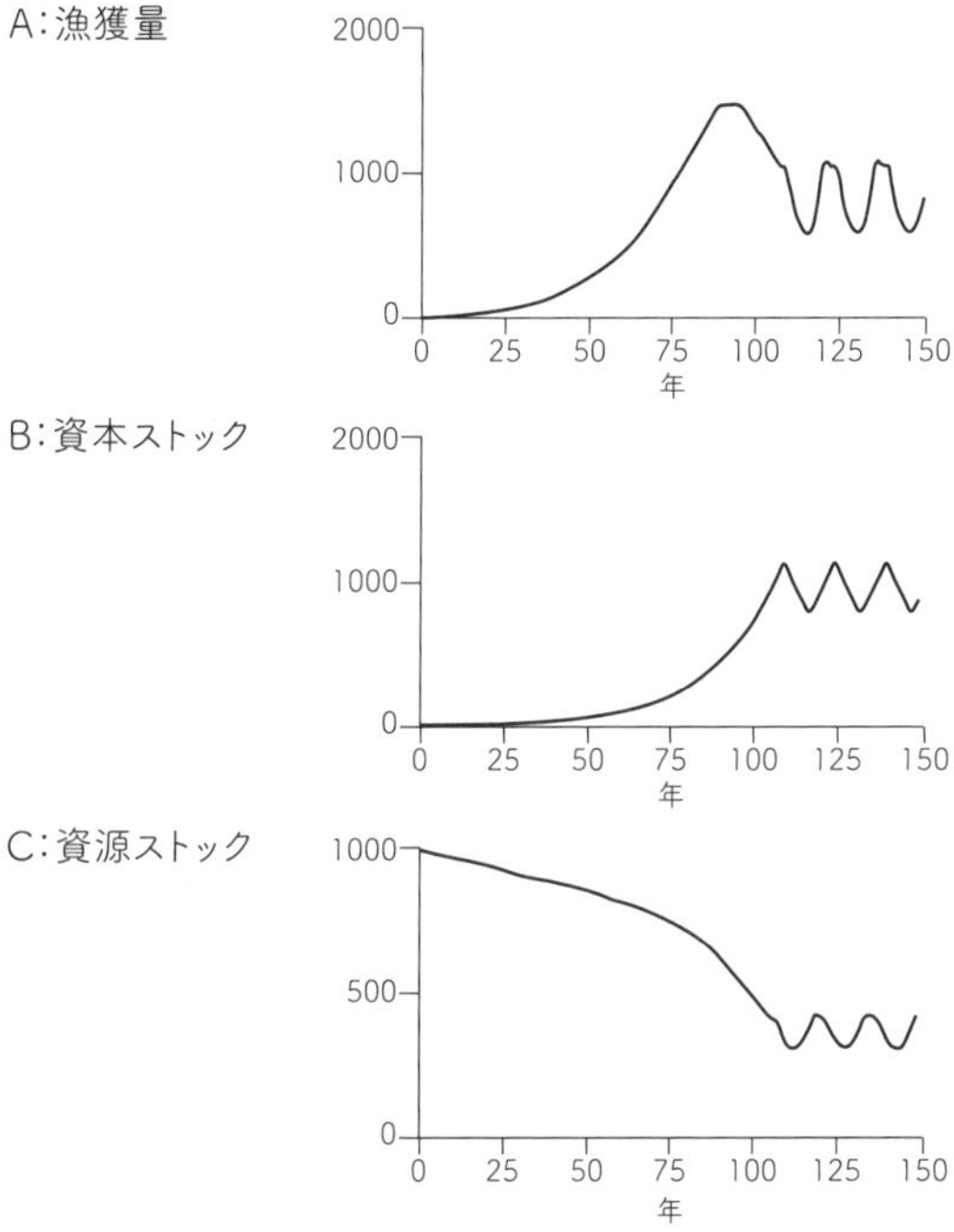

もう一度元に戻す潜在力を保持しています。そして、数十年後に、同じパターン全体が繰り返されることになります。このように極めて長期的な再生可能資源のサイクルは、たとえば、ニューイングランドの木材産業で認められています。現在、資源の「成長・過剰伐採・崩壊・最終的な再生」というサイクルの3巡目にあります。しかし、これはすべての資源に当てはまるわけではありません。技術と伐採効率の向上はますます、資源の個体数を絶滅に追いやる力を持つようになっています。

実際の再生可能資源のシステムが、〝取り過ぎ〟の状態の中を生き延びられるかどうかは、資源が激減している間に何が起こるかによります。魚の数が本当に少なければ、汚染や嵐、遺伝的な多様性の欠如に対して、とりわけ脆弱になるかもしれません。森林や牧草地の資源であれば、被覆を失った土壌は、浸食に対して脆弱になるでしょう。ほぼ空っぽになった生態系のすきまに、競合する生物が入ってしまうかもしれません。または、枯渇した資源が生き延び、再び数を増やすかもしれません。

ここでは、この再生可能な資源システムに起こりうる挙動として、次の3つを示しました。

- 行き過ぎてから、持続可能な平衡状態へと調節する
- その平衡状態を超えて行き過ぎ、その後、平衡点あたりで振動する
- 行き過ぎて、その後、資源とその資源に依存している業界が崩壊する

図 45　漁業経済のモデル3「行き過ぎから崩壊へ」

単位資本当たりの漁獲量がより増えても、漁獲量（A）、経済的な資本（B）、資源（C）は行き過ぎて崩壊するパターンとなります。

A：漁獲量

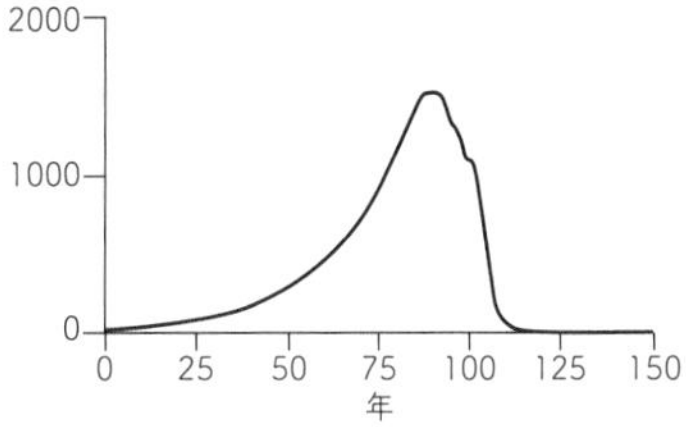

B：資本ストック

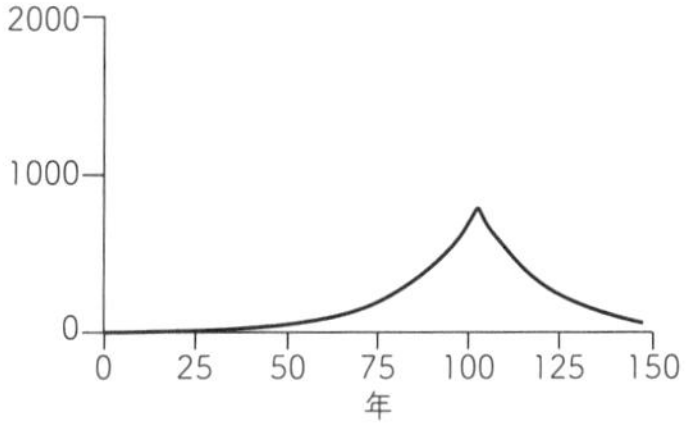

C：資源ストック

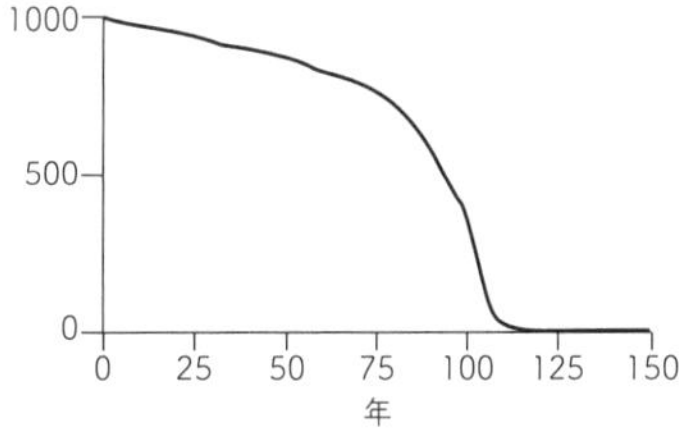

実際にどの結果が起こるかを決めるのは、次のふたつです。ひとつは、決定的な閾値であり、それを超えると、資源の個体の自らを再生する能力が損なわれてしまいます。もうひとつは、資源の枯渇につれて資本の成長を緩やかにするバランス型フィードバック・ループの素早さと効力です。フィードバックが十分に速く、決定的な閾値を超える前に資本の成長を止めることができれば、システム全体はスムーズに平衡状態に移行します。バランス型フィードバックが遅く、効力が弱いと、システムは振動します。バランス型ループがとても弱くて、資源が自らを再生する能力の閾値を下回ってもなお資本が成長し続ければ、資源も業界も崩壊します。

成長に対する限界が再生可能なものであれ再生不可能なものであれ、物理的なストックを永久に増やし続けることはできません。しかし、そのもたらす制約は、ダイナミクスが大きく異なります。その違いは、ストックとフローの違いから生じます。

複雑なシステムの挙動のあらゆる可能性と同じく、ここでの技《アート》は、「どの構造が、どのような潜在的な挙動を含んでいるか」、そして、「どの条件が、それらの挙動を顕在化させるか」を認識することです。そして、可能であれば、構造と条件を調整することによって、破壊的な挙動が生じる確率を減らし、有益な挙動が生じる可能性を高めることです。

第2部
システムと私たち

System and Us

第3章　なぜシステムはとてもよく機能するのか

> 土地のメカニズムが全体として良いとしたら、私たちが理解しているかどうかは別として、それぞれの部分が良いのだ。生物相が、永遠といえる時間の流れの中で、私たちが好むが理解しない何かを創り上げてきたとしたら、まともな人なら一見役に立たない部分を捨ててしまうようなことはすまい。すべての歯車の歯と車を保つことが、知的にいじくり回すことへの第一の予防である。
>
> ——アルド・レオポルド[1]（森の住人）

第2章では、その構造によってそれ自体の挙動をつくり出すシンプルなシステムを紹介しました。なかには、かなり洗練された——世界の荒波を生き残ってきた——システムもあります。それらはその限界の範囲内で、落ち着きを取り戻しながら物事を進めていきます。室温を維持する、（長期的に）油田を使い尽くす、漁業資源の生産性と漁船の規模のバランスを取る、といったことです。

過剰に推し進めようとすると、システムはバラバラになったり、以前には見られなかった挙動を示すこともあります。しかし、だいたいにおいて、システムはかなりうまくやってのけます。そして、それがシステムの美しいところです。システムはとてもよく機能することができるのです。システムがとてもよく機能しているとき、その働きにある種の調和を見ることができます。嵐に対処しようと、フル回転しているコミュニティを考えてみてください。人々は被災者を助けようと何時間も働き、才能やスキルが姿を現します。いったん非常事態が過ぎ去れば、暮らしは「いつも通り」に戻ります。

なぜシステムは、それほどよく機能するのでしょう？　自分になじみのある、高度に機能的なシステム（機械でも、人のコミュニティでも、生態系でも）の特性を考えてみてください。おそらく、「レジリエンス」、「自己組織化」、「ヒエラルキー」という3つの特徴のどれかを目にしたことがあるのではないでしょうか。

レジリエンス

> システムを「変わらないように」と束縛することは、脆弱性を生み出す。
>
> ――C・S・ホーリング[2]（生態学者）

「レジリエンス」には、工学、生態学、システム科学など、それを定義しようとする部門によって、さまざまな定義があります。本書の目的のためには、ふつうの辞書に載っている意味でよいでしょう。「押されたり引っ張られたりした後に、形や位置などを元に戻す跳ね返る力。弾力性。力や気力、ユーモアなどをすぐに取り戻す能力」。レジリエンスとは、ある変動のある環境の中でシステムが生き残り、持続する能力がどの程度あるか、ということです。レジリエンスの反対は、「もろさ」や「硬直性」となります。

レジリエンスを生み出すものは、大激動の後でさえ、システムを立て直すためにさまざまなやり方で機能しうる、多くのフィードバック・ループからなる豊かな構造です。ひとつのバランス型フィードバック・ループは、システムのストックを望ましい状態へ戻しますが、レジリエンスは、そのようなループのいくつかが、さまざまなメカニズム・時間軸で、冗長性（ひとつがうまくいかなければ、別のものが作動する）を持って働いていることから得られます。

「フィードバック・ループを取り戻したり立て直したり」できる一連のフィードバック・ループは、より高次のレジリエンスで、「メタ・レジリエンス」と言ってもよいでしょう。より高次な「メタ・メタ・レジリエンス」は、さらに複雑な回復型の構造を「学び、つくり出し、設計し、そして進化させる」ことができるフィードバック・ループから生み出されます。これを行うことができるシステムは自己組織的なシステムで、これは次項でお話をしようとしている驚くべきシステムの特徴です。

人体は、レジリエンスのあるシステムの驚くべき例です。何千種類もの侵入者をかわすことができ、幅のある温度にも、食事の摂取の大きな変動にも耐えることができ、血液の供給を割り当て直して、傷口を修復し、代謝を高めたり低下させたり、失ったりうまく機能しない部分もある程度までは補うことができます。それに加えて、学び、社会とやりとりし、技術を設計し、人体の部位の移植すらできる自己組織的な知性があれば、驚くほどレジリエンスのあるシステムとなります。といっても、〝無限に〟ではありません。少なくともこれまでのところは、どのような人間の身体＋知性も、人体やその一部を永久に死なせないほどのレジリエンスは持ち得ていませんから。

生態系にも、目を見張るほどのレジリエンスがあります。複数の種が互いをけん制し合い、あちこちの空間を動きながら、天候や栄養の有無、人間活動の影響などに対応して、時間の経過とともに、増えたり減ったりします。人口と生態系は「学ぶ」能力も持っており、その信じられないほど豊かな遺伝的な多様性を通して、進化します。十分な時間があれば、生命維持のために変化するチャンスを活かし、まったく新しいシステムをつくり出すこともできるでしょう。

レジリエンスとは、「静止している」とか「時間が経過しても変わらない」ということではありません。レジリエンスのあるシステムは、極めてダイナミックなものでしょう。実際のところ、短期的な変動や時折の勃発、または、遷移・極相・崩壊という長期サイクルは通常の状態なのかもしれません。こういった状況を立て直すために、レジリエンスが作動するのです！

ドネラの言葉

レジリエンスにはつねに限界があります。

また逆に言えば、時間が経過しても変わらないシステムは、レジリエンスを欠いている可能性があります。「静止的な安定」と「レジリエンス」を区別することが大切です。静止的な安定は見ることができます。システムの状態の変動を、週ごとや年ごとに測ることができるのです。レジリエンスは、見ることが大変難しいものでしょう。見えるとしたら、限界を超え、バランス型フィードバック・ループを打ちのめして損ない、システム構造がバラバラになってしまうときです。システム全体を見る目がなければレジリエンスが見えないため、人々は往々にして、安定性や生産性など、よりすぐに目につきやすいシステムの特性を求めて、レジリエンスを犠牲にしてしまいます。

- 遺伝子組み換えをした牛の成長ホルモンを注射すると、牛の餌摂取量をそれほど増やさなくても牛乳の生産量を増やすことができます。このホルモンは、乳汁をつくり出すために、体の他の機能から牛の代謝エネルギーの一部を流用するものです（牧畜の品種改良では、数世紀にわたってこれとかなり同じようなことをしてきましたが、その程度は大きく異なります）。生産量が増えることのコストは、レジリエンスの低下です。牛はより健康ではなくなり、短命になり、人間の管理により依存するようになります。

- ジャスト・イン・タイム方式で商品を小売業者へ、部品をメーカーへ届けることは、多くの業界で、在庫の不安定さを減らし、コスト低下をもたらしてきました。しかし、ジャスト・イン・タイムのモデルは、燃料供給の変動や交通流量、コンピュータの故障や労働力の供給状況、その他にも可能性のある突然の問題などに対する生産システムの脆弱性を高めてきました。

● 数百年にわたってヨーロッパの森林を集約的に管理してきたことで、もともとあった生態系は、単年・単種のプランテーションに置き換えられてきました。その多くは、自生の樹木ではありません。こういった森林は、いつまでも材木やパルプを高ペースで生産できるように設計されています。しかし、複数の種が相互に作用し合い、さまざまな組み合わせの栄養素を土壌から引き出したり、土壌に戻したりすることのない森林は、そのレジリエンスを失ってきました。特に、「工業による大気汚染」という新しい形の攻撃には脆弱であるように思われます。

レジリエンスのメカニズムはＤＮＡを修復し、血管をしなやかに保ち、または細胞分裂を制御しますが、このメカニズムの故障から、がんや心臓病といった多くの慢性疾患が生じます。あちこちで起こっている生態学的災害は、生物種が生態系から除去されたり、土壌の化学的・生物学的構造が乱されたり、有害物質が蓄積したりして、レジリエンスを失ったことから生じています。企業から政府まで、あらゆる種類の大規模組織は、自らの環境を感じて反応するフィードバック・メカニズムが、何層もの遅れやゆがみを通して作用せざるをえないというだけの理由で、レジリエンスを失います

ドネラの言葉

システムは、生産性や安定性だけのためではなく、レジリエンス（かく乱から回復する力、自身を立て直し、修復する力）のためにも管理される必要があります。

（これについては、少しあとの「ヒエラルキー」の項でもう少し説明しましょう）。

私はレジリエンスを「システムが、その通常の機能を果たしながら、安全に動くことができるお盆」のようなものだと思っています。レジリエンスを有するシステムの〝お盆〟は大きいので、あちらへ行ったりこちらへ行ったりできる余地がたくさんあり、危険な端の近くへ来たときには、やさしく弾力性のある壁がシステムを押し返してくれるのです。システムがレジリエンスを失うにつれて、〝お盆〟は小さくなり、保護してくれる壁は低く、固いものになってきます。最後には、システムは極めて不安定な状況で作動している状態になり、動こうとするとすぐに、あちら側かこちら側かに落っこちてしまいそうになります。レジリエンスの喪失には驚くことになるでしょう。というのも、システムは〝動いている場所〟よりも、〝動き〟に注目していることがずっと多いからです。ある日、これまで100回もやってきたことをやって、壊れてしまうのです。

レジリエンスを意識することで、システム自体の修復力を保持したり高めたりする多くのやり方がわかります。農場で自然の生態系を奨励する背景にもこの意識があります。そうすることで、捕食動物は「害虫駆除」という仕事以上のことができるのです。疾病を癒やすだけではなく、身体の内的なレジリエンスを高めようとする〝ホリスティックな〟健康管理の背景にも、この意識があります。食べ物やお金を与えるだけではなく、人々が自ら食べ物やお金を得る能力を阻んでいる状況を変えようとする援助プログラムの背景にも、この意識があります。

自己組織化

（進化は）地球の歴史における環境の変化と、その結果としての生存のための闘争によってのみ進路が決定される、一連の偶然であるとは言い難い……むしろ、明確な法則によって制御されているのである。……こういった法則を発見することは、将来の最も重要な課題のひとつである。

――ルートヴィヒ・フォン・ベルタランフィ[3]（生物学者）

複雑なシステムの中には、この上なく素晴らしい特徴を持っているものがあります。それは、学び、多様化し、複雑化し、進化する能力です。それは、ひとつの受精卵が、それ自身の中から、成熟したカエルやニワトリ、人間といった、信じられないほどの複雑さを生み出す能力です。それは、自然が、有機化学物質の水たまりの中から、何百万もの多様な素晴らしい種を生み出してきた能力なのです。石炭を燃やし、蒸気をつくり、水をくみ上げ、労働を専門化するという考え方を社会が取り入れ、最終的には、自動車組み立て工場や高層ビルの並び立つ都市、世界的なコミュニケーション・ネットワークなどに展開していく能力です。

この「システムが自らの構造をより複雑にしていく能力」は、「**自己組織化**」と呼ばれています。雪片や、断熱のきちんと行われていない窓ガラスにできた羽状の霜を見るとき、あるいは、過飽和溶液が突如として結晶の庭を作りだすのを見るとき、目にしているのは、小さな機械的な形の自己組織化なのです。種が芽吹いたり、赤ちゃんが話すことを学んだり、近隣住民が有害廃棄物の処分場に反対するために力を合わせようと決めたりするとき、より深い形での自己組織化を見ているのです。

自己組織化（特に生きているシステムの自己組織化）は、あまりにも一般的な特性であるため、私たちはそれを当然のことと思っています。もし当然だと思わなければ、この世界の次々と展開するシステムに圧倒されてしまうことでしょう。そして、自己組織化の特性が少しでも見えていれば、私たちは、自分たちがその一部を成しているシステムの自己組織的な力を破壊するのではなく、より上手に高められるでしょう。

レジリエンスと同じく、自己組織化も、目先の生産性や安定性のために犠牲にされることがよくあります。創造的な人間を生産プロセスの機械的な補佐役にしてしまうときにいつも言われるのが、「生産性や安定性のためだから」です。作物の遺伝的な可変性を狭めるときにも、人々を単なる数字であるかのように扱う官僚主義や知識の理論を構築する際にも、「生産性や安定性のためだから」という言葉が使われます。

自己組織化は、不均質性と予測不可能性を生み出します。まったく新しい構造、まったく新しいやり方をもたらす可能性があるのです。自己組織化には、自由と実験、ある程度の無秩序さが必要です。こういった自己組織化を促す条件は、多くの場合、個人にとっては恐ろしいものであり、権力構造を脅かすものかもしれません。その結果、教育システムは、子供たちの創造力を鼓舞するのではなく、制限するかもしれません。経済政策は、新興企業よりも、確立された強力な企業の支援に傾くかもしれません。そして、多くの政府は、国民があまり自己組織化しないことを望んでいます。

幸いなことに、自己組織化は、生きているシステムがつねに有している基本的な特性であるため、どれほど威圧的な権力構造であっても、完全にその息の根を止めることは決してできないでしょう。とはいっても、法律と秩序の名の下に、長く不毛でむごたらしく退屈な期間、自己組織化が抑圧される可能性もあります。

システム理論家たちはかつて、「自己組織化はあまりにも複雑なシステム特性であるため、決して理解できない」と考えていました。コンピュータは、進化的なシステムではなく、機械的な「決定論的」システムのモデル化に使われていました。それほど深く考えずに、「進化的なシステムは、決して理解できない」と思われていたからです。

しかし、新たな発見から、「ほんのいくつかのシンプルな組織化の原則が、極めて多種多様な自己組織的な構造をもたらしうる」ことが示唆されています。正三角形を思い浮かべてください。それぞれの辺の真ん中に、最初の三角形の3分の1の大きさの別の正三角形を置きます。新しい辺のそれぞれに、3分の1の大きさの別の正三角形を付け加えるということを続けていきます。その結果が、コッホ雪片と呼ばれるものです（図46）。

図46　コッホ雪片

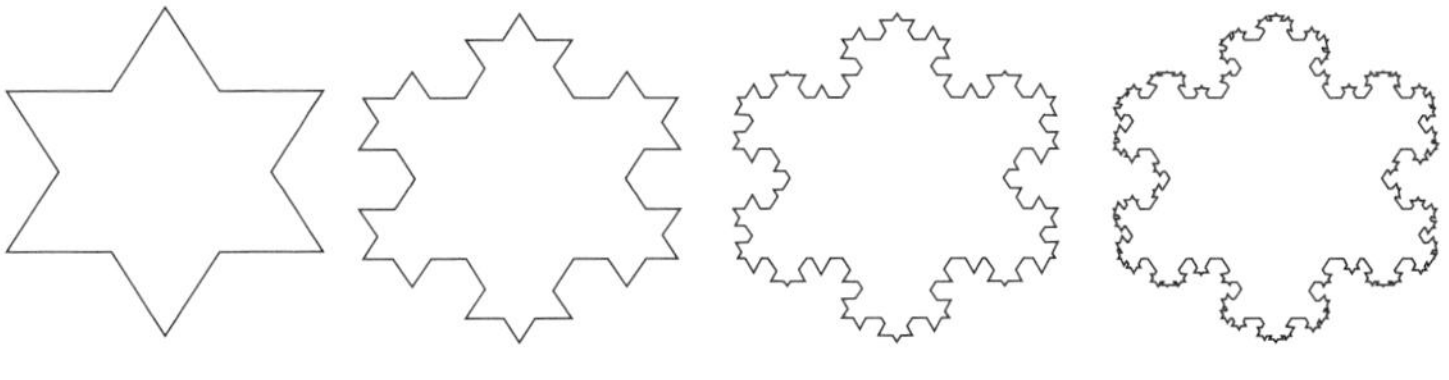

その周囲はとてつもない長さですが、円で囲むことができます。この構造は、フラクタル幾何学（比較的シンプルなルールによって形成される精巧な形状が存在する数学やアートの分野）のシンプルな一例です。

同様に、パターン化された模様のようなシダの繊細で美しく入り組んだ構造も、シンプルなフラクタル・ルールをほんのいくつか用いれば、コンピュータで作り出すことができます。おそらく、ひとつの細胞が人体へと分化していくのも、同じような一連の幾何学的なルールによってです。基本的にはシンプルなルールが、とてつもない複雑さをつくり出すのです（平均的な人間の肺の表面積がテニスコートを覆うほどであるのは、フラクタル幾何学のためです）。

ほかにもいくつか、シンプルな組織化のルールがつねに複雑な自己組織的システムをつくり出している例を挙げましょう。

- ウィルスからセコイアの木まで、アメーバからゾウまで、生きとし生けるものはすべて、DNAとRNAとたんぱく分子の化学構造にカプセル化されている、基本的な組織化のルールに基づいています。
- 農業革命とその後に続いたことはすべて、「人はひとつの場所に定住し、土地を所有し、作物を選んで栽培することができる」という、シンプルで衝撃的な考えから始まりました。
- 「神は、地球をその中核として宇宙をつくり、お城をその中核として土地をつくり、教会をその中核として人類をつくりたもうた」――中世のヨーロッパの入り組んだ社会的・物理的構造の組織化の原則です。

- 「神や道徳規範は、古い考えだ。人は、客観的で科学的でなくてはならない。生産の手段を所有し、増やさなければならない。人や自然を〝生産に役立つ投入物〟として扱わなくてはならない」——産業革命の組織化の原則です。

自己組織化のシンプルなルールから、技術、物理的な構造、組織、文化といった、巨大で多種多様な面を持つ結晶が育ちます。

科学は今では、自己組織的なシステムがシンプルなルールから生まれうることを知っています。科学（それ自体、自己組織的なシステムです）は、「世界のありとあらゆる複雑さは、突き詰めればシンプルなルールから生じているはずだ」と考えたがります。実際にそうなっているのかどうかは、科学にはまだわかっていません。

ドネラの言葉

システムは、往々にして自己組織化（自らを構造化し、新しい構造をつくり出し、学び、多様化し、複雑化する能力）の特性を持っています。複雑な自己組織化の形も、比較的シンプルな組織化のルールから生まれる場合もあるし、そうでない場合もあります。

ヒエラルキー

そうして、博物学者はノミを見る
その背中には寄生している小さなノミがいる
そして、それらにはもっと小さなノミが食いついている
そして、それが無限に繰り返される
――ジョナサン・スウィフト[4]（18世紀の詩人）

新しい構造をつくり出し、複雑さを増していくプロセスの中で、自己組織的なシステムによって生み出されることが多いのが「**ヒエラルキー**」です。

世界（少なくとも人間が、自分たちが理解していると思っている部分）は、サブシステムが集まって、より大きなサブシステムになり、それが集まってさらに大きなサブシステムになる形で組織化されています。あなたの肝臓の細胞は、ひとつの器官のサブシステムで、それは有機体としてのあなたのひとつのサブシステムです。そしてあなたは、家族、スポーツチーム、音楽グループなどのひとつのサブシステムなのです。こういったグループは、町や都市のサブシステムであり、それから国、グローバルな社会経済システム全体となり、生物圏システムの中に存在しています。

このシステムとサブシステムの配置を「ヒエラルキー」と呼びます。

企業のシステム、軍のシステム、生態系のシステム、経済のシステム、生命体は、ヒエラルキーの形に配置されています。そうなっているのは偶然ではありません。もしサブシステムが自らの面倒をおおむね見ることができ、自らを調整・維持できて、より大きなシステムのニーズに応えることができれば、また一方でより大きなシステムがそのサブシステムの機能を調整し向上させるならば、安定した、レジリエンスのある効率的な構造が生まれます。ほかの種類の配置が生み出したとは想像し難いでしょう。

なぜ宇宙はヒエラルキーに組織されているのか

むかしむかし、ホラとテンパスというふたりの時計職人がいました。ふたりとも精巧な時計を作り、どちらにも多くのお客さんがいました。人々はお店に立ち寄り、新しい注文の電話が鳴り続けていました。しかし、何年かたつうちに、ホラの店は繁盛した一方で、テンパスはどんどんと貧しくなっていきました。それは、ホラが「ヒエラルキーの原則」を見つけたからなのです……。

ホラとテンパスが作っていた時計は、それぞれ約1000個の部品からできていました。テンパスの時計の作り方はこうでした。組み立てている最中に、たとえば電話が鳴ります。すると、組み立て中のものを下に置かなくてはならず、作りかけの時計はバラバラになってしまいます。電話を終えて戻ってくると、テンパスはまたゼロから始めなくてはならないのでした。お客さんが電話を掛けてくればくるほど、テンパスは、中断されずに時計を仕上げられるだけの十分な時間を見つけることが難しくなってきました。

ホラの時計もテンパスの時計と同じくらい複雑なものでしたが、彼は、10個ほどの部品を組み立てて、しっかりした部分的な組み立て部品を作りました。そして、その部分的な組み立て品を10個組み立てて、大きめの組み立て部品にし、それを10個組み立てて1個の時計にしたのです。電話に出るために、途中までできたものを下に置かなくてはならないときには、作業のほんの一部だけを失うことになります。こうして、テンパスよりもずっと速く、より効率的に時計を作ったのでした。

シンプルなシステムから進化して複雑なシステムが生まれるのは、安定した中間的な形態があるときだけです。結果として生まれる複雑な形態は、必然的にヒエラルキーのあるものになります。自然が私たちに示すシステムに、ヒエラルキーがこれほどよく見られるのはなぜか、これでわかると思います。ありとあらゆる可能な複雑な形態の中でも、発展する時間を有してきたのは、ヒエラルキーだけなのです。[5]

ヒエラルキーは、システムの素晴らしい発明です。システムに安定性とレジリエンスを与えてくれるだけではなく、システムのどの部分であっても、把握しておくべき情報の量を減らすことができるからです。

ヒエラルキーのあるシステムでは、それぞれのサブシステムの〝内〟での関係は、サブシステムの〝間〟の関係より濃密で強力です。すべてのものがすべてのものにつながっているのは同じですが、その結びつきの強さは同じではありません。大学の同じ学部にいる人たちは、他学部の人とよりも互いに話すことが多いでしょう。肝臓の細胞は、心臓の細胞よりも、同じ肝臓の細胞との伝達をより緊密におこなっています。このように、ヒエラルキーのそれぞれのレベルの「内」と「間」を結ぶ、差異のある情報のつながりが正しく設計されていれば、フィードバックの時間的な遅れは最少になります。どのレベルも、情報に圧倒されることはありません。システムは効率良く、レジリエンスを持って機能します。

ヒエラルキーのあるシステムは、部分的に分解することができます。システムの一部を取り外すことができ、特に濃密な情報のつながりを持つサブシステムは、（少なくとも部分的には）それ自体がひとつのシステムとして機能できます。ヒエラルキーが分解されるときは通常、サブシステムの境界に沿って分かれます。たとえば細胞レベルや器官レベルなど、ヒエラルキーのさまざまなレベルでシステムを取り外し、それぞれ別に研究することから、多くのことが学べます。したがって、システム思考家は、「標準的な科学の還元主義的な分析は、私たちに多くのことを教えてくれます」と言うことでしょう。しかし、それぞれのサブシステムを他のサブシステムやヒエラルキーのより高いレベルにつなげている重要な関係性を見失ってはいけません。さもなければ、あとでびっくりすることになるでしょう。

たとえば、あなたに肝臓の疾患があったとしましょう。医者は通常、心臓や扁桃腺（ヒエラルキーの同じレベル）や、あなたのパーソナリティ（ひとつかふたつ上のレベル）、肝細胞の細胞核の中のDNA（いくつか下のレベル）にあまり注意を払うことなく、肝臓の治療ができます。しかしながら、このルールには多大なる例外があるので、「一歩引いて、ヒエラルキー全体を考えてみる」必要性が大きいことがわかります。もしかしたら、仕事で化学物質に触れているせいで、肝臓が損なわれているのかもしれません。その疾病は、DNAの異常から起きているのかもしれません。

自己組織的なシステムがそのヒエラルキーと統合の度合いを進化させるにつれて、考えるべきことも時間の経過とともに変わっていくかもしれません。かつて、各国のエネルギーシステムは、ほぼ完全にそれぞれ切り離すことができました。今ではそうではありません。エネルギー経済の進展のスピードに考え方がついてこなかった人々は、自分たちが世界の裏側の資源や意思決定にどれほど依存するようになってきたかを知って、ショックを受けるかもしれません。

自己組織的なシステムがヒエラルキーを形成する様子は見ることができます。自営業の人は、仕事が増えすぎると、何人かの助手を雇います。ある小さなインフォーマルなNGOが、多くの会員を集め、より大きな予算を持つようになり、ある日、会員たちは「ねえ、これらすべてを組織するだれかが必要だよね」と決めるかもしれません。分裂細胞の集まりが特殊な機能へと分化し、すべての細胞に栄養を供給するための分枝した循環システムや、それらを調整するための分枝した神経系を生み出します。

ヒエラルキーは、最も低いレベルから高いレベルへと発展します。部分から全体へ、細胞から器官そして生体へ、個人からチームへ、実際の生産から生産管理へ、という具合です。昔の農民は、自衛のため、また取引をより効率的にするために、互いに集まって都市をつくることを決めました。生命が始まったのは、ゾウからではなく、単細胞のバクテリアからです。ヒエラルキーの当初の目的はつねに、その発生元であるサブシステムがその仕事をより良くできるように手助けすることです。ところが、残念なことに、素晴らしく精緻化されたヒエラルキーの上のレベルでも下のレベルでも、このことを簡単に忘れてしまいます。その結果、多くのシステムは、ヒエラルキーがうまく機能せず、目標を達成しません。

チームメンバーが、チームとしての勝利よりも個人の栄光に関心があるとしたら、その人のせいでチームは負けてしまうかもしれません。体の細胞が、そのヒエラルキーの機能から勝手に離れ、すさまじい勢いで増殖を始めたら、それは「がん」と呼ばれます。学生たちが、自分たちの目的は、知識の探求ではなく、自分個人の成績を最高によくすることだと考えれば、カンニングといった望ましくない結果を生む行動がどっと増えるでしょう。ある企業が、自社に便宜を図ってもらうために政府に賄賂を贈れば、競争市場の長所や社会全体の善が損なわれてしまいます。

サブシステムの目的が支配的で、システム全体の目的を犠牲にしているとき、その結果としての行動は「**部分最適化**」と呼ばれます。

いうまでもないことですが、部分最適化と同じぐらい害がある問題は、過度に中央でコントロールすることです。もし脳が、ひとつひとつの細胞をあまりにもきっちりコントロールするために、細胞がその自己維持的な機能を果たすことができないとしたら、その生命体全体が死んでしまうでしょう。中央で決めたルールや規則のために、学生や教職員が知識の分野を自由に探求できないとしたら、大学の目的は果たすことができません。チームのコーチは、優れた選手の現場での感覚に干渉することで、チームにとってのマイナス要因となるかもしれません。企業から国家まで、経済面での上からの過剰なコントロールが、歴史上の大きな破局のいくつかを引き起こしました。そういったことは、決して過去のものではありません。

高度に機能的なシステムであるためには、ヒエラルキーは、サブシステムとシステム全体の快適さ、自由、責任のバランスを取らなくてはなりません。大きなシステムの目標に向かって調整をはかれるだけの中央のコントロールがなくてはなりませんし、すべてのサブシステムが繁栄し、機能し、自己組織化できるだけの十分な自律性も必要です。

レジリエンス、自己組織化、ヒエラルキーという3つのものがあるから、ダイナミックなシステムはつねにうまく機能することができます。システムのこういった特性を促進・管理することは、長期的に機能する能力を向上させ、持続可能なものにできます。しかし、システムがどのように挙動するかを見ていると、驚くようなこともいっぱいあるのです。

ドネラの言葉

ヒエラルキーのあるシステムは、下位から上位へと発展します。ヒエラルキーの高次の層の目的は、低次の層の目的に役立つことです。

第4章　なぜシステムは私たちをびっくりさせるか

> 問題は……私たちがひどく無知だということだ。私たちの中で最も学んだ者ですら、無知なのだ……。知識の獲得はつねに、無知の開示を伴う——ほぼ、無知の開示にほかならない。世界に関する私たちの知識が何よりもまず私たちに教えるのは、世界は私たちの世界に関する知識よりも大きいということだ。
>
> ——ウェンデル・ベリー[1]（作家、ケンタッキーの農民）

〝システムの動物園〟で見てきたシンプルなシステムの挙動に、あなたは途方に暮れたかもしれませんね。何年もシステムを教えているにもかかわらず、私はつねにシンプルなシステムにびっくりさせられています。「私もあなたもびっくりしている」ということは、ダイナミックなシステムについてのみならず、私たちについても物語っています。ダイナミックなシステムについて自分が知っていると思っていることと、実際の世界での自分の経験の間の相互作用から、私はいつも謙虚な気持ちになります。いつも3つの真実を思い起こすのです。

1 世界について私たちが知っていることはすべて、モデルです。ひとつひとつの単語も言語も、モデルなのです。地図も統計も、書籍もデータベースも、方程式もコンピュータ・プログラムも、すべてモデルです。自分の頭の中で世界を描くやり方（メンタル・モデル）もモデルなのです。どれひとつとして、〝実際の〟世界ではありませんし、今後そうなることもありません。

2 私たちのモデルは通常、世界に強く適合しています。だからこそ、人間という種は、生物圏でこれほど成功を収めているのです。特に複雑で洗練されているのは、私たちが自らのすぐまわりにある自然や人々、組織について、直接的に近しい経験をしたことからつくり出すメンタル・モデルです。

3 しかしその一方で、私たちのモデルは、世界のすべてを表すにはまったく足りません。だからこそ、過ちを犯し、たびたび驚いてしてしまうのです。私たちが頭の中で経過を追うことができるのは、いっときに2〜3の変数だけです。正確な前提から論理的ではない結論を導き出したり、不正確な前提から論理的な結論を引き出したりすることがよくあります。たとえば、多くの人は、幾何級数的なプロセスがつくり出しうる成長の量にびっくりします。複雑なシステムにおける「行ったり来たり」という振動をどうやって弱めればよいか、直感的にわかる人はほとんどいません。

簡単に言えば、本書は「ああでもあるし、こうでもある」という双対性の上に釣り合いを取っているようなものです。世界がどのように機能しているかについて私たちが知っている量は膨大なものですが、決して十分なものではまったくありません。私たちの知識は驚くべきものですが、私たちの無知もそれ以上に驚くべきものです。私たちは自分の理解を向上することはできますが、完璧にすることはできません。私はこの「ああでもあるし、こうでもある」の両方とも正しいと思っています。なぜなら、システムの研究から多くのことを学んできたからです。

本章では、ダイナミックなシステムがしょっちゅう人を驚かせるのはなぜか、その理由のいくつかを説明しましょう。裏返して言えば、「私たちのメンタル・モデルはいかにして（少なくともシステムの観点から見れば）、実際の世界の複雑さを考慮に入れることができないのか」を集めたものでもあります。〝要注意リスト〟といってもよいでしょう。ここに潜在的な問題が存在しているのです。短期的な出来事から目を離して、長期的な挙動や構造を探そうとしない限り、誤った境界線や限定合理性（172頁）を意識しない限り、制約要因や非線形性、時間的遅れを考慮に入れない限り、相互につながりあい、フィードバックの支配する世界をうまく進んでいくことはできません。レジリエンス、自己組織化、ヒエラルキーといった特性を大事に考えなければ、システムの取り扱いや設計、読み方を間違える可能性があります。

悪い知らせ、もしくは（あなたが現実の世界を制御する必要性がどれくらいあるか、びっくりすることを喜ぶ気持ちがどれくらいあるかによっては）良い知らせがあります。それは、こういった

ドネラの言葉

私たちが世界について知っていると思っていることはすべて、モデルです。私たちのモデルは、世界に強く適合していますが、実際の世界のすべてを代表するには、まったく足りないものです。

システムの特徴のすべてを理解したとしても、頻度は減るかもしれませんが、それでもやはりびっくりすることになるだろう、ということです。

魅惑的な出来事

システムは大きなブラック・ボックス。
その箱の鍵を私たちは開けることができない。
そして、それについてわかることはただ、
何がそこに入り、何がそこから出てくるか。
インプットとアウトプットの対を認識し、
パラメーターで関連づけることで、
ときには、インプット、アウトプット、状態を関係づけられることがある。
この関係が良いもので安定していれば、
もしかしたら、私たちは予想ができるかもしれない。
しかし、それがうまくいかなければ――そんなことはあってはならないのだが！
私たちは力尽くでフタを開けざるを得ないのだ！
――ケネス・ボールディング[2]（経済学者）

システムは、一連の出来事として自らを提示することによって、私たちをだまします（または、私たちが世界をそのように見ることで、自分自身をだますのです）。毎日のニュースは、選挙、戦い、政治的な合意、災害、株式市場の急上昇や急降下について語ります。私たちの毎日の会話の多くは、具体的な時・場所で起こった具体的なことについてです。チームが勝った。川が洪水を起こした。ダウ平均株価が1万を超えた。石油が発見された。森林が伐採された。出来事は、システムというブラック・ボックスから、その時々に出てくるアウトプットなのです。

出来事は、目を見張るようなことかもしれません。衝突、暗殺、大いなる勝利、恐ろしい悲劇など。出来事は、私たちの感情をとりこにします。テレビの画面や新聞の一面で、何千もの出来事を見てきたにもかかわらず、ひとつひとつの出来事は、その前に起こった出来事とは大きく違うため、私たちは魅惑され続けるのです（めまぐるしく大きく変わる天候から目を離せないのと同じです）。世界を一連の出来事として考えることは、どこまでも面白いものであり、絶えず驚かされるものです。なぜなら、そのような世界の見方には、予測や説明としての価値はほとんどないからです。水の上につきだしている氷山の一角のように、出来事は、より大きな複合体の最も目につきやすい側面です。しかし、必ずしも最も重要なものとは限りません。

どのように出来事が積み重なって、ダイナミックな挙動パターンになっているかを見ることができれば、驚く回数は減るでしょう。そのチームは勝利の波に乗っている。雨期には水かさが増し、乾期には水量が減り、川の水位差が大きくなっている。ダウは2年間の上昇傾向を示している。

石油が発見される頻度は減りつつある。森林の伐採は加速度的に行われている、という具合です。

システムの挙動は、成長、停滞、衰退、振動、ランダムな動き、進化といった経時的なパフォーマンスです。もしニュースが、もっと上手に、出来事を過去からの流れの中に位置づけてくれれば、私たちは挙動レベルをより良く理解できるようになるでしょう。それは、出来事レベルの理解よりも深いものです。システム思考家が問題に直面したときにまず行うのは、データや時系列グラフ、システムの過去の様子を探ることです。長期的な挙動が、その根底にあるシステム構造を理解する鍵を提供してくれるからです。そして、構造は、単に何が起こっているかだけではなく、それはなぜなのかを理解する上での鍵を握っています。

システムの構造とは、互いに連動しているストック、フロー、フィードバック・ループのことです。箱と矢印の付いた図（私の学生たちは「スパゲティとミートボールの図」と呼びます）は、システム構造を描いたものです。構造によって、システムの中でまだ現れていない挙動はどれかが決まります。目標追求型のバランス型フィードバック・ループは、**動的な均衡状態**に接近したり、その状態を保持したりします。自己強化型フィードバック・ループは、幾何級数的な成長を生み出します。この両者が相互につながって、成長、衰退、均衡状態をつくり出します。そこに時間的遅れも含まれていれば、振動を生み出すかもしれません。周期的に起こる突発状態の中であれば、さらに驚くような挙動を生み出す可能性もあります。

システム思考は、構造（ストック、フロー、フィードバックの図）と挙動（時系列グラフ）の間を、絶えず行ったり来たりします。システム思考家は、スリンキーを放す手（出来事）と、その結果としての振動（挙動）と、スリンキーのらせん状のコイルの機械的な特徴（構造）の間のつながりを理解しようとします。

スリンキーのようなシンプルな例では、この「出来事－挙動－構造」の区別は明らかに思われます。実際には、世界で行われている分析の多くは、出来事レベルよりも深くは行われません。「なぜ株式市場はそうだったか」という毎晩の説明を聞いてごらんなさい。株価が上がった（下がった）のは、米ドルが下がった（上がった）から、またはプライムレートが上がった（下がった）から、または民主党が勝った（負けた）から、またはある国が別の国に侵攻した（またはしなかった）から、といった具合です。「出来事－出来事」の分析なのです。

こういった説明では、明日何が起こるかを予測することはできません。システムの挙動を変える力も与えてくれません。たとえば、株式市場の変動を抑えたり、企業の健全性に関するより信頼のおける指標を作ったり、投資を促すより良いやり方をつくり出したりすることはできないのです。

ほとんどの経済分析は、もう一段深い、経時的な挙動のレベルで行われます。計量経済学モデルは、所得・貯蓄・投資・政府支出・利率・生産などが、過去どのような動向だったのか、その間の統計的な関連性を、多くの場合、入り組んだ方程式で求めようとします。

こういった挙動に基づくモデルは、出来事に基づくモデルよりも役に立ちますが、それでもなお、根本的な問題があります。まず、システムのフローを強調しすぎて、ストック

ドネラの言葉

システム構造は、システムの挙動を生み出す源です。システムの挙動は、時間とともに展開する一連の出来事として、その姿を現します。

を軽視することが多いということです。経済学者が見ているのは、フローの挙動です。システムの中でも、興味深い変動や最も急速な変化が表れるのはそこだからです。財やサービスの総生産（フロー）、つまり、GNP（国民総生産）に関する経済ニュースの報告を重視し、その国の工場や農場、企業など、その財やサービスを生み出す物理的な資本の全体（ストック）は見ません。しかし、フィードバックのプロセスを通じて、ストックがどのように関連するフローに影響を与えているかを見ることなしに、経済システムのダイナミクスや、その挙動の理由を理解することはできません。

第二に（より深刻なことですが）、フローを互いに関係づける統計的な関連性を探そうとする中で、計量経済学者は、存在していないものを探すことになります。「あるフローが別のフローと安定した関係性を持っている」と期待できる根拠はありません。フローは、上がったり下がったり、続いたり止まったり、あらゆる組み合わせで起こりますが、それは他のフローに反応してではなく、ストックに反応して起こっているのです。

何を言いたいのかを説明するために、簡単な例を用いましょう。あなたはサーモスタットについて何も知りませんが、部屋の中に入る熱のフローと、部屋から出ていく熱のフローについての過去のデータをたくさん持っているとしましょう。あなたは、これらのフローが過去にどのように一緒に変動したかを説明できる方程式を見つけることができるでしょう。通常の状況であれば、同じストック（室温）のコントロール下にあるため、両者は一緒に変動するからです。

しかしながら、システム構造の何かが変わる（だれかが窓を開けたり、断熱を改善したり、暖房システムを調整したり、灯油の注文を忘れたり）と、その方程式は成立しなくなってしまいます。そのシステムに変化がなく、うまく動いている間は、自分の作った方程式を用いて明日の部屋の温度を予測できるかもしれません。しかし、部屋の温度を上げるよう頼まれたり、室温が急に下がり始めて手を打たなくてはならなくなったり、燃料費を下げつつ同じ室温を保ちたいと思ったら、挙動レベルの分析では役に立ちません。システムの構造にまで掘り下げる必要があるでしょう。

だからこそ、挙動をベースとした計量経済学のモデルは、短期的な景気動向の予測はかなり上手にできますが、より長期的な動向の予測はお粗末で、経済の実績を改善する方法を示すという点ではまったく使い物にならないのです。

そして、これが、あらゆる種類のシステムが私たちをびっくりさせる理由のひとつです。私たちは、システムのつくり出す出来事に心を奪われ過ぎており、これまでの経緯にはほとんど注意を払いません。そして、これまでの経緯の中に、挙動や出来事を生み出している構造についての手掛かりを探すことが下手なのです。

非線形の世界における線形的な考え方

> 「多ければ多いほど、より楽しい」という具合に、線形の関係は考えやすい。線形の方程式は解くことができるため、教科書にもってこいである。線形のシステムは、重要な〝モジュールとしての長所〟を持っている。線形のシステムは、バラバラに外して、もう一度くっつけることができる。部分の総和なのだ。
>
> 非線形のシステムはたいてい、解くことができず、合計することができない。……非線形とは、ゲームに参加するという行為がルールを変える方法を有している、ということだ。……このねじれた変化可能性があるために、非線形性は計算しがたいものになるが、しかし同時に、線形のシステムには決して起こらない、さまざまな挙動も生み出す。
>
> ――ジェイムズ・グリック（『カオス』[3]（邦訳は新潮社））

私たちはたいてい、関係性の性質をそれほど上手に理解することができません。システムのふたつの要素の間の「**線形の関係**」は、グラフ上に直線で引くことができます。定比例の関係です。畑に10キログラムの肥料をまいたとき、収穫量は１５０リットル増えるとしたら、20キログラムまけば、収穫量は３００リットル増えるでしょう。30キログラムまけば、４５０リットル増えるでしょう。

「**非線形の関係**」は、比例的な因果関係を持たないものです。原因と結果の関係は、直線ではなく、曲線か波線でしか描くことができません。100キログラムの肥料をまけば、収穫量は800リットル上がるとき、200キログラムまけば、収穫量はまったく上がらず、300キログラムまくと、収穫量は減ってしまうでしょう。なぜでしょう？　土壌を「多すぎる良いもの」で損なってしまったのです。

世界は、非線形性でいっぱいです。

ですから、世界は、線形型の考え方を持った私たちをしょっちゅうびっくりさせるのです。「ちょっと押せば、小さな反応が生まれる」と学んでいれば、「2倍押せば、2倍の反応が生まれるだろう」と考えます。しかし、非線形のシステムでは、2倍押せば、反応は6分の1になるかもしれませんし、2乗で大きくなったり、または、まったく反応がなかったりするかもしれません。

非線形性の例をいくつか示しましょう。

- 高速道路上の交通量が増加するにつれて自動車のスピードは影響を受けますが、車両密度が上がっていってもしばらくは、その影響はわずかです。しかしやがて、車両密度がもう少しだけ増したとき、スピードはがくっと下がります。そして、高速道路上の車両数があるところまで増えると、交通渋滞となって、車のスピードはゼロまで落ちるかもしれません。

- 土壌浸食は、長期間、作物の収量に大きな影響を与えることなく進行することがありますが、それは、表土が作物の根の深さまで浸食されるまでの話です。その点を超えたのち、さらにもう少しの浸食が起こると、収量が激減する可能性があります。
- 凝った広告を少し行うことで、製品への関心を喚起させることができます。しかし、わざとらしい広告を大量に行うと、製品への嫌悪感を引き起こすかもしれません。

なぜ非線形性が「びっくり」を生み出すのか、わかるでしょう。「少しの薬で少しよくなるのなら、薬がたくさんあればずっとよくなるだろう」、または逆に「少しの破壊的行為が許容できる程度の害を生むだけなら、その破壊がもう少し増えても害は少し増えるだけだろう」という合理的な期待を裏切るのです。非線形性の世界でこのような合理的な期待をすることが、よくある誤りを生み出します。

非線形性が重要なのは、「行動」と「反応」の関係についての私たちの予想を混乱させるためだけではありません。非線形性がさらに重要なのは、「フィードバック・ループの相対的な強さを変える」ためです。非線形性は、あるモードの挙動から別のモードへと、システムを反転することがあるのです。

非線形性は、〝システムの動物園〟のシステムのいくつかの特徴となっている、支配のシフト（たとえば、支配的な自己強化型ループが幾何級数的な成長をもたらした後、急に支配的となったバランス型ループが衰退をもたらすというように、急に振れること）をもたらす主な要因です。

非線形性の影響をドラマチックに示す例として、北米の森林でのハマキガの幼虫の破壊的な大発生について考えてみましょう。

ハマキガの幼虫、モミ、殺虫剤

木の年輪を見れば、ハマキガが少なくともこの400年間、北米である周期でトウヒとモミの木を枯死させてきたことがわかりますが、今世紀まで、あまり気にかける人はいませんでした。木材産業にとって価値のある木はシロマツで、トウヒとモミは「雑木種」とみなされていたのです。しかし、やがてマツの原生林がなくなり、木材産業はトウヒとモミを使うようになりました。突然、ハマキガの幼虫は深刻な害虫だと見られるようになったのです。

そうして、1950年代に、北部の森林ではハマキガの幼虫を抑制するためにDDTを散布するようになりました。散布にもかかわらず、毎年、ハマキガの幼虫は繰り返し発生しました。DDTが禁止されるまで、1950年代から1970年代にわたり、毎年DDT散布が続けられました。その後は、フェニトロチオン、アセフェート、セビン、メトキシクロールの散布に替わりました。

殺虫剤はもはやハマキガ幼虫の問題に対する根本的な解決策とは考えられなくなっていましたが、それでもまだ必要不可欠と考えられていました。「殺虫剤で時間稼ぎができる」

と、ある林業従事者が言いました。「森林管理者の望みはそれだけだ。製材所の準備ができるまで、木を維持することなのだ」

１９８０年には、散布費用は手に負えないものとなりつつありました。その年、カナダのニューブランズウィック州はハマキガ〝制御〟に１２５０万ドルもの費用を使ったのです。懸念を寄せる市民は、その地帯に毒をまき散らすことに反対しました。そして、散布にもかかわらず、ハマキガの幼虫は依然として年に２０００ヘクタール（５０００万エーカー）もの木を枯らしました。

ブリティッシュ・コロンビア大学のC・S・ホーリングとニューブランズウィック大学のゴードン・バスカヴィルは、ハマキガの幼虫問題のシステム全体を見るためにコンピュータ・モデルを組み立てました。その結果、「散布が開始される以前のほとんどの年では、ハマキガの幼虫はほぼ見つかっていない」ということがわかりました。鳥やクモ、寄生蜂などの多くの捕食者や数種類の病気によって抑えられていたのです。しかし、20〜30年に1度、ハマキガの幼虫が大発生し、それが6〜10年続く、ということがありました。それから、その数は減り、やがてはまた爆発的に増えるのです。

ハマキガの幼虫は、好んでバルサムモミを攻撃し、次いでトウヒを標的とします。バルサムモミは、北部の森林では最も競争力の強い樹種です。放っておくと、トウヒやシラカバを締め出してしまい、森はモミしか生えていない単一樹種の森になってしまうでしょう。ハマキガの幼虫が大発生するたびに、モミの木を減らすので、森にトウヒやカバノキが生えることが可能になります。やがては、モミがまた戻ってきます。

モミの木が増えてくるにつれて、ハマキガの幼虫が大発生する確率が、非線形的に増えます。ハマキガの幼虫が繁殖する可能性は、その好むエサが増加するよりも速く増大するのです。最終的な引き金を引くのは、暖かく乾燥した春が2～3年続くことです。これはハマキガの幼虫が生存するために完璧な状況なのです（出来事レベルの分析をしていたら、「暖かく乾燥した春のせいで大発生するのだ」と考えるでしょう）。

ハマキガの幼虫の数は、その天敵が抑えられないほど、非線形的に激増します。広範な条件下で、ハマキガの幼虫の数が多いほど、ハマキガの幼虫の捕食者の増加はより速くなります。しかし、ある点を超えると、捕食者の増加はハマキガの幼虫の増加についていけなくなるのです。「ハマキガの幼虫の数が増えるほど、捕食者の増加が速くなる」という強化する因果関係だった状況が、「ハマキガの幼虫の数が増えても、捕食者の増加は速くならない」という、線形関係の見られない状況となり、ハマキガの幼虫は邪魔されることなく急増するのです。

こうなってしまうと、大発生を止められるのは唯一、ハマキガの幼虫がモミの木々を枯らせてしまうことで、自身のエサの供給が減ることです。最終的にその状況が出現すると、ハマキガの幼虫の数は、非線形的に激減します。ハマキガの幼虫繁殖の自己強化型ループは、ハマキガの幼虫飢餓のバランス型ループに支配をゆずるのです。モミがあった場所にトウヒとカバノキが入り込んできて、同じサイクルがまた始まります。

「ハマキガの幼虫－モミ－トウヒ」のシステムは、数十年かけて振動しますが、生態学的にはある境界内で安定しています。永遠に持続可能です。ハマキガの幼虫の主な効果は、モミ以外の樹種も生き残れるようにすることです。でも、この場合、生態学的には安定していても、経済的には不安定です。カナダ東部の経済は、ほぼ100％木材産業に依存しており、木材産業はモミやトウヒの安定供給に依存しているからです。

業界の殺虫剤散布は、システム全体を、その非線形的な関係内の異なる点で不安定にバランスをとるようにシフトします。殺虫剤の散布は、害虫を全滅させるだけではなく、害虫の天敵も全滅させてしまい、通常ならハマキガの幼虫を抑えているフィードバック・ループを弱めてしまうのです。モミの密度を高め、ハマキガの幼虫は非線形的な繁殖曲線を上がっていき、「いつハマキガの幼虫が大発生してもおかしくない」というところまで達し、そこにとどまり続けます。

この森林管理の慣行によって、ホーリングの言う「永続的な半・大発生条件」が整った範囲がどんどん広がっていきました。管理者は気づくと、火山がふつふつと泡立ち始めているような、「うまくいかなければ、かつてなかったような大発生がおこってしまう」慣行から抜け出せなくなっていたのです。[4]

ドネラの言葉

システム内の多くの関係性は非線形です。それらの相対的な強さは、システム内のストックの状態が変わるにつれて、応分ではない形でシフトします。フィードバック・システムにある非線形性は、支配的なループをシフトさせ、システムの挙動に多くの複雑性をもたらします。

存在していない境界

> システムに関して考えるとき、「副作用」というよく使われる言葉に、根本的な誤解が埋め込まれていることがわかる。……この言葉のだいたいの意味は、「自分が予想していなかった、または考えたくない作用」ということだ。……「副作用」と言うが、「主」作用と言えないのと同じく、「副」作用とも言うことはできない。システムの観点から物事を考えるのは難しく、私たちはその必要性から自らを守るために、熱心に言葉をゆがめるのだ。
>
> ――ギャレット・ハーディン[5]（生態学者）

第1章と第2章に出てきた構造図の中にあった雲を覚えていますか？　雲には気をつけましょう！　システムの「びっくり」を作り出す主な原因だからです。

雲は、フローの始まりと終わりを表しています。現在の議論を簡単にするためにそのときは無視されるストック（供給源と吸収源）です。雲は、システム図の境界を示していますが、現実の境界を示していることはめったにありません。システムに現実の境界があることはまれだからです。よく言われるように、すべてのものは他のすべてのものにつながっているのですが、きちんとつながっているわけではありません。海と陸の間にも、社会学と人類学の間にも、自動車の排ガスとあなたの鼻の間にも、明確に確定できる境界はありません。言葉、思考、認識、社会的な合意の境界があるだけで、人の作り出したメンタル・モデル上の境界なのです。

最大の複雑さは、まさに周縁に生じます。国境のドイツ側にチェコ人がいて、国境のチェコ側にドイツ人がいる。森の生物種が森の境界を超えて、野原へと広がり、野原の生物種は、部分的に森の中へと入っていく。秩序のない、混ざり合った境界は、多様性と創造性の源泉です。

たとえば、〝システムの動物園〟で、自動車販売店の在庫へ入る自動車のフローを、雲からやってくるように示しました（図29、図31）。もちろん、自動車は、雲から来るわけではなく、資本、労働力、エネルギー、技術、マネジメント（生産の手段）の助けを借りて、原材料のストックを変換することから生まれます。同様に、在庫から出た自動車のフローは、雲へ消え去るわけではなく、販売を通して、顧客の家庭や企業に向かいます。

原材料や顧客の家庭のストックを追跡することが重要かどうか（図の中で、それらの代わりに雲を描くことが合理的かどうか）は、関心のある時間軸で考えたとき、これらのストックがそのシステムの挙動に重要な影響を与える可能性があるかによって、決まってきます。もし原材料が豊富にあり、顧客はその製品を求め続けることが保証されているのであれば、雲で十分でしょう。しかし、材料の不足や製品の供給過

図47　雲の背後にあるストックの一部を明らかにする

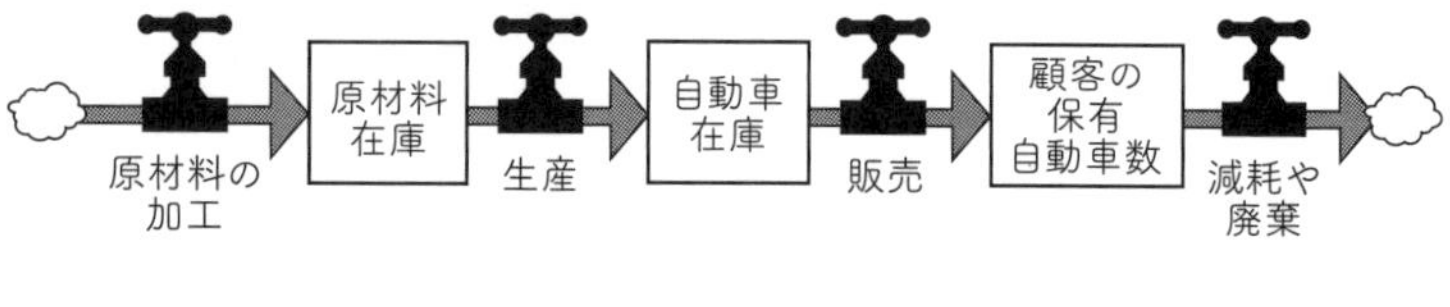

剰がありうるなら、そして、これらのストックを含まない形でシステムの境界を心の中に描いているなら、将来の出来事にびっくりさせられるかもしれません。

図47には、なおも雲が描かれています。境界はさらに広げることができるのです。加工された原材料は、化学工場や精錬所、精製所から出てきますし、そのためのインプットは、究極的には、地球からやってきます。加工によって製品だけではなく、雇用、賃金、利益、汚染も作り出されます。廃棄された顧客のストックは、埋め立て地や焼却場、リサイクルセンターへ行き、そこから、さらに社会と環境に影響を与えるようになります。たとえば、埋め立て地からの浸出が飲み水用の井戸に入り、焼却場では煙と灰が生じ、リサイクルセンターは材料を生産の流れにふたたび戻します。

鉱山からゴミ捨て場までのすべてのフロー、業界で言うところの「ゆりかごから墓場まで」を考えることが重要かどうかは、「だれが、何の目的のために、どのくらいの時間軸で知りたいのか」によります。長期的には、すべてのフローが重要です。物理的な経済が成長し、社会の「エコロジカル・フットプリント（訳注：自然環境への負荷）」が大きくなるにつれ、「長期」はしだいに「短期」になりつつあります。埋め立て地は突然満杯となり、ゴミは何らかの雲の中に消え「去る」というメンタル・モデルで描いている人たちは、びっくりしてしまいます。原材料の供給源（鉱山、井戸、油田）も、驚くほど突然に枯渇するかもしれません。

十分に長い時間軸があれば、鉱山やゴミ捨て場すら、物語の終わりではありません。地球の大きな地質学的循環によって、物質はあちこちに移動し、海が生まれたり消えたりし、山が高くなったり摩滅したりし続けています。今から気が遠くなるほどの時間がたてば、ゴミ捨て場に入れられたものはすべて、山の頂や海の深い海底に現れることになるでしょう。新たな金属鉱床や油田・ガス田が形成されるでしょう。地球という惑星には、システムの雲（究極の境界）はひとつもないのです。空に浮かぶ本物の雲でさえ、水循環の一部です。物理的なものはすべて、どこからか生じ、どこかへ行き、動き続けているのです。

だからといって、モデル（メンタル・モデルにせよ、コンピュータ・モデルにせよ）は地球全体を含むまですべてのつながりをたどっていかなくてはならない、というわけではありません。雲は、高度に抽象的なフローを描写するモデルにとって欠かせない要素です。怒りや愛、憎しみ、自尊心の生じる源は雲で表します。何かを理解しようとするなら、単純化する必要があり、つまり、境界を設けなくてはならないのです。多くの場合は、そうしても差し支えありません。たとえば、図48に示すように、出生と死亡を雲からの出入りとして考えても、通常は問題ありません。

図48には、実際の「ゆりかごから墓場まで」の境界が示されています。しかしながら、こういった境界は、対象としている人口に多数の移民がいたり、「お墓用スペースの限界」という問題を議論している場合には、役に立たないでしょう。

境界の教訓を学ぶのは、システム思考家にとってすら難しいものです。システムの周囲に、唯一合理的な境界が描けるわけではありません。私たちは、明晰かつ健

図48　人口システムの雲

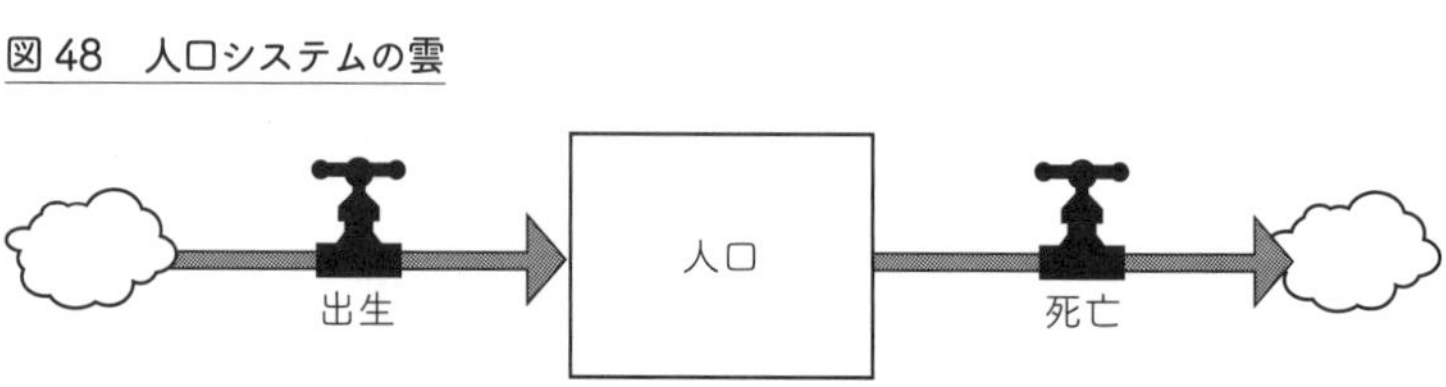

全であるように、境界の引き方を考えなくてはなりません。そして、「境界は自分たちが人為的に作り出したものだ」ということを忘れてしまうと、境界は問題を生み出す可能性があります。

境界の線引きがあまりに狭いと、システムにびっくりさせられることになります。たとえば、人口の移住パターンを考えることなしに、都市の交通問題に対処しようとすると、幹線道路を建設するかもしれません。そうすることによって、その道路の端から端まで、道路に沿って、住宅開発を誘発することになり、新しい住宅に住む人々の自動車が幹線道路を走ることになり、以前と同じように、交通渋滞を起こすようになります。

排水を川に流すことで下水問題を解決しようとすると、下流に位置する町々が、下水を考える際の境界には、河川全体を含むべきだということを知らしめるでしょう。また、土壌や川のまわりにある地下水も含めるべきかもしれません。しかし、おそらく、隣の河川域や、地球全体の水文的循環を含める必要はないでしょう。

国立公園の計画の範囲はかつて、その公園の物理的な境界まででした。しかし、世界中の公園では通常、遊牧民や移動する野生生物、公園の内へ、外へ、または公園の下を流れる水、公園の周辺での経済開発の影響、酸性雨、いまでは大気中の温室効果ガスによる気候変動などが、公園の境界を横断していきます。もし気候変動がなかったとしても、公園の管理をするためには、公式の外周よりも広げた境界を考える必要があります。

システム分析家はしばしば、逆の落とし穴にはまってしまいます。つまり、境界を広げ

ドネラの言葉

切り離されたシステムはありません。世界はつながっているのです。システムの周囲のどこに境界を引くかは、議論の目的、つまり、何を考えたいかによります。

すぎるのです。それがあたかもそうすべきものであるかのように、小さな字で、多くの矢印がすべてのものをすべてにつなげている数ページにわたるシステム図を作り、「これがシステムです！」と言います。考えたものがそれよりも少なかったら、学術的な正統性を失ってしまうかのように。

このように、「私のモデルはあなたのモデルよりも大きい」ことを競っていると、途方もなく入り組んだ分析となって、山のような情報を生み出し、考えたい問いへの答えを曖昧にするだけになってしまうかもしれません。たとえば、地球の気候をすべての詳細を含めてモデル化することは、多くの理由で興味深いものではありますが、気候変動を抑制するために、ある国の二酸化炭素排出量をどのように減らすべきかを考えるためには必要ないかもしれません。

問題について考えるための正しい境界が、学問領域の境界や政治的な境界と一致していることはまれです。河川は、国と国の間の境界を引く上で便利ですが、河川の水量と水質を管理するための境界としては、最悪のものです。国境を越えやすいという点で、大気は水よりもさらに扱いにくいものです。成層圏オゾン層の枯渇や大気中の温室効果ガス、海洋投棄を考える際には、国境には何の意味もありません。

柔軟な頭で、新たな問題について考えるたびに適切な境界を見いだせることが理想的です。実際には、私たちはそこまでの柔軟性を持っていることはめったにありません。たまたま自分の考えが慣れ親しんでいる境界にこだわってしまうのです。境界をめぐってどれほど多くの議論が行われているか、考えてみてください。国境、貿易の境界、民族の境界、公と民の責任の境界、貧富の境界、汚染者と汚染される側の境界、現在生きている人々と将来生まれる人々との境界。大学では、経済学と政治、芸術と歴史、文学と文芸評論の間の境界について、何年でも議論を続けることができるでしょう。たいていの場合、大学は「境界の厳格さ」の〝生きたモニュメント〟です。

「境界とは、私たち自身が作っているものであり、新たな議論や問題、目的ごとに、考え直すことができるし、考え直すべきである」と覚えておくことは、重要な技能です（図49）。「前回の問題にうまくいった境界にこだわらず、次の問いに最も適切な境界を見つけられるほど、つねに創造的である」ことは、難しいですが、大事なことです。問題を上手に解決しようとするなら、不可欠なことでもあります。

図49　境界の見直しが必要な雲の例

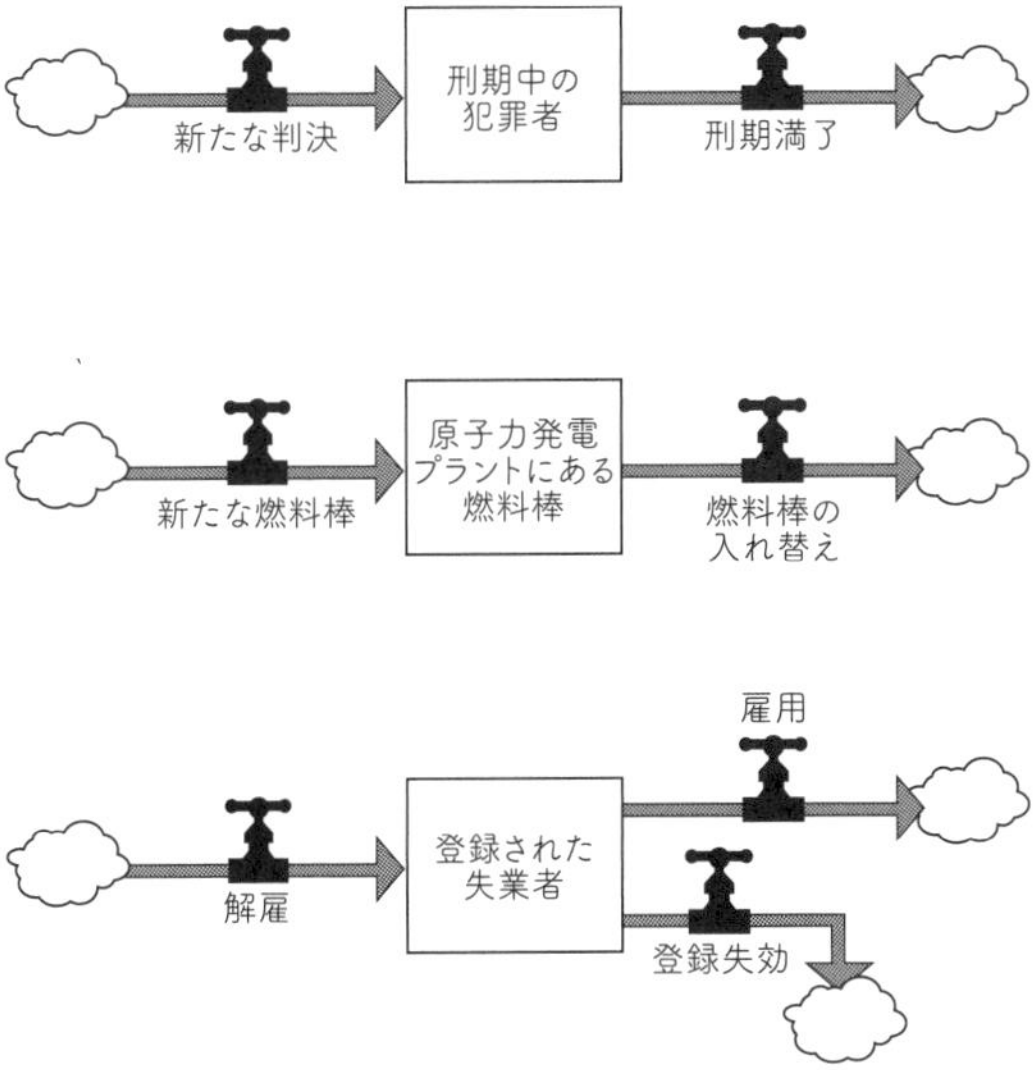

これらは、システム境界や雲のところでそれ以上考えるのを止めるのではなく、境界を超えて考え始めるべきシステムです。新たに判決を受ける人の供給の原動力となっているのは何でしょうか？　入れ替えたあとの燃料棒はどこへ行くのでしょうか？　失業の登録が失効してしまった失業者はどうなるのでしょうか？

層状の限界

私たちは「ひとつの原因がひとつの効果をきれいに生み出す」と考える傾向があるため、システムにびっくりしてしまいます。私たちはいっときにひとつ、多くてもふたつか3つのことだけを考えたがります。そして、限界については（特に自分自身の計画や要望が関係しているときには）、考えたがりません。

しかし、私たちの生きている世界は、日常的に多くの原因が合わさって多くの影響を生み出す世界です。いくつものインプットがいくつものアウトプットを生み出し、そして、実際にはすべてのインプット（結果的にアウトプットのすべても）に、限界があります。たとえば、工業生産のプロセスには、次のようなものが必要です。

- 資本
- 労働
- エネルギー
- 原材料
- 土地
- 水
- 技術
- 与信

- 保険
- 顧客
- 良いマネジメント
- 公的資金によるインフラと行政サービス（警察、消防、マネージャーや従業員のための教育など）
- 生産者と消費者の両方を育て世話をする、うまくいっている家族
- これらのインプットのすべてを供給または支え、その廃棄物を吸収または除去できる健全な生態系

穀物が育っている畑には、次のものが必要です。

- 日光
- 空気
- 水
- 窒素
- リン
- カリウム
- 数十の微量栄養素
- 柔らかい土と、土壌の微生物群の提供するサービス
- 雑草と害虫を制御する何らかのシステム

●工業生産者の廃棄物からの保護

ユストゥス・フォン・リービッヒが有名な「最少量の法則」を考え出したのは、穀物についてでした。「足りないのがリンであれば、窒素がどれほどあったとしても関係ない」とリービッヒは言いました。問題がカリウムの不足であれば、リンをさらにやっても何の役にも立ちません。

小麦粉がどれほどあっても、酵母菌がなければ、パンは膨らみません。子供たちは、どれほど多くの炭水化物を食べたとしても、タンパク質がなければ大きく育ちません。企業は、どれほど多くの顧客がいたとしても、エネルギーがなくては（または、どれほど多くのエネルギーがあったとしても、顧客がいなければ）、操業を続けることができません。

この「**制約要因**」という考え方はシンプルですが、広く誤解されているものです。たとえば、農学者は「自分たちは何を人工肥料に入れるべきかを知っている」と考えています。なぜなら、良い土壌に含まれる主要な栄養素や微量栄養素の多くを見いだしているからです。しかしまだ見つかっていない必須栄養素はないのでしょうか？　人工肥料は、土壌の微生物群にどのような影響を与えるのでしょうか？　良い土壌のほかの機能に干渉したり制限を課したりしないのでしょうか？　そして、人工肥料の生産を制約するのは何でしょうか？

豊かな国は、貧しい国に資本や技術を移転し、「なぜ、受け入れ国の経済はまだ発展しないのだろう？」と不思議に思います。「最大の制約要因は、資本や技術ではないかもしれない」とは考えもしないのです。

経済の発達期には、生産に対する最も一般的な制約要因は労働と資本でした。したがって、ほとんどの経済的な生産関数は、このふたつの要素（そして時に、技術）だけの動向を追っています。しかし、生態系の大きさに対する経済の規模が大きくなるにつれ、制約要因は、きれいな水や空気、廃棄物を置く場所、容認できる形態のエネルギーや原材料へとシフトし、これまで通りの資本と労働だけに目を向けるやり方はしだいに役に立たなくなっています。

マサチューセッツ工科大学（MIT）でシステムを学ぶ学生たちが教わっていた古典的なモデルのひとつは、ジェイ・フォレスターの「企業成長モデル」でした。最初は、新興企業として成功を収め、急速に成長します。この会社にとっての課題は、その移り変わる限界（その会社自身の成長に対応して変化する限界）を認識し、それに対処することです。

たとえば、この会社が雇った営業担当者がとても優秀で、工場の生産スピードを上回る勢いで注文をとってくるかもしれません。すると納品の遅れが増大し、顧客を失ってしまいます。ここでは、生産能力が最大の制約要因となります。そこで、マネージャーたちは生産工場の資本ストックを拡大します。そして、急いで新人を雇い入れ、トレーニングも足らない状態となります。品質が損なわれ、顧客を失ってしまいます。ここでは、労働スキルが最大の制約要因なのです。そこでマネジメントは、従業員のトレーニングに投資をします。品質が改善し、新しい注文が押し寄せ、今度は受注処理や記録管理システムが詰まってしまう……といった具合です。

ドネラの言葉

どんな時でも、システムにとって最も重要なインプットは、最大の制約要因となるインプットです。

植物でも子供でも、伝染病、新製品、技術の進歩、企業、都市、経済、人口でも、成長中のものにはすべて、「層状の限界」があります。洞察を得るには、「どの要因が制約要因か」を認識するだけではなく、「成長そのものが、限界を弱めたり強めたりしている」、つまり、成長によって制約要因が変わっていくことを知ることです。「成長中の植物と土壌」、「成長中の企業とその市場」、「成長中の経済とその資源基盤」の相互作用は、ダイナミックなものです。ひとつの要因が制約要因でなくなると、必ず成長が生じ、成長自体によって要因の相対的な希少性が変わり、別の要因が制約になってくるのです。豊富にある要因から次に制約となりうる要因へと注意を転じることは、成長プロセスを真に理解し、それをコントロールすることでもあります。

複数のインプットとアウトプットを持つ物理的な実体は何であっても（人口、生産工程、経済など）、層状の限界に取り囲まれています。システムが発展するにつれて、システムはそれ自身の限界と相互に作用し、影響を与えます。成長している実体とその制約のある環境はともに、共進化するダイナミックなシステムを形作るのです。

しかしながら、層状の限界を理解し、次に登場する制約要因に目を向けておくことは、〝永久の成長〟への処方箋ではありません。有限の環境におけるいかなる物理的な実体にとっても、永久に成長することは不可能です。究極的には、選択肢は「永久に成長すること」ではなく、「どの限界の中で生きていくか」を決めることです。ある会社が完璧な製品やサービスを手ごろな価格で生産するとしたら、注文が殺到し、会社は成長して、ある時

ドネラの言葉

複数のインプットとアウトプットを持つどのような物理的な実体も、層状の限界に取り囲まれています。

点で何らかの制約が製品の完璧さを損なうか、価格を押し上げることになります。ある都市が他の都市よりも住民ニーズによく対応していれば、人々はその都市へ引っ越すようになり、何らかの限界がその都市の住民ニーズを満たす能力を引き下げることになるでしょう。[6]

成長の限界はつねにあるでしょう。自ら課する限界かもしれません。そうでなければ、システムが課する限界となるでしょう。どのような物理的な実体であっても、永遠に成長することはできないのです。企業経営者や自治体、人間の人口が、自らを取り囲む環境の扶養力（訳注：地球や地域が人間活動を支えられる能力）内に成長を抑えるよう、自らの限界を選んで守るようにしなければ、環境が限界を選び、守らせることになるでしょう。

至るところにある時間的遅れ

民主主義の再建を焦る自分の気持ちには、共産主義者――もっと一般的な言葉を使えば、合理主義者――に近いものがあると気づいて、私はぎょっとした。子供が「早く大きくなあれ」と草を引っ張るのと同じように、私は歴史を前に進めたいと思ったのだ。

創り出すことを学ぶなら、待つことを学ばなければならない。辛抱強く種を蒔き、

ドネラの言葉

成長の限界はつねにあるでしょう。自ら課する限界かもしれません。そうでなければ、システムが課する限界となるでしょう。

種を蒔いた土に根気強く水をやり、植物のペースでの時間を与えなくてはならない。歴史をごまかせないのと同じく、植物をごまかすことはできないのだ。
――ヴァーツラフ・ハヴェル[7]（劇作家、最後のチェコスロバキア大統領であり初代チェコ共和国大統領）

植物も森林も、民主主義も、育つには時間がかかります。郵便ポストに入れた郵便物が、目的地に届くまでにも時間が必要です。消費者が価格変更についての情報を採り入れて購買行動を変えるのにも、時間がかかります。また、原子力発電所を建設するにも、機械が摩耗するのにも、新しい技術が経済に浸透するにも、時間が必要です。

「物事にはどれぐらいの時間が必要か」について、私たちは繰り返しびっくりさせられます。ジェイ・フォレスターはよく、こう言っていました。「建設や処理の時間的遅れをモデル化するときには、そのシステムの中にいるすべての人にその時間的遅れはどれくらいの長さだと思うかを尋ねて、最も妥当だと思われる数字を考え、それを3倍しなさい」（ところで、この補正係数は、1冊の本を書くのにどれくらいの時間が必要かを見積もるのにも完璧に当てはまることがわかりました！）

時間的遅れは、システムの至るところにあります。ストックはどれも、時間的遅れです。大半のフローにも遅れ（出荷の遅れ、認識の遅れ、処理の遅れ、成熟の遅れなど）があります。私たちが作ってきたさまざまなモデルに含めるべきことがわかっている、重要な時間的遅れの例をいくつか挙げてみましょう。

- 感染症にかかって、そう診断されるまで症状が進む時間的遅れ。病気によって、数日から数年。
- 汚染の排出と、生態系で汚染物質が拡散・浸透・濃縮して、害をもたらすまでの時間的遅れ。
- 動物や植物の繁殖個体数が増えるまでの妊娠・成熟の時間的遅れ。ブタでは4年周期、ウシでは7年周期、カカオの木なら11年周期といった、商品相場の特徴的な振動を作り出す[8]。
- 望ましい家族規模についての社会規範が変わる上での時間的遅れ。少なくとも1世代。
- 生産ラインを入れ替える際の時間的遅れと、資本ストックが回転する上での時間的遅れ。新車を設計して市場に出すには、3～8年かかり、そのモデルは新車市場に5年残るかもしれず、自動車は平均して10～15年使われる。

「あるシステムを描くのに、システムのどこまでを含めるのが適切か」は、議論の目的によって決まってくるように、「何が重要な時間的遅れか」も議論の目的しだいです。数週間単位の振動を気にしているのなら、おそらく、数分または数年の時間的遅れは考える必要がないでしょう。人口や経済の数十年かかる展開に関心があるのなら、数週間という周期の振動は通常無視できます。世界は、いっときに多くの周期でピーピー、ガタガタ、ゴンゴン、ガラガラと動いているのです。「重要な時間的遅れは何か」は、多くの場合、どういった一連の周期を理解しようとしているのかによって決まってきます。

すでに〝システムの動物園〟で、フィードバックにおける時間的遅れが、システムの挙動にとってどれほど重要かを示しました。時間的遅れの長さを変えることによって、挙動がまったく変わってしまうかもしれません。時間的遅れは、短縮したり延ばしたりできるのであれば、多くの場合、施策にとっての感度の高いレバレッジ・ポイントとなります。なぜそうなのかはわかるでしょう。もしシステムの中の意思決定のポイント（またはシステムのその部分に携わっている人）が、遅れて入ってくる情報に対応していたら、または対応に遅れがあったら、その意思決定は的外れなものとなってしまうでしょう。行動が多すぎたり少なすぎたりして、意思決定者の目標を達成することができなくなってしまいます。他方、あまりにも早く行動すると、短期的な変動を神経質に増幅し、不必要に不安定になってしまうかもしれません。時間的遅れによって、システムがどれほど素早く反応できるか、どれほど正確に目標に達するか、システムの周りでどれほどタイムリーに情報が伝えられるかが決まります。行き過ぎ、振動、崩壊は、つねに時間的遅れが作りだすものなのです。

時間的遅れを理解すれば、ミカエル・ゴルバチョフがソビエト連邦の情報システムをほとんど一夜のうちに変えることができたものの、物理的な経済はすぐには変革できなかった理由も理解できるでしょう（それには何十年もかかります）。また、西ドイツによる東ドイツの併合が、政治家の予想以上に長期間にわたってより多くの困難をもたらしたのはなぜかもわかるでしょう。新しい発電所の建設には長い時間的遅れがあるため、電力業界は過剰能力になったかと思うと、電力供給の一時停止につながる過少能力に陥るといった繰り

ドネラの言葉

フィードバック・ループに長い時間的遅れがあるときには、何らかの先見の明が不可欠です。問題が明らかになってから行動するのでは、その問題を解決する重要な機会を逸することになります。

返しに悩まされています。地球の海洋が以前よりも高い温度に反応するには何十年もの時間的遅れがあるため、人間による化石燃料からの温室効果ガスの排出はすでに気候変動を起こしているのに、それが十分に明らかになるのは1世代か2世代先になってからでしょう。

限定合理性

　したがって、どの個人も、できるかぎり自分の資本を自国産業の支援に用いようとし、そして、それがもたらす価値が最大になるようにその産業を運営しようと努力する……実際のところ、彼は通常、公共の利益を促進しようというつもりはないし、自分が公共の利益をどのくらい促進しているかも知らない。……彼が意図しているのは、自分自身の安全である。……意図しているのは自分自身の利益だけであり、彼はその中にいて……見えざる手に導かれて、自分の意図にはない結果を促進することになる。自分自身の利益を追求することによって、実際にそれを促進しようと意図したときよりも効果的に、社会の利益を促進することが往々にしてあるのである。

――アダム・スミス[9]（18世紀の政治経済学者）

もし市場の〝見えざる手〟が本当に、足し合わせると全体の善をもたらす個々人の意思決定を導くのであれば、とても素敵なことでしょうね。そうなれば、物質的なわがままが社会にとってのメリットになるばかりでなく、経済の数学的モデルもずっと作りやすくなることでしょう。「他の人々にとっては何が良いことなのだろう?」と考える必要もなければ、複雑なフィードバック・システムの作用について考える必要もないでしょう。アダム・スミスのモデルが200年にわたってこれほど魅力的であるのも無理はありません！

残念ながら、世の中には、人々が短期的な最善の利益を求めて合理的に行動しつつ、それが合わさって生み出される結果はだれもほしくないものになっているという例は、枚挙にいとまがありません。観光客はワイキキやツェルマットといった場所に押し寄せ、「この場所は観光客ばっかりで台なしだ」と文句を言います。農家は小麦やバター、チーズを余計に作り、価格が下落します。漁業者は魚を獲りすぎて、自分自身の生計の糧を破壊してしまいます。企業の意思決定が合わさると、景気循環の下降局面に入ります。貧しい人々は養える以上の子供を産みます。

なぜなのでしょうか?

それは、世界銀行の経済学者だったハーマン・デイリーが「見えざる足」と呼ぶもの、または、ノーベル学賞を受賞した経済学者ハーバート・サイモンが**限定合理性**と呼ぶもののためです[10]。

限定合理性とは、「人は自分の持っている情報に基づいてきわめて合理的な意思決定を行う」ということです。ただし、人は完璧な情報を持っているわけではありません。特に、システムの中でもより遠くにある部分についての情報は完全なものではありません。漁業者は、何匹の魚がそこにいるのか知りませんし、ましてや、その日ほかの漁業者が何匹の魚を獲ることになるのかはわかりません。

実業家には、ほかの実業家が何に投資しようと計画しているのか、消費者は何を喜んで買おうとするのか、自社の製品がどのくらい競争力があるのか、確かなことはわかりません。自社のいま現在の市場シェアも、市場の規模もわかりません。こういったことについて持っている情報は不完全であり、遅れを伴ったものです。それに、本人たちの対応そのものも遅れを伴います。したがって、システム的に過小投資や過剰投資になってしまうのです。

サイモンは「私たちはすべてを知って合理的に最適化をするわけではない」と言います。そうではなく、私たちはまごつきながら「満足しよう」とします。次の意思決定に向かうまえに、自分のニーズを十分に満たそう（満足しよう）とするのです[11]。私たちは最善を尽くして、手近な自分自身の利益を合理的に促進しようとするのですが、自分が知っていることしか考慮に入れることはできません。ほかの人たちが何をしようとしているのかがわかるのは、実際の行動の後です。どのような可能性があるのか、その全容を見ることはほとんどありません。多くの場合、自分の行動がシステム全体にどのような影響を与えるのかを予見することはありません（または無視することにします）。こうして、長期的な最適解を見つけるかわりに、限られた範囲内でその時点で受け入れられる選択肢を見つけ、それに固執します。強制されないかぎり、行動を変えることはありません。

行動科学者は、「私たちは、自分の持っている不完全な情報を完全に解釈することすらしない」

と言います。リスクの認識を誤り、物事について実際よりもずっと危険だと考えたり、実際よりもずっと危険ではないと考えたりします。私たちは〝誇張された現在〟に生きているのです。最近の経験には過大に注意を払い、それよりも過去の経験にはほとんど注意を払わず、長期的な挙動よりも現在の出来事を重視することになります。経済的にも環境的にも意味をなさないほど、未来を軽視します。入ってくるシグナルのすべてに、ふさわしい重きを置きません。自分の好まないニュースや、自分のメンタル・モデルに合わない情報はどれも受け入れません。つまり、私たちは、システム全体は言うに及ばず、自分個人にとってのよいことを最大化する意思決定すらしないのです。

限定合理性の理論が、政治経済学者であったアダム・スミスの教えに基づく200年の歴史を持つ経済学に異議を申し立てた時、どれほどの論争をもたらしたかは想像できるでしょう。その議論は今なお、終わるどころではありません。アダム・スミスに始まる経済理論ではまず、「ホモ・エコノミクス（経済人）は、完全な情報に基づいて完璧に最適な行動をとる」ことを前提としており、第二に「多くのホモ・エコノミクスがそうすれば、その行動があわさって、すべての人にとって可能な限り最善の結果を生み出す」と考えます。

証拠を見れば、すぐにこの前提のどちらも正しくないことがわかります。次章ではシステムの落とし穴とチャンスについて取り上げ、限定合理性が災厄をもたらしうる構造の中で最もよく出会うもののいくつかを説明します。中毒、施策への抵抗、軍拡競争、低パフォーマンスへの漂流、共有地の悲劇といった、おなじみの現象が登場します。ここでは、限定合理性を理解していないために起こる最大の驚きについて、一点だけ述べておきたいと思います。

こんな想像をしてみてください。あなたはどういうわけか、社会の中のよく知った場所から、別の場所に〝移され〟てしまいました。そこにいる人たちは、これまであなたがその行動を理解できなかった人々です。たとえば、これまで筋金入りの政府批判者だったのに、突如として政府の一員になってしまった。または、経営側と対立する労働者だったのに、経営側になってしまった（またはその逆でもよいです）。これまでは大企業を環境面から批判してきたのに、大企業のために環境面の意思決定をする立場になってしまった（みんなの視野を広げるために、こんな移行がもっと多く、あらゆる方向に起こればいいのに！）

新しい立場に置かれたあなたは、その立場に伴う情報の流れや行動を推進・阻害する要因、目標とギャップ、圧力（限定合理性）を体験することになります。別の角度から物事はどう見えるかという記憶を失わず、いきなりシステムの変革に着手するということも可能ですが、その可能性は極めて低いでしょう。経営者になれば、労働者を「生産におけるすばらしいパートナー」として見るのを止め、「最小化すべきコスト」として見始めるでしょう。投資家になればおそらく、他のすべての投資家と同じように、好況期には過剰投資をし、不況期には過小投資をするでしょう。ひどく貧乏だったとしたら、多くの子供を持つことの短期的な合理性や希望、チャンス、必要性を感じるでしょう。あなたが、今や借金して船を買い、養うべき家族がいる漁業者で、魚がどのくらいいるかをすべて正確に知っているわけではないとしたら、魚を獲りすぎることになるでしょう。

私たちはこのポイントをゲームで教えます。ゲームの中で学生たちは、現実のシステムの中のさまざまな当事者が見ている、現実的で部分的な情報の流れを経験することになります。シミュレーションの中で漁業者になると、魚を獲りすぎてしまいます。シミュレーションの中で途上国の大臣になると、国民のニーズよりも産業界のニーズを優先するようになります。上層階級になると私腹をこやし、下流階級になると、無気力になったり反抗的になったりします。きっとあなたもそうなるでしょう。心理学者のフィリップ・ジンバルドが行った「スタンフォード監獄実験」という有名な実験では、実験参加者は驚くほど短時間のうちに、看守や囚人の態度や行動すら取るようになったのでした。[12]

個人の意思決定は、どれほど「入手できる情報の範囲内で合理的」かがわかったからといっても、了見の狭い行動の言い訳にはなりませんが、どうしてその行動が生じるのかが理解できるようになります。システムのその部分にいる人が見ることができ、知ることができる範囲の中では、その行動は合理的なのです。限定合理性のある立場からある人を外して、別の人を据えたとしても、ほとんど違いは生まれないでしょう。個人を責めても、より望ましい結果を創り出すためにはほとんど役に立たないのです。

変化はまず、そのシステムの中のどこか1カ所から見える限られた情報の外へ足を踏み出し、全体像をとらえることから起こります。より広い視点からみれば、情報の流れ、目標、行動や意欲を促すものや妨げるものを構成し直し、限定的で合理的な別々の行動があわさって、だれもが望む結果をもたらすことができます。

より完全でタイミングのよい、よりよい情報を提供することで、ほんの少しでも限定合理性が広がれば、どれほどすぐに簡単に行動が変化しうるかはびっくりするほどです。

オランダの家庭の電力メーター

アムステルダムの近くに、一戸建ての家が建ち並ぶ住宅地があります。同じ時期にどれも同じように作られた家です。そう、ほぼ同じように、ということです。理由はわからないのですが、何軒かの家の電力メーターは地下に設置され、ほかの家の電力メーターは玄関に設置されていたからです。

その電力メーターは、ガラスの球体の中に小さな金属の輪が水平に置かれたものでした。その家庭が電力を使えば使うほど、その輪の回転が速くなり、目盛盤がこれまでに使ったキロワット時を加算していくのです。

１９７０年代初めに石油が輸出禁止となり、エネルギー危機が到来した時、オランダ人は自分たちのエネルギー使用に細かく注意を払うようになりました。そこでわかったのは、この住宅地の何軒かの家の電気消費量は、他の家より３分の１少ないということでした。だれにも説明できませんでした。どの家も電力料金の単価は同じでしたし、どの家にも同じような家族が住んでいたのです。

結局のところ、違っていたのは電力メーターの設置場所でした。

電力消費量が多い家族は、メーターが地下に置かれた家に住んでいました。地下ではほとんど目にすることはありません。電力消費量が少ない家庭の家は、メーターが玄関に設置されていました。小さな輪が回って月の電気料金が上がっていくそばを、1日に何度もみんなが通るのでした。[13]

限定合理性があるにもかかわらず、うまく機能するように構造が作られているシステムもあります。正しいフィードバックが、正しいタイミングで正しい場所に届きます。通常の状況下では、肝臓はやるべきことをやるために必要な情報だけを得ます。かく乱されていない生態系や伝統文化では、ふつうの個人や種、集団は、放っておいても、全体にとって役立ち、全体を安定させるやり方で行動します。このようなシステムは、自己調整型なのです。こういったものは問題を起こしません。これらに関しては、政府の省庁もなく、何十ものうまくいかない政策もありません。

アダム・スミス以来、「自由で競争的な市場は、こういった適切な構造を持った自己調整型のシステムのひとつだ」と広く信じられてきました。ある意味では、そうです。別の意味では、（進んで見ようとする人ならだれの目にも明らかですが）そうではありません。自由な市場によって、生産の機会や消費の選択に関する最善の情報を持っている生産者や消費者は、ほとんど制約のない、局所的には合理的な意思決定ができます。しかし、そういった意思決定は、それだけでは、独占と望ましくない副作用（外部性）を作り出したり、貧しい人を差別したり、その持続可能な「地球の扶養能力」を超えたりといった、システムの全体的な傾向を正すことはできません。

みんなが知っているお祈りを言い換えてみましょう。「神よ、私たちに、適切な構造を持ったシステムの中で自らの限定合理性を自由に行使する平静さと、適切な構造ではないシステムを再構築する勇気と、その違いを見分ける知恵を与えたまえ！」

システムの中にいるそれぞれの主体者の限定合理性は、その主体者に影響を与える情報、行動や意識の推進要因・阻害要因、目標、ストレス、制約によって決まりますが、それが全体としてのシステムの幸福を促進する意思決定につながるかもしれませんし、つながらないかもしれません。もしそうでない場合、新しい主体者を同じシステムの中に入れても、システムのパフォーマンスは改善しないでしょう。効果があるのは、特定の主体者たちに影響を及ぼす情報や行動や意識の推進要因・阻害要因、目標、ストレス、制約を改善するために、システムを設計し直すことなのです。

ドネラの言葉

システムの中のそれぞれの主体者の限定合理性は、全体としてのシステムの幸福を促進する意思決定にはえてしてつながらないものです。

第5章　システムの落とし穴……とチャンス

合理的なエリートたちは……自分たちの技術的・科学的な自己完結型の世界について知るべきことはすべて知っているが、より幅の広い視野を欠いている。そういった人たちは、マルクス主義の幹部から、イエズス会士、ハーバードのMBAホルダーから陸軍参謀将校まで、多岐にわたる。彼らには共通の根本的な関心がある。つまり、どのように自分のシステムを機能させるかだ。他方、……文明は、ますます方向性のない不可解なものになりつつある。

――ジョン・ラルストン・ソール[1]（政治学者）

「時間的遅れ」や「非線形性」、「はっきりした境界の欠如」といった、私たちを驚かせるシステムの特性は、ほとんどのシステムにも見られるものです。一般的に、こういった特性は、変えられるものでもなければ、変えるべきものでもありません。世界とは非線形なのです。数学的にまたは管理上便利だからと、世界を線形にしようとすることは、たいていの場合、それが可能であったとしてもよい考えではありませんし、可能であることはめったにありません。境界は、問題によって決まってくるもので、一過性のものであり、スパッときれいに引けるものではありません。境界も、組織化や明確化のために必要なのです。複雑なシステムにそれほど驚かずにいるということは、主に、世界の複雑さを予期し、理解し、活用できるようになるということです。

しかし、ほかのシステムよりももっとびっくりするシステムもあります。あまのじゃくなシステムがあるのです。こういったシステムの構造は、本当にやっかいな挙動を生み出すやり方で作られていて、私たちに大きな問題を引き起こします。システムの問題には、さまざまな形がありますす。あるシステムに独自の問題もありますが、多くの問題は驚くほど共通しています。こういった問題ある挙動の共通パターンを生み出すシステム構造を「**原型**」と呼びます。このような原型が示す挙動には、「中毒」や「低パフォーマンスへの漂流」、「エスカレート」などがあります。こういったものは本当にどこにでもありますから、1週間分の『インターナショナル・ヘラルド・トリビューン』紙だけで、この章で説明する各原型を表す十分な例を問題なく見つけられました。

問題を起こす原型の構造を理解するだけでは十分ではありません。そういった構造を容認しつづけることは不可能です。変えなくてはなりません。多くの場合、そういった構造のもたらす破壊は、具体的な主体者や出来事のせいにされます。しかし実際には、システム構造の結果なのです。「非難する」、「懲らしめる」、「解雇する」、「施策のレバーをもっと強く押す」、「猛烈な出来事の順番がより望ましいものになるよう望む」、「周辺部をいじる」といったよくある反応では、構造的な問題は修正されないでしょう。だからこそ、私はこういった原型を「落とし穴」と呼んでいるのです。

でも、システムの落とし穴は、逃れることができます。そのためには、落とし穴を事前に認識して落ちないようにすること、または、（目標を設定し直したり、フィードバック・ループを弱めたり強めたり変えたり、新しいフィードバック・ループを加えたりすることで）構造を変えることです。だからこそ、私はこういった原型を「落とし穴」だけではなく、「チャンス」とも言っているのです。

施策への抵抗　うまくいかない解決策

「投資税控除は効果的な経済刺激策だというよい実績があると思う」と、ダン&ブラッドストリート社の主席エコノミストであるジョセフ・W・ダンカンが言った……。

だが、懐疑的な人がたくさんいた。彼らは、投資控除は、この30年間に何度も、供与され、改正され、撤回されてきたが、投資控除によって、経済成長のいくばくかのメリットがあったことは、だれにも証明できない、というのだ。

――ジョン・H・クッシュマン ジュニア[2]（『インターナショナル・ヘラルド・トリビューン』紙、1992年）

第2章で見たように、バランス型フィードバック・ループ構造の主な兆候は、「あまり変化がないこと」です。外の力がシステムを押したとしても、あまり変化しないのです。バランス型ループは、システムを安定させ、挙動パターンが持続します。体温を37℃に保とうとしているのなら、すばらしい構造ですが、長期にわたって持続する挙動パターンの中には、望ましくないものもあります。技術的・政策的な「解決策」を作り出そうと努力しても、システムは、どうしようもないほど動きがとれないように思われ、毎年同じ挙動を生み出すのです。これが「うまくいかない解決策」または「施策への抵抗」というシステムの落とし穴です。農場の計画が毎年、供給過剰を減らそうとしても、やはり過剰生産になるとき、この落とし穴を目にしているのです。いくら麻薬を撲滅しようとしても、麻薬は同じように蔓延しています。市場が投資に見返りを与えていないときの、投資税控除をはじめとする多くの投資刺激策が実際に機能するという証拠は、ほとんどありません。ひとつの政策で米国の医療費を引き下げることができた例はひとつもありません。数十年来の「雇用創出」策は、失業をずっと低いレベルに抑えておくことができていません。みなさんもきっと、「精力的な取り組みが一貫して何の結果も生み出さない」他の領域を10以上挙げられることでしょう。

施策への抵抗は、それぞれ自分の（組織の場合は、自組織の）目標を持ったシステム内の主体者の限定合理性から生まれます。それぞれの主体者は、何らかの重要な変数（収入、価格、住宅、麻薬、投資など）に関して、システムの状態を監視し、その状態を自らの目標と比較します。そこに差異がある場合は、各主体者は状況を正すために何らかの行動を行います。通常、目標と現状の差が大きければ大きいほど、その行動は断固としたものとなります。

そういった変化への抵抗が生じるのは、サブシステムの目標が互いに異なり、一貫していないときです。システムのストックがひとつ（たとえば、街路での麻薬の供給量）で、さまざまな主体者がそのストックを別々の方向に引っ張ろうとしているところを想像してみてください。麻薬中毒者はそのストックを高レベルで保ちたいと思い、警察は低レベルで保ちたいと望み、麻薬の売人は、値段が上がりすぎたり下がりすぎたりしないように、ちょうど真ん中で保ちたいと思います。ふつうの市民は、麻薬を買うためのお金を得ようとする中毒者の強盗からただ安全であることだけを望んでいます。すべての主体者は、それぞれ異なる自分の目標を達成しようと懸命に努力します。

いずれかの主体者が一歩有利になって、システムのストック（麻薬の供給量）をある方向に動かしたら（警察が何とか国境で麻薬の輸入を絶つ）、他の主体者はそれを引き戻すための努力を倍増させます（路上価格が上がり、中毒者は毎日の注射分を買うためにもっと犯罪をせざるをえなくなり、値段が高いことから利益が増え、供給者はその利益で国境警備を逃れるための飛行機や船を買う）。この対抗するための動きがあわさって膠着状態が生まれ、ストックは以前とさほど変わりません。そして、この状態はだれも望んでいないものなのです。

主体者が別々の方向に引っ張っている「施策への抵抗」のシステムでは、だれもが必死に努力せざるをえないのですが、その結果、システムはだれも望んでいないところにとどまり続けます。いずれかの主体者が力を弱めれば、他の主体者が自分の目標に近くなるよう、システムを引っ張るでしょう。すると、手を緩めた主体者の目標からは遠くなってしまいます。実際、このシステム構造は、徐々に上昇していくモードで機能することがありえます。だれかが努力を強めると、他のすべての人が努力を強化するのです。この強化を減らすことは容易ではありません。「わかったよ、みんなでちょっとの間、一歩下がろうよ」と言うためには、多大な相互信頼が必要です。

「施策への抵抗」の結果は、悲劇的なものになる可能性もあります。1967年、ルーマニア政府は「ルーマニアの人口を増やす必要がある」と決め、そのための方法として、45歳以下の女性の中絶を非合法とすることを決定しました。突然、中絶が禁止されたのです。その直後には、出生率は3倍になりました。その後、ルーマニアの人々の「施策への抵抗」が始まりました。

避妊も中絶も変わらずに非合法だったにもかかわらず、出生率は徐々に低下し、以前の水準近くまで下がりました。こうなったのは主に、危険な違法中絶のためでした。これによって、妊婦の死亡率は3倍に増えました。さらに、中絶が非合法だった時期に、多くの望まれずに生まれた子供たちが、孤児院に送られました。ルーマニアの家庭はとても貧しかったので、政府が望むたくさんの子供をきちんと育てることができません。彼らはそのことがわかっていたのです。そこで、彼らは、政府が家族の人数を増やそうという動きに抵抗しました。それは、自分たち自身にとっても、そして孤児院で育つ子供たちの世代にとっても、大きな代償を伴うものでした。

施策への抵抗に対処するひとつのやり方は、力で圧倒する方法です。十分な力を使うやり方で、それを続けることができるなら、この「力で」というアプローチはうまくいく可能性がありま す。その場合の代償は、とてつもない恨みと、その力が外されたときに爆発的な結果が生じる可能性です。これが、ルーマニアの人口政策を策定したときに起こったことでした。独裁者ニコラエ・チャウシェスクは、長期にわたって懸命に、自分の政策への抵抗を力で抑え込もうとしました。政府が倒されたとき、彼は家族とともに処刑されました。新しい政府が最初に廃止した法律は、中絶と避妊の禁止令でした。

施策への抵抗を力で抑え込む代わりの方法は、あまりに直感に反しているため、ふつうは考えられないものです。「手を放す」ことなのです。効果のない施策をあきらめるのです。押しつけたり抵抗したりすることに注いでいる資源やエネルギーを、もっと建設的な目的のために使うようにするのです。そのシステムはあなたの思い通りにはなりませんが、思うほど悪い方向に行くこともないでしょう。なぜなら、正そうとしていた行動の多くは、あなた自身の行動への反応として生じていたからです。あなたが落ち着けば、あなたに対抗して引っ張っている人たちも落ち着くでしょう。これが、1933年に米国で禁酒法が終わったときに起こったことでした。アルコールが引き起こす混乱もまた、ほぼなくなったのでした。

このように、落ち着くことによって、システム内のフィードバックをよりつぶさに見たり、その背後にある限定合理性を理解したり、システムの状態をよりよい方向に動かしながら、システムに参加している人たちの目標を達成する方法を見つけたりするチャンスが得られるかもしれません。

たとえば、出生率を上げたいと思っている国は、(子供の少ない家庭に)「なぜ、小家族なのですか?」と尋ねてみて、子供が嫌いなせいではないことがわかるでしょう。子供を増やすには、お金や住居、時間、保障が欠けているのかもしれません。ルーマニアが人工中絶を禁止していたその時期に、ハンガリーも出生率の低さを懸念していました。労働人口が減る結果、経済が下向きになるのではないかと恐れたのです。ハンガリー政府は、狭苦しい住宅が小家族の理由のひとつであることを発見し、「より大家族には、より広い住居を提供する」という奨励策を立案しました。この政策は部分的な成功しか収めませんでした。なぜなら、住宅だけが問題だったわけではないからです。それでも、ルーマニアの政策よりははるかに大きな成功を収め、ルーマニアのような悲惨な結果を避けることができました。[3]

　施策への抵抗に対処する上で最も効果的なやり方は通常、すべての主体者が各自の限定合理性から脱することができるような、包括的な目標を提示することによって、サブシステムのさまざまな目標の整合性をとる方法を見つけることです。だれもが同じ結果に向けて一致して取り組むことができれば（すべてのフィードバック・ループが同じ目標に資するものであれば）、その結果は目を見張るほどすばらしいものになりえます。この目標の一致の例として最もよく知られているのは、戦時中の経済動員や、戦後または自然災害後の復旧です。

　もうひとつの例は、かつてのスウェーデンの人口政策です。１９３０年代、スウェーデンの出生率が激減し、ルーマニアやハンガリーの政府と同様、スウェーデン政府も懸念しました。ルーマニアやハンガリーとは違って、スウェーデン政府は政府の目標と人々のめざすところを吟味し、「合意の土台となるのは、家族の大きさではなく、子育ての質である」と決めました。どの子供も望まれ、はぐくまれるべきです。ひとりとして、物質的に窮乏している子供がいてはなりません。どの子供も、すぐれた教育と保健医療を受けられるべきです。こういった目標を掲げて、政府と国民は同じ立場に立つことができました。

その結果としての政策は、出生率が低い時期の政策としては奇妙なものに見えました。なぜなら、無料の避妊薬提供と人工中絶の容認が含まれていたからです。それは、「どの子供も望まれるべきだ」という原則があったためでした。政策には、性教育の普及、離婚しやすい法律、無料の産科診療、困窮家族への支援、教育と保健医療への投資の大幅な増額なども含まれていました。[4]それ以来、スウェーデンの出生率は何度か上下してきましたが、上がっても下がってもパニックを起こすことはありません。なぜなら、この国は「スウェーデン人の人数」よりもずっと大事な目標に焦点を当てているからです。

システム内で目標を一致させることは、つねに可能なことではありませんが、探ってみる価値のある選択肢です。それは、より狭い目標を手放し、システム全体の長期的な幸せを考慮することによってのみ、見いだすことができます。

落とし穴——施策への抵抗

さまざまな主体者がさまざまな目標に向かってシステムのストックを引っ張ろうとするとき、結果として、施策への抵抗が生じる場合があります。どんな新しい施策でも（効果的なものであれば特に）、他の主体者の目標からさらに遠くへとストックを引っ張ることになり、さらなる抵抗を生み出し、だれも好まない結果を維持するために、だれもが大きな努力をすることになります。

脱出法
手放すこと。すべての主体者を集めて、抵抗のために使っていたエネルギーを用いて、すべての目標を実現するための相互に満足のいくやり方を模索すること。または、全員が力をあわせて引き寄せることのできる、より大きくて重要な目標を定義し直すこと。

共有地の悲劇

キリスト教民主同盟率いるヘルムート・コール首相の連立政権首脳は先週、野党ドイツ社会民主党と、数カ月にわたる論争の末、亡命申請の条件を厳しくすることで大量の経済移民の殺到を阻止することに合意した。

——『インターナショナル・ヘラルド・トリビューン』紙[5]（1992年）

「共有地の悲劇」と呼ばれる落とし穴が生じるのは、損なわれる可能性のある環境を共有している場所で、エスカレートが起こったり、ただの成長が起こったりするときです。

生態学者のギャレット・ハーディンは、1968年に発表したよく知られた論文で、共有地

ます。のシステムを説明しました。ハーディンは、論文の冒頭に、共有の牧草地を例として挙げてい

だれでも入れる牧草地を想像してみてほしい。当然ながら、牛飼いはそれぞれ、その共有地で、できるだけ多くの牛を飼おうとするだろう……。

はっきりとかそれとなくかは別として、多かれ少なかれ意識的に、「自分にとって、飼っている家畜の群れにもう1頭加えることは、どう役に立つだろう?」と自問する。

牛飼いは、増やした牛を売ったときの儲けのすべてを受け取ることになるので、プラス分はほぼ「1」となる……。しかしながら、過放牧の影響は、すべての牛飼いが共有することになるため……、牛飼いがどんな意思決定をしても、そのマイナス分は「マイナス1」のごく一部となる……。

合理的な牛飼いであれば、「自分にとって唯一理にかなう道は、自分の家畜の群れにもう1頭追加することだ」と結論を出す。そして、もう1頭、もう1頭……。しかし、この結論は、共有地を共有する合理的な牛飼い全員がそれぞれ達するものだ。そのときに、悲劇が起こる。それぞれが……限界のある世界で、限界なく自分の群れを増やさずにはいられないシステムに組み込まれているのだ。すべての牛飼いが……それぞれ自分の最善の利益を求めて突き進むその先にあるのは、破滅という目的地である。[6]

ひと言で言えば、限定合理性です！

どのような共有地のシステムにも、まず、共有されている資源（牧草地）があります。システムが悲劇の対象となるのは、単にその資源に限界があるだけではなく、その資源が過剰に使用されると損なわれる可能性があるときです。つまり、ある閾値を超えて資源が少なくなればなるほど、再生できる量が減るか、破壊されやすくなる、ということです。牧草地にある草が少なければ、牛は、新しい草が生えてくる茎の土台まで食べてしまう。根っこは、雨が降ったときに土が流されてしまわないよう、抑えておくことができなくなる。土が少なくなれば、草の育ちも悪くなる……という具合に続いていきます。ここにも、下り坂を駆け下りる、自己強化型フィードバック・ループがあるのです。

共有地のシステムには必ず、その資源の利用者（牛とその所有者）も存在しています。その人たちには、「増やしたい」というもっともな理由があり、「共有地の状態に影響を受けることのない」スピードで、増やしていきます。個々の家畜の飼育者には、「過放牧になる可能性があるから、共有の牧草地にもう1頭牛を加えることを止めよう」と考える理由も、奨励策もなければ、強いフィードバックもありません。正反対に、手に入れようとする理由はあるのです。

希望に満ちたドイツへの移民は、ドイツの寛大な亡命法の恩恵を期待しているだけです。「あまりにもたくさんの移民によって、ドイツはそういった法律を厳しくしなくてはならなくなる」ということを考えに入れる理由はありません。実際、ドイツではそういった可能性が議論されていると知れば、なおさら「ドイツへ急げ」となるのです！

共有地の悲劇は、その資源の利用者の成長に対して、資源からのフィードバックが欠けている（または、時間的遅れが長すぎる）結果、生じます。

利用者が多ければ多いほど、使われる量も増えます。使われる量が多いほど、ひとり当たりの使える量は少なくなります。利用者が共有地の限定合理性（牛の頭数を制限しなくてはならないのが「私」である理由はない！）にしたがうなら、だれにとってもその利用を減らす理由はありません。そうして最終的には、利用する量が資源の許容量を超えてしまいます。利用者へのフィードバックがありませんから、過剰な利用が続くでしょう。資源は減衰します。最終的に、崩壊のループが回り始め、資源は破壊され、利用者は全員破綻してしまうのです。

たしかに、「自分たちの共有地を破壊させるほど、近視眼的な人々のグループはない」と思うかもしれません。しかし、大変な状況に押しやられている（または押しやられてきた）共有地のよくある例をいくつか考えてみましょう。

- 人気のある国立公園へのアクセスが制限されていないと、あまりに多くの人がやってきて、その公園の自然の美しさが壊されてしまう。
- 化石燃料からの二酸化炭素は、地球温暖化を引き起こしている温室効果ガスであるにもかかわらず、化石燃料を使い続けることは、だれにとっても目の前の利益となる。
- どの家族もほしいだけの数の子供を持つことができ、社会全体がすべての子供たちの教育、保健医療、環境保護の費用を支えなくてはならないとしたら、生まれる子供の数は、社会がその全員を支えられる能力を超えてしまう可能性がある（ハーディンが論文を書くことになったのは、この例があったため）。

こういった例は、再生可能な資源の過剰な利用に関するものです。この構造はすでに、〞システムの動物園〟で見ましたね。悲劇は、共有の資源の利用だけではなく、共有する吸収源（汚染を捨てることのできる共有の場所）の利用でも待ち受けている可能性があります。家族や企業、国は、自分たちの廃棄物をコミュニティ全体で吸収・対処させることができれば、コストを下げ、利益を増やし、またはより速く成長することができます。大きな利益を手に入れながら、自分の出した汚染のほんの一部だけを受け入れればよいのです（または、川や風向きの下流へ捨てれば、受け入れるべき汚染はゼロです）。汚染者が汚染をやめるべき合理的な理由はありません。こういった場合では、共有の資源（供給源であれ、吸収源であれ）の利用量に影響を与えるフィードバックが弱いのです。

共有地を搾取する人の動機は理解しがたいと思うのなら、「自分はどのくらい進んで、大気汚染を減らすために、自動車の相乗りをするだろうか？　汚したときはいつも自分できれいにしようとするか？」と自問してみてください。共有地のシステムでは、その構造から、コミュニティ全体や将来に対して責任のある行動よりも、利己的な行動のほうが、便利で儲かるものになるのです。

共有地の悲劇を避けるには、３つの方法があります。

- 教育し、勧告する。共有地を制限なく使うことの結果が人々に見えるようにする。みんなのモラルに訴える。控えめにするよう説得する。違反する人には、社会的に非難したり、「地獄に落ちる」と脅したりする。
- 共有地を私有化する。共有地を分割し、各自が自分自身の行動の結果を受け取るようにする。自分の私的資源の許容量以下に抑える自制心を欠く人がいた場合、損なうのは当人の分だけであって、他の人には損害は及ばない。
- 共有地を規制する。ギャレット・ハーディンはこの選択肢をぶっきらぼうに、「相互の合意による相互強制」と呼んでいます。規制には、ある行動を全面的に禁止することから、割当制、許可制、課税、奨励策まで、多くの形態がありえます。効果を出すためには、取り締まりや罰金で、規制を施行する必要があります。

最初の解決策である「勧告」は、道徳的な圧力を通して、共有物の利用を抑えて少なくし、資源が脅威にさらされないようにしようとするものです。2番目の「私有化」は、同じ意思決定者がプラスもマイナスも被るようにすることによって、「資源の状態」と「資源の利用者」の間に直接的なフィードバックのつながりを作るものです。所有者はそれでも資源を過剰に使うかもしれませんが、この状況では無知な人か不合理な人でなければそうしないでしょう。3番目の「規制」は、「資源の状態」から、規制当局を通して、「資源の利用者」への間接的なフィードバックのつながりを作るものです。このフィードバックが機能するためには、規制当局が、共有物の状態を監視・解釈する専門知識を持っていること、効果的な抑止手段を持っていること、コミュニティ全体にとって良いことを心底考えていることが必要です（情報が足りなかったり、弱体だったり、腐敗していてはいけないということです）。

〝原始的な〟文化の中には、教育と勧告を通じ、何世代にもわたって、共有の資源を効果的に管理しているところもあります。しかし、ギャレット・ハーディンは、その選択肢は頼りにはならないと考えています。伝統や〝自主管理制度〟だけで保護されている共有資源は、その伝統を尊重しない人や道義心のない人を惹き寄せてしまうかもしれません。

社会が個人に厳しいやり方で学ばせることを厭わないのなら、「私有化」は、「勧告」よりも確実に機能します。しかし、空気や海の魚のように、多くの資源は私有化のしようがありません。「相互の合意による相互強制」しか、選択肢はないのです。

人生や暮らしは、相互強制に充ち満ちています。その多くはごくふつうのことなので、立ち止まって考えることもほとんどありません。そのそれぞれが、共有物を利用する自由を守りつつ、その濫用する自由を制限しています。

- 通行量の多い交差点の真ん中にある共有スペースは、信号によって規制されています。自分が望むときにいつでも通り抜けられるわけではありません。しかし、自分の順番になれば、規制がなくだれでも自由に通れるという状況下よりも、安全に交差点を通ることができます。

- 町の中心部の共有駐車スペースの利用は、メーターによって小分けにされています。メーターは、スペースに対して課金し、そのスペースを占有できる時間を制限します。どこでもどれだけの時間でも自由に駐車することはできませんが、メーターがなかった場合よりも高い確率で駐車スペースを見つけることができます。
- それがどれほど得だったとしても、銀行のお金を好きにいただくことはできません。金庫などの保安装置に、警察や刑務所という補強がついて、銀行を共有物のように扱えないようにしています。その代わり、銀行に預けた自分自身のお金も守られます。
- ラジオやテレビの通信信号用の波長に、好き勝手に信号を送信することはできません。規制当局から許可を得る必要があります。放送の自由が制限されていなければ、放送電波は重複する信号で大混乱になってしまうでしょう。
- 多くの自治体で、ゴミのシステムはとてもコストのかかるものとなってきたため、今では家庭は排出するゴミの量に応じて、ゴミ処理費を払うようになっています。以前は共有物だったものを、規制のかかった「使った分だけ払う」システムに変えているのです。

これらの例から、「相互の合意による相互強制」にはさまざまな形がありえることに注意してください。交通信号は、順番方式によって、共有物へのアクセスを少しずつ分けます。メーターは、駐車用の共有地の利用に対して課金します。銀行は、物理的な障害物や強力な罰を用います。放送用周波数の使用許可は、政府当局が申請者に対して発行します。そして、ゴミ処理料金は、欠けているフィードバックを直接的に取り戻すもので、各家庭にその共有物を利用することの経済的な影響を感じさせるのです。

規制のシステムが相互に合意されたものであり、その目的が理解できるかぎり、多くの人々はほとんどの場合、その規制システムに従います。しかし、あらゆる規制システムは、時折存在する協力しない人に対して、警察力と罰を公使する必要があります。

落とし穴――共有地の悲劇

共有の資源があるとき、どの利用者もその利用から直接的に利益を得ますが、その過剰な利用のコストは全員と分かち合うことになります。したがって、資源の状態から、資源の利用者の意思決定へのフィードバックはとても弱いものになります。その結果、資源は過剰に利用され、減衰し、最後には、だれにも使えなくなってしまいます。

脱出法

利用者への教育や勧告をし、資源の過剰利用の結果が理解できるようにします。また、各自が自分の過剰利用の直接的な結果を感じられるよう資源を私有化するか、（私有化できない資源もたくさんあるので）利用者全員の資源へのアクセスを規制することによって、欠けているフィードバックのつながりを取り戻したり強めたりします。

低パフォーマンスへの漂流

この不況で、英国人は……経済は相変わらず、下方へと動くものだということに気づいた。今や国内の災害さえ、さらなる衰退の前兆として、飛びつくように使われる。日曜の『インディペンデント』紙は第1面に、「ウィンザーの火事は、国全体の症状であり、愚かさという新たな国民的特徴から生じているのだという、不吉な兆候……」についての記事を載せた。

労働党の通商産業担当スポークスマンであるペストン卿は、「われわれには、何をすべきかはわかっている。どういうわけか、われわれはそれをしないだけなのだ」と訴えた。

政治家や実業家、経済学者は、「この国では、若者の受けている教育は標準以下のもので、労働者も経営者もスキルが足らず、投資をけちり、政治家は経済をうまく管理できない」と非難する。

――エリック・イプセン[7]（『インターナショナル・ヘラルド・トリビューン』紙、1992年）

システムには、施策に抵抗し、標準的に悪い状態にあるだけではなく、どんどん悪化していくものもあります。この原型のひとつの呼び名は、「低パフォーマンスへの漂流」です。例としては、低下していく企業のマーケットシェア、劣化の進む病院のサービスの質、どんどん汚れていく河川や大気、ときおりダイエットをするにもかかわらず増える脂肪、米国の公立学校の状態、または、どういうわけだか消えてしまった私の1回限りのジョギング計画などがあります。

このフィードバック・ループの中にいる主体者（英国政府、企業、病院、太った人、学校の管理者、ジョギングする人）には通常、パフォーマンスの目標、または、現在の状態に比べて望ましいシステムの状態があります。そこにギャップがあれば、行動をとることになります。ここまでは、ふつうのバランス型フィードバック・ループであり、パフォーマンスは望ましいレベルで保たれるはずです。

しかし、このシステムでは、「実際のシステムの状態」と「認知された状態」の間に差があります。システムの中にいる人は、良いニュースよりも悪いニュースを信じる傾向があります。実際のパフォーマンスには幅がありますが、最良の結果は〝異常値〟として退けられ、最悪の結果が記憶に残ります。人は、物事を実際よりも悪いと考えるのです。

そしてこの悲劇的な原型の仕上げが、システムの望ましい状態は、認知された状態に左右される、ということです。基準が絶対的ではないのです。認知されたパフォーマンスが低下すると、目標を低くしてもよいことになります。「まあ、期待できるのはこれぐらいだよ」、「まあ、去年よりそれほど悪いわけじゃないし」、「まあ、見てごらんよ、みんなもうまくいっていないんだから」という具合です。

システムを受容できるレベルに保つはずのバランス型フィードバック・ループよりも、坂道を転げ落ちる自己強化型フィードバック・ループのほうが強くなります。認知されたシステム

の状態が低ければ低いほど、望ましい状態も低くなります。望ましい状態が低ければ低いほど、

ギャップは小さくなり、正すための行動は減ります。正すための行動が減れば減るほど、システ

ムの状態は低下します。このループが歯止めなく作用してしまうと、システムのパフォーマンス

はずるずると悪くなっていく可能性があります。

このシステムの落とし穴の別名は、「目標のなし崩し」です。「ゆでガエル症候群」と呼ばれることもあります。この名の由来は、カエルを急にお湯に入れるとぴょんと飛び出すが、冷たい水に入れて少しずつ熱していくと、カエルは「ここ、ちょっと温かくなってきているみたいだね。まあ、でも、少し前に比べて、それほど温かくなっているわけじゃないよね」と、幸せそうにお湯の中にいたまま、最後はゆであがってしまう、という昔話（本当かどうか知りませんが）です。

低パフォーマンスへの漂流は、徐々に進むプロセスです。もしシステムの状態が急激に下がれば、慌てて正すためのプロセスが始まるでしょう。しかし、かつてどのくらい良い状態だったかという記憶（または思い込み）を忘れるほど、ゆっくりと下方に向かってシステムの状態が流されていけば、だれもが「より低い期待、より少ない努力、より低いパフォーマンス」に陥ってしまいます。

「目標のなし崩し」には、ふたつの対処法があります。ひとつは、パフォーマンスにかかわらず、絶対的な基準を守ることです。もうひとつは、これまでの最悪ではなく、最良のパフォーマンスに応じて、目標を定めることです。もし悪いパフォーマンスより良いパフォーマンスをより認知するという方向で偏っていれば（つまり、最良の結果を標準とし、最悪の結果は一時的な後退だと考えるならば）、この同じシステム構造で、どんどんパフォーマンスが向上していくよう、システムを引

き上げることができます。「悪くなればなるほど、さらに悪くなることを許す」という下方へ向かう自己強化型ループが、「良くなればなるほど、さらに良くなるよう、一生懸命がんばる」という上方への自己強化型ループになるのです。

もし私がこの教訓を自分のジョギングに用いていたら、今頃マラソンを走っていたことでしょう！

落とし穴——低パフォーマンスへの漂流

パフォーマンスの基準が過去のパフォーマンスに左右されることを許していると（特に、悪いものに偏って過去のパフォーマンスを認知していると）、目標のなし崩しの自己強化型フィードバック・ループが生まれ、システムは低いパフォーマンスへと少しずつ流されていきます。

脱出法

パフォーマンスの標準を絶対的なものにしておくこと。さらによいのは、最悪のパフォーマンスにやる気をそがれるのではなく、実際の最良のパフォーマンスによって、基準を高めていくことです。同じ構造を用いて、高いパフォーマンスへ少しずつ動いていくようにするのです。

エスカレート

日曜にイスラム過激派がイスラエル兵士を誘拐し、「投獄されているガザ地区での支配的なイスラム教徒グループの創始者をただちに解放しない限り、この兵士を殺す」と脅した……この誘拐は……激しい暴力の渦中に起こったもので……3人のパレスチナ人とイスラエル兵士ひとりが撃たれている。……ジープで巡回中だったイスラエル兵は、追い抜いていった車両から撃ち殺されたのだった。加えて、ガザでは、投石するデモ隊とイスラエル軍との間で繰り返し衝突が起こっており、イスラエル軍が実弾やゴム弾を発砲し、少なくとも120人が負傷した。

――クライド・ハバーマン[8]（『インターナショナル・ヘラルド・トリビューン』紙、1992年）

第1章で、エスカレートの例をひとつ、すでに紹介していました。子供のけんかのシステムです。「お前がぶつなら、お前のことをもっと強くぶつぞ」となると、相手ももっと強くぶってきます。すると、すぐに本当のけんかになっていきます。

「ひとつ引き上げる」というのが、エスカレートにつながる意思決定のルールです。エスカレートは、互いの先へ行こうとする競合する当事者たちが創り出す自己強化型ループから生まれます。

このシステムの一方（当事者のひとり）の目標は、「18℃に設定されたサーモスタットのある部屋の温度」のように絶対的なものではなく、システムのもう片方（もうひとりの当事者）の状態に関係しています。他の多くのシステムの落とし穴と同じように、エスカレートは必ずしも悪いことではありません。その競争が何らかの望ましい目標（より効率の良いコンピュータ、AIDSの治療薬など）をめぐるものであれば、エスカレートはシステム全体をその目標に向けて加速することができます。しかし、敵意や武器、騒音、苛立ちをエスカレートしているのなら、実際、陰湿な落とし穴になります。最もよくある恐ろしい例は、軍拡競争や、地球上で和解しがたい敵同士がつねに自己強化型の暴力寸前の状態で暮らしているような場所です。

当事者はそれぞれ、相手について認知したシステム状態をベースとして自分にとっての望ましい状態を導き出し、それを引き上げるのです！　エスカレートとは、単に「世間に遅れをとらない」というのではなく、「世間よりちょっとだけ先にいる」ことなのです。米国とソ連は何年間も、自国の軍拡を正当化するために、相手の軍備状況を多めに報告していました。一方の武器が増えるごとに、もう一方は「それよりも多く」と急いで動きます。それぞれ、「エスカレートの原因は相手にある」と非難しますが、「それぞれが自らをエスカレートしている」というのがよりシステム的な言い方でしょう。「自ら軍拡が、将来さらなる軍拡を必要とする」というプロセスを始動させたのです。このシステムは、何兆ドルもの費用をもたらし、ふたつの超大国の経済を劣化させ、想像を絶するほど破壊的な武器を生み出し、それは今なお世界に脅威を与えています。

ネガティブ・キャンペーンも、エスカレートの邪悪な例のひとつです。候補者のひとりが相手候補を中傷すると、相手候補も中傷し返し……と続いていき、最後には、有権者は「自分たちの候補者には良いところがあるのだろうか？」と思うようになり、民主的なプロセス全体の品位が落ちることになります。

それから、価格競争もあります。産業界の競合の1社が相手よりも価格を下げ、すると、相手はさらに価格を下げる。すると、最初に価格を下げた企業はふたたび価格を下げ、最後には、両方とも赤字になっていても、それでもどちらも容易には手を引くことができません。この種のエスカレートは、競合の1社が倒産してやっと終わりになります。

広告代理店は、消費者の注目を得るための企てをエスカレートします。1社がきらびやかで声高に人の注意を惹くことを行います。競合他社は、さらに派手で大きく厚かましいことをやります。最初の広告代理店は、それを上回ろうとします。広告は（メールでも電話でも）環境の中での存在を増し、よりけばけばしく、より騒がしく、より押しつけがましくなり、最後には消費者の感覚はあまりにも鈍ってしまって、どんな広告主のメッセージもほとんど浸透しなくなってしまいます。

カクテル・パーティーでの会話がどんどん騒がしくなり、リムジンの長さがどんどん長くなり、ロックバンドがどんどん下品になっていくのも、エスカレートのシステムがあるがゆえです。

平穏さや礼儀正しさ、効率性、繊細さ、質の良さでも、エスカレートはありえます。しかし、よい方向へのエスカレートであっても、問題となる可能性があります。なぜなら、簡単には止められないからです。それぞれの病院が、他の病院よりも強力で高価な最新式の診断用機械を導入しようとすると、法外な医療費につながるかもしれません。道徳倫理のエスカレートは、あたかも聖人のごとき独善的態度を生み出すかもしれません。芸術でのエスカレートは、バロックからロココへ、そして俗受けを狙った芸術作品へとつながるかもしれません。環境に責任を持つライフスタイルのエスカレートは、厳格かつ不必要な潔癖主義を生み出すかもしれません。

エスカレートは、自己強化型フィードバック・ループなので、幾何級数的に積み上がっていきます。したがって、だれもが不可能だと思うほどのスピードで、極端に向かっての競争をもたらしうるのです。何かの手を打ってそのループを断たないと、このプロセスはたいてい、競争している人たちの片方または両方の崩壊で幕を引くことになります。

エスカレートの落とし穴から抜け出すひとつの方法は、一方的な武装解除です。意図的に自分自身のシステム状態を縮小して、相手側の状態の縮小を誘導するのです。そのシステム内部での論理では、この選択肢はほとんど考えられないものでしょう。しかし、現実には、決意を持ってそのように行動し、短期的な競合他社の優位性をしのげるのなら、うまくいく可能性があります。

エスカレートのシステムから美しく抜け出す別の方法は唯一、武装解除の交渉をすることです。これは構造的な変化であり、システムの設計に影響を与えるものです。それによって、競争をある範囲内にとどめるための統制を行う、新しい一連のバランス型ループを創り出すのです（子供たちのけんかを止める親の圧力、広告のサイズや設置場所に関する規制、暴力多発地域での平和維持軍など）。エスカレートのシステムにおいて武装解除に合意することは、たいていは易しいことではなく、当事者を大いに喜ばせるものでは決してありませんが、競争を続けるよりはずっと良いことです。

落とし穴――エスカレート

ひとつのストックの状態が、他のストックの状態を上回ろうとすることで定まり、そしてその相手側も他に上回ろうとするとき、そこには自己強化型フィードバック・ループが存在し、そのシステムを、軍拡や富の競争、ネガティブキャンペーン、エスカレートする騒がしさや暴力に引きずり込みます。エスカレートは幾何級数的で、驚くほどあっという間に極端な状態につながる可能性があります。何も手を打たなければ、そのスパイラルはだれかの崩壊によって終止符を打たれることになるでしょう。なぜなら、幾何級数的な成長は永久には続けられないからです。

脱出法

この落とし穴を回避する最善の方法は、そもそもその落とし穴に陥らないようにすることです。もしエスカレートのシステムにはまったら、競争を拒むこと（一方的な武装解除）で、自己強化型ループを断つことができます。または、エスカレートを統制するバランス型ループを持つ新しいシステムについて交渉することができます。

極端に金持ちの人々（納税者の上位1％）は、融通がかなり利いて、所得の課税対象分を少なくすることができる。……来年（税金はより高くなっていると考えられる）よりも今、ボーナスを手に入れ、ストックオプションを現金化し、……どういった形であれ可能なやり方で所得を繰り上げようと迅速に動くことのできる人たちなのだ。
――シルヴィア・ネイサー[9]（『インターナショナル・ヘラルド・トリビューン』紙、１９９２年）

富の蓄積、特権、特別なアクセス、または内部情報を使って、さらなる富や特権、アクセス、情報を創り出すことは、「成功者はさらに成功する」という原型の例です。競争の勝者がその報奨の一部として、将来さらに効果的に競争できる手段を得るとき、このシステムの落とし穴が生まれます。これは自己強化型フィードバック・ループであり、あっという間にシステムを、「勝ち続ける勝者」と「負け続ける敗者」に分裂させます。

モノポリーのゲームをやったことのある人なら、「成功者はさらに成功する」システムをご存じでしょう。ゲーム開始時は、すべてのプレーヤーは平等です。最初に自分の敷地に「ホテル」を建てることができた人は、他のプレーヤーから「家賃」をもらうことができ、その資金を使って、さらに多くのホテルを購入することができます。所有するホテルが増えれば増えるほど、手に入れられるホテルは増えます。ひとりのプレーヤーがすべてを買い上げた時点で、ゲームは終わりになります（そのずっと前に、他のプレーヤーが苛立ってゲームをやめてしまっていなければ、ですが！）。

昔、私たちの家の近所で、戸外の「クリスマス・イルミネーション・コンテスト」をしたことがあります。最も素晴らしいイルミネーションの飾り付けをした家族に、１００ドルの賞金を出したのです。最初の年に1位になった家族は、その１００ドルを使って、さらにクリスマス用のイルミネーションを買いました。その家族の飾り付けは、毎年どんどん手の込んだものになっていきました。この家族が3年続けて勝ったあと、コンテストは中止となりました。

「持つ者には与えられる」。勝者は、勝てば勝つほど、将来もっと勝つことができます。勝者が勝ちとるものはすべて敗者から取り上げるなど、限界のある環境で「勝つこと」が起こると、敗者は徐々に破産していくか、強制的に排除されるか、飢えることになります。

「成功者はさらに成功する」は、生態学の分野ではよく知られた概念であり、「競争的排除の原則」と呼ばれています。この原則によると、ふたつの異なる種が、まったく同じ資源を求めて競争しながら、まったく同じ生態的ニッチに生存することはできません。なぜなら、ふたつの種は異なるので、必ずや、片方はもう一方よりも繁殖スピードが速かったり、資源をより効率的に用いることができたりします。その種は、資源のより大きな部分を勝ち得ることになり、それによってもっと数を増やす力を得て、勝ち続けます。そして、そのニッチを独占するだけではなく、敗者となった競合種を絶滅へと追いやることになります。絶滅は通常、直接的な対決によって起こるのではなく、資源のすべてを独占し、より弱い競合種に何も残さないことによって起こるのです。

カール・マルクスが資本主義を批判した中に、この落とし穴について述べた箇所があります。

同じ市場で争っているふたつの会社は、ニッチで争っているふたつの種と同じ挙動を示すことになります。より高い効率やより賢い投資、またはよりよい技術やより大きな賄賂などどんな形であれ、1社が少し優位になります。その優位をもって、その会社は、売上げを増やし、生産施設や新しい技術、広告、賄賂などに投資します。その会社の資本蓄積の自己強化型フィードバック・ループは、競合他社のそれよりも速く回すことができ、さらに多くを生産し、さらに多くを手に入れることができるのです。市場が有限であり、止めるための独占禁止法がない場合は、再投資で生産施設を拡大することを選び続ける限り、1社がすべてを手に入れることになるでしょう。

共産主義ソビエト連邦の崩壊は、カール・マルクスの理論が誤りであることを証明したと考える人もいますが、マルクスのこの「市場競争は、システム的に市場競争を消滅させる」という分析は、競争市場があるところ（またはあったところ）ではつねに立証されています。「成功者はさらに成功する」の自己強化型フィードバック・ループによって、米国にたくさんあった自動車会社は3社に減りました（独占禁止法があるため、1社にはなっていません）。米国の大半の大都市では、新聞社はたったひとつしか残っていません。すべての市場経済では、企業の規模は大きくなる一方で、企業の数は減っていくという長期的な傾向が見られます。

「成功者はさらに成功する」という落とし穴は、「金持ちをさらに金持ちに、貧しい人たちをさらに貧しくする」そのさまざまなやり方で、非常に大きな害をもたらします。金持ちは貧しい人たちより税を逃れる方法がたくさんあるだけではなく、ほかにも次のようなことがあります。

●多くの社会で、最貧困層の子供たちは、仮に学校へ行けたとしても、最悪の学校で最悪の教育を受けることになります。そういう子供たちは、市場で通用するスキルがほとんど身につかないため、低賃金の仕事にしか就けず、貧困が永続することになります。[10]

●収入も資産も少ない人は、ほとんどの銀行からお金を借りることができません。したがって、資本を改善するための投資ができないか、法外な利子をとる地元の金貸し業者のところに行かなくてはなりません。金利がそれほど高くないとしても、貧しい人が払い、金持ちが受け取るのです。

●世界の多くの地域で、土地の所有は極めて不均等で、大半の農家はだれかの土地を借りています。その土地を使う権利と引き換えに、小作人は農作物の一部を地主に払わなくてはならず、したがって、自分の土地を買うことは決してできません。地主は小作人から得る収入を使って、さらに土地を買います。

これらは、所得や資産、教育、機会の不公平な分配を永続させるフィードバックのごく一部です。貧しい人たちは（食べ物、燃料、種、肥料を）少量しか買うことができないため、いちばん高い価格を払うことになります。多くの場合、組織化されておらず、発言力もないため、そのニーズに割り当てられる政府の支出額は過度に小さなものとなります。アイディアや技術がやってくるのも最後である一方、病気や汚染は最初にやってきます。危険で低賃金の仕事しか選択肢はなく、その子供たちは予防接種も受けずに、混み合って犯罪や災害が多発する地域に住んでいます。

「成功者はさらに成功する」落とし穴から抜け出すには、どうしたらよいのでしょうか？

生物種や企業は、「多様化」によって競争的排除から脱却することがあります。生物種は、新たな資源を用いることを学んだり、進化したりすることができます。企業は、現在あるものと直接競合しない新製品や新しいサービスを創り出すことができます。市場は独占に向かう傾向があり、生態ニッチは単調な方向に向かいますが、多様化から派生する新製品や新しい種が生まれます。新しい製品や種はやがて、競合者を惹きつけ、その後、システムをふたたび競争的排除へ向けて動かし始めるかもしれません。

しかしながら、多様化は保証付きというわけではありません。とりわけ、独占企業（または独占的な種）があらゆる派生物をつぶしたり、買い上げたり、生きていくために必要な資源を奪ったりする力があるときはそうです。多様化は、貧しい人々のための戦略としては機能しません。

どの競合者であってもすべてを手に入れることを許さないフィードバック・ループを導入することで、「成功者はさらに成功する」ループを統制下に置くことができます。これが、独占禁止法が理論上、そして、時には実際にも行っていることです（けれども、巨大企業が勝つことで手に入れられる資源のひとつは、独占禁止法の運用を弱める力なのです）。

「成功者はさらに成功する」原型から抜け出すための最も明確な方法は、定期的に「条件を公平にする」ことです。伝統的な社会やゲームの設計者たちは直感的に、有利さを平等にする何らかの方法をそのシステムに組み込んでいます。そうすることで、ゲームの公平さや面白さが保たれます。「モノポリー」のゲームでは、ゲームをもう一度始めるときにみな平等になるので、前回負けた人にも勝つチャンスがあります。多くのスポーツでは、弱い選手にハンディキャップを与えます。多くの伝統的な社会には、ネイティブ・アメリカンの「ポトラッチ」のようなものがあります。これは、最もたくさん持っている人がだれよりも持っているものが少ない人に自分の持ち物をたくさん贈る儀式です。

金持ちがより金持ちに、貧乏人がより貧乏になるというループを断ち切るために、さまざまな仕組みがあります。金持ちには貧しい人よりも高い税率を課すように（強力に）書かれた税法。慈善活動。公共福祉。労働組合。平等な国民皆保険と教育。相続税（世代が新しくなるたびに、ゲームをゼロから始める方法）。ほとんどの工業社会には、だれもゲームから降りないように、「成功者はさらに成功する」落とし穴が働かないよう、このような牽制策を組み合わせたものがあります。贈り物をする文化では、ポトラッチやそのほかの贈り物をする人の社会的な立場を高める儀式を通じて、富を再分配します。

こうした平等化メカニズムは、シンプルなモラルから生じる場合もあれば、「もし敗者が『成功者はさらに成功する』ゲームから抜けることができず、勝つ望みもないとしたら、苛立ちを募らせてゲームの場を壊してしまうかもしれない」という、現実的な理解から生まれる場合もあるかもしれません。

落とし穴——成功者はさらに成功する

競争の勝者が勝った報酬として再び勝つための手段を与えられるシステムになっていると、自己強化型フィードバック・ループが形成され、そのループが阻害されることなく回ると、最後に勝者はすべてを得て、敗者は消え失せることになります。

脱出法

多様化すること。それによって、競争に負けている人がゲームから降りて、新たにゲームを始めることができるようになります。だれであれひとりの勝者が手に入れられる割合を厳しく制限すること（独占禁止法）。条件を公平にする施策。それによって、最強のプレーヤーの優位性の一部を取り除いたり、最も弱いプレーヤーの優位性を高めたりします。次回の競争に偏りを生じないように、成功に対する報酬を工夫する施策。

介入者への責任転嫁　中毒

われわれがどれほど信じがたい下方スパイラルにはまっているか、少しはわかるだろう。コストがどんどん民間部門に移されるので、従業員に保険をかける民間企業が減る。今では……毎月10万人もの米国人が健康保険を失っているのだ。

そういった人々のうち、極めて大きな割合が各州の公的医療保健制度であるメディケイドの給付対象者となる。そして、州は赤字運営ができないため、どの州も、教育や子供への投資プログラムに十分な財源を充てなくなったり増税したりして、他の投資から資金を取り上げることになる。

――ビル・クリントン[11]（『インターナショナル・ヘラルド・トリビューン』紙、1992年）

ソマリア人を怒らせたければ、その人のチャットを取り上げればよいと言われている……。チャットは、アラビアチャノキという植物の新鮮な柔らかい葉や小枝だ。……薬理学的には、覚醒剤のアンフェタミンに近い……。

アブドゥカドルマフムード・ファラー（22歳）は、チャットをかみ始めたのは15歳の時だと言う。「現状を考えないためさ。こいつを使っているときはハッピーでいられる。何でもできるし、疲れることもない」

――キース・B・リッチバーグ[12]（『インターナショナル・ヘラルド・トリビューン』紙、1992年）

大半の人は、アルコールやニコチン、カフェイン、砂糖、ヘロインの中毒性については知っています。みんなが知っているわけではないのは、「中毒はより大きなシステムの中に、別の形で現れることもある」ということです。たとえば、業界が政府の補助金に依存することや、農家が肥料に頼ること、西洋諸国の経済が安価な石油に依存すること、兵器メーカーが政府との契約に依存する場合などです。

この落とし穴は、「中毒」、「依存」、「介入者への責任転嫁」など、さまざまな名前で知られています。その構造には、インフローとアウトフローを持つストックがあります。ストックは、物質的なもの（トウモロコシの収穫量など）も、非物質的なもの（幸福感や自己肯定感など）もあります。ストックは、バランス型フィードバック・ループを調整する主体者が、インフローかアウトフローのいずれかを変えることによって、維持されています。その主体者には目標があり、ストックの現在の状態だと認知したものをその目標に照らし合わせて、どのような行動をとるかを決めます。

たとえば、あなたが飢饉と戦争の地に暮らす少年とします。幸せでエネルギーにあふれ、恐れを知らないように感じられるよう、自分の幸福感を高めることを目標にしているとしましょう。あなたの望ましい状態と実際の状態の間には大きなギャップがあり、そのギャップを埋めるためにとれる選択肢はほとんどありません。でも、麻薬を吸うことはできるかもしれません。麻薬は、あなたの実際の状況を改善することは何もしません（実際には、おそらく悪化させるでしょう）。しかし、麻薬はあっという間に、あなたの状態の「認知」を変え、あなたの感覚を鈍らせ、疲れも恐れも知らないように感じさせるのです。

同様に、もしあなたが無能な会社を経営しているとして、政府に自社への補助金を出させることができれば、お金を儲けてよい利益を上げ、社会の中でも尊敬される一員であり続けることができます。もしくは、さんざんに酷使した土地でトウモロコシの収穫量を増やそうとしている農家だとしましょう。肥料を与えれば、土壌の肥沃度を改善するために何もしなくても、大豊作となるでしょう。

問題は、介入によって作り出された状態は長くは続かないということです。麻薬の陶酔は冷め、補助金は使われてなくなります。肥料は消費されるか、雨に流れて消失します。

依存と「介入者への責任転嫁」の例は、枚挙にいとまがありません。

- 昔は年寄りの世話は家族が行っていたものですが、必ずしも容易なことではありませんでした。そこで、社会保障制度、退職者のコミュニティ、老人ホームが登場しました。今では、ほとんどの家族にはもはや、年老いた家族の世話をするスペースも、時間もスキルも、気持ちもありません。
- 政府が高速道路を建設して（自動車交通を）支援しようと決めるまでは、長距離の配送には鉄道が、短距離の通勤には地下鉄や路面電車が使われていました。
- 計算機が広く使われるようになる前は、子供たちは、暗算や、紙とえんぴつを使って計算をすることができたものです。
- ワクチンや薬が出てくるまでは、人々は天然痘や結核、マラリアといった病気に対する部分的な免疫を作り上げていました。

● 近代的な薬は概して、健康に対する責任を、個人の習慣やライフスタイルから、介入する医師や薬へと、シフトさせてきました。

「介入者への責任転嫁」は良いことである場合もあります。それはしばしば意図的に行われ、その結果、システムを望ましい状態に保つ力が向上するかもしれません。たしかに、天然痘ワクチンによって１００％守られることは（それが続くのであれば）、天然痘に対する自然免疫で部分的にしか守られないよりは望ましいでしょう。実際、介入者を必要とするシステムもあるのです！

しかし、介入がシステムの落とし穴になる可能性もあります。システム内の正すためのフィードバック・プロセスが、システムの状態を上手に維持することができていない（または、まあまぁ程度だったとしても）としましょう。善意あふれる効率の良い介入者がその苦闘を見て、その負担の一部を取り去ってあげようと介入します。介入者はあっという間に、だれもが望む状態にシステムをもっていきます。「おめでとう！」がふさわしい場面です。通常、介入者の自画自賛となります。

その後、元々の問題がまた現れます。根本的な原因を解決することは何もなされてこなかったためです。そこで、介入者は「解決策」にもっと力を入れます。そうすると、システムの本当の状態はふたたび見えなくなります。そのため、根本的な問題に対する行動を起こすことができません。そうして、「解決策」にさらにもっと力を入れる必要が出てくるのです。

積極的な破壊であれ単なる無視であれ、システムが元来持っている自己維持能力が介入によって損なわれると、落とし穴が作られたことになります。自己維持能力が弱まれば、望ましい効果を得るためにより多くの介入が必要になります。それは、元々のシステムの能力をさらに弱めることになり、介入者がその不足を補うことになります。そして、その循環が続いていくのです。

この落とし穴にはまるのは、なぜなのでしょうか? まず、介入者は、「ちょっと助けてあげようという最初の衝動が連鎖する出来事の第一歩となって、どんどんと依存が増えていき、最後には介入者の能力への負担が大きくなってしまう」ことを見越していないのかもしれません。米国の保健医療システムは、この一連の出来事の重い負担を経験しているところです。

第2に、助けてもらう側の個人やコミュニティは、「有能で強力な介入者に責任を転嫁するチャンスには、長期的な統制の喪失と脆弱性の増加が付随する」ことをしっかり考えていないかもしれません。

もし、介入が麻薬であれば、麻薬中毒になります。中毒性のある行動にはまればはまるほど、その行動にもっとはまってしまいます。アルコール中毒者更生会が用いている「中毒」のひとつの定義は、「同じばかげた行動を何度も何度も何度も繰り返し、どういうわけか異なる結果が起こると期待すること」です。

中毒は、問題の「症状」に対する急場しのぎの解決策を見いだします。それは、本当の問題を解決するのではなく、より困難で時間のかかる課題に取り組むことを阻んだり、気をそらしたりしてしまいます。中毒性のある施策はたちの悪いものです。あまりにも簡単に〝売る〟ことができ、あまりにも単純にひっかかってしまうものだからです。

「虫が作物の脅威になっているって？　単一栽培という、自然の生態系の制御を破壊し、害虫の蔓延を招いた農法を考え直すのではなく、農薬を撒けばよい」。そうすれば、害虫はいなくなり、さらに単一栽培ができるようになり、もっと生態系を破壊することになります。そうなると、より大規模な害虫の蔓延を招くことになり、将来的にはさらに農薬が必要になるでしょう。

「石油の価格が上がっているって？　再生不可能な資源が枯渇するのは避けられないことを認め、燃費の向上や他の燃料への転換をはかるのではなく、〝価格調整〟をすればいい」（ソ連も米国も、1970年代の石油危機への最初の対応はこれでした）。そうすることで、何も起こっていないふりをして、石油を燃やし続けることができます。それは、枯渇の問題をさらに悪化させることになるのです。「そのやり方がうまくいかないときには、石油をめぐっての戦争を起こすこともできる。または、もっと石油を発見すればいい」。もう1本だけ酒瓶を見つけたいと家の中をひっかきまわす酔っ払いのように、もうひとつだけ大きな油田を見つけたいと、私たちは海岸を汚染し、最後の野生の地に侵入するかもしれません。

中毒を絶つことは、痛みを伴います。ヘロインをやめるときの身体的な痛みもあれば、「石油消費量を減らすために価格を上げる」という経済的な痛みもあるでしょう。「天然の捕食者が個体数を回復するまでの間、害虫がはびこる」という結果かもしれません。やめるということは、システムの現実の（多くの場合、大きく悪化している）状態に、最終的に向き合い、中毒のおかげで回避できていた行動をとる、ということです。徐々に中毒につながる行動をやめることが可能な場合もあります。最小限の混乱で劣化したシステムを回復するために、まず、非中毒性の施策を導入できる場合もあります（中毒患者の自己イメージを回復するためのグループ支援、石油代を減らすための家屋の断熱や燃費の良い自動車、穀物の害虫への脆弱性を減らすための多種栽培や輪作など）。きっぱりと絶って、ただ痛みに耐えるしかないこともあります。

がんばって断ち切って、中毒にかかっていない状態に戻すことは価値あることですが、そもそも中毒になることを避けるほうがずっと好ましいやり方です。

「システムが自らの責任を負う力を強める」やり方で介入することで、この問題をあらかじめ避けることができます。システムの自助を手伝うというこの選択肢は、場合によっては、システムを引き受けて回していくよりも、ずっと安価で容易です（リベラル派の政治家は理解していないようですが）。秘訣は、英雄のごとく丸抱えに取り上げるのではなく、一連の質問から始めることです。

- 自然に備わっている〝正すためのメカニズム〟がうまくいっていないのはなぜか？
- その成功にとっての障壁は、どのように取り除くことができるか？
- その成功のためのメカニズムをより効果的にするには、どうしたらよいか？

落とし穴——介入者への責任転嫁

責任転嫁、依存、中毒が生じるのは、「システムの問題に対する解決策が、症状を減らす（または隠す）が、根本的な問題を解決することはなにもしない」ときです。人の知覚を鈍らせる物質にせよ、根本的な問題を隠す施策にせよ、選んだ“麻薬”は、実際の問題を解決しうる行動のじゃまをします。

問題を正すための介入によって、元々のシステムの自己維持力が弱まったり損なわれたりすると、その後、破壊的な自己強化型フィードバック・ループが動き出します。システムは悪化し、そうすると、さらに多くの解決策が必要となります。システムは、介入への依存度を高めるようになり、自らの望ましい状態を維持することはますますできなくなっていくでしょう。

脱出法

繰り返しになりますが、この落とし穴を避ける最善の方法は、落とし穴にはまらないことです。実際には問題に取り組むわけではない、症状を和らげたり、シグナルを否定するような施策に注意してください。短期的な苦痛の除去に注目するのをやめ、長期的な再構築に注力しましょう。

自分が介入者なのであれば、システム自体の問題解決能力を取り戻す、または高めるようなやり方で取り組み、そのあと、自分自身は身を引くことです。

もし自分が支えがたいほど依存している側なのであれば、介入を外すまえに、自分のシステム自体の能力を構築して戻しておくこと。すぐにそうしてください。先送りにすればするほど、抜け出すプロセスは困難なものになるでしょう。

ルールのすり抜け

カルビン：いいかい、ホッブズ。こうしようと思うんだ。
ホッブズ：何だい？
カルビン：今日からクリスマスまで、毎日10個、自分から良いことをすれば、サンタだって、
　今年の初めから今までを判断するのに大目にみないわけにはいかなくなるよね。
　僕は「心を入れ替えた」と断言できるよ。
ホッブズ：そうだね。チャンスだよ。スージーがこちらへやってくる。
カルビン：明日から始めて1日20個やることにしようかな。
――『インターナショナル・ヘラルド・トリビューン』紙[13]（1992年）

ルールがあるところには必ず、ルールのすり抜けの可能性があります。「ルールのすり抜け」とは、システムのルールの意図をかわす、責任逃れの行動のことで、表面的には従いつつ、本質的には従わないことです。ルールのすり抜けが問題となるのは、そのせいでシステムが大きく歪んだり、そのルールがなければまったく意味をなさない不自然な挙動につながるときだけです。ルールのすり抜けが手に負えなくなると、システムは実際に深刻な打撃を与える挙動を生み出し

始めることもあります。

自然や経済、組織、人の心をゆがめてしまうルールのすり抜けは、破壊的である場合もあります。深刻なものやそれほどでもないものも含め、ルールのすり抜けの例をいくつか挙げましょう。

- 政府や大学、企業の部門は、会計年度の終わりに、ただ予算を使い切るために、無意味な支出をすることがよくあります。今年の予算を使い切らないと、翌年の予算配分が減らされてしまうからです。
- １９７０年代、バーモント州は「法令２５０号」と呼ばれる土地利用法を採択しました。10エーカー以下の区画を作る分譲地には複雑な承認プロセスを要求するものです。今やバーモント州には、尋常ならぬ数の10エーカーちょっとの区画ができています。
- 穀物の輸入を減らし、地元の穀物農家を支えるために、ヨーロッパ諸国は、１９６０年代に飼料用穀物に対する輸入制限を課しました。その制限令の草案を作成している間、キャッサバと呼ばれるでんぷん質の根菜のことをだれも考えませんでした。実はキャッサバもよい飼料だったのですが、制限対象に含まれませんでした。そこで、北米からのトウモロコシの輸入に代わって、アジアからキャッサバが輸入されるようになりました[14]。
- 米国の絶滅危惧種保護法は、絶滅危惧種の生育地がある場所での開発を制限するものです。地主の中には、自分の敷地内に絶滅危惧種の棲み家があることを発見すると、その土地を開発できるよう、わざとその生き物を狩ったり毒殺したりした人もいました。

ルールのすり抜けでは、ルールは守られているように「見える」ことに注意してください。自動車を運転する人たちは、パトカーの近くにいるときには、制限速度を守ります。飼料用穀物はもうヨーロッパに輸入されていません。絶滅危惧種が存在していると書類に明記されている場所では、開発は進みません。「法律の文言」は守られていますが、法律の精神は守られていないのです。

このことが警告しているのは、自己組織的な逃げ道の可能性を含めシステム全体を念頭に置いて、法律を設計する必要がある、ということです。

ルールのすり抜けは通常、厳格すぎて有害で、機能しない、または定義のおかしなルールが上からやってくることに対する、ヒエラルキーの下位からの反応です。ルールのすり抜けには、対応がふたつあります。ひとつは、ルールやその執行を強化することによって、自己組織化する反応を踏みつぶそうとするものです。しかしそうすると、さらに大きなシステムのゆがみを生み出すのが常です。さらに落とし穴にはまってしまう道です。

もうひとつは、この落とし穴から抜け出る方法、つまりチャンスは、ルールのすり抜けを有用なフィードバックとして理解し、ルールを改正したり、改善したり、撤回したり、よりよく説明したりすることです。ルールをよりよく設計するとは、ルールのすり抜けの可能性も含めて、そのルールがサブシステムに対してどのような影響を与えうるかをできる限り予見し、システムの自己組織的な能力を前向きの方向に変えるよう、ルールを構成することなのです。

落とし穴——ルールのすり抜け

システムを統治するルールは、ルールのすり抜けにつながる可能性があります。それは、「ルールに従っている」、「目標を達成している」という見かけを与えながら、実際にはシステムをゆがめる、邪悪な行動です。

脱出法

ルールのすり抜けの方向ではなく、ルールの目的を達成する方向に創造性を解き放つよう、ルールを設計したり、設計し直すことです。

間違った目標の追求

政府は金曜日、民間エコノミストが何カ月も前から言ってきたことを公式に認めた。「日本は1年前に政府の計画担当者が設定した3・5％の成長目標には到達しない」……。GNPは1991年に3・5％、1990年には5・5％の成長だった。今年度の初めから……経済は停滞または収縮している……。

今、その予測が……大幅に下方修正され、刺激策導入を求める政治家や産業界からの大蔵省（当時）への圧力が強まりそうだ。

——『インターナショナル・ヘラルド・トリビューン』紙[15]（1992年）

第1章で、「システムの挙動に影響を与える最も強力なやり方のひとつは、システムの目的や目標を通して影響を及ぼすことです」と書きました。なぜかといえば、目標は、システムの方向性を定め、行動を要するギャップが何であるかを明らかにし、そのギャップを是正するバランス型フィードバック・ループが適合しているか、失敗しているか、成功しているかの指標となるからです。目標の設定がまずく、測るべきものを測らず、システムの本当の幸せを反映していないとしたら、システムは望ましい結果を生み出すことは到底できません。昔からあるおとぎ話の「3つの願いごと」のように、システムには、あなたが生み出してほしいと望んだものだけをそのまま生み出すという、恐ろしい傾向があるのです。何を生み出してほしいとお願いするのか、気をつけなくてはなりません。

もし、望ましいシステムの状態が「国家の安全保障」で、それは軍事支出額で定義されるとしたら、そのシステムは、軍事支出を生み出すことになるでしょう。それは国の安全保障を生み出すかもしれませんし、生み出さないかもしれません。実際のところ、もし軍事支出が経済のほかの分野への投資を取り上げることになって、その軍事支出が途方もない、不必要な、または役に立たない兵器に向けられるとしたら、安全保障は損なわれてしまうかもしれません。

もし、望ましいシステムの状態が「良い教育」で、その目標を生徒一人当たりに費やす金額で測るとしたら、生徒一人当たりの金額は確保されるでしょう。教育の質を標準テストの成績で測るとしたら、システムは標準テストの成績を生み出すことになるでしょう。これらの測定のいずれかが「良い教育」につながっているのか、少なくとも一考の余地があるでしょう。

インドで家族計画が行われた初期のころ、プログラムの目標は「避妊リングの装着数」で定められていました。そこで医師たちは、目標を達成しようという熱心さのあまり、患者の同意を得ずに女性たちに避妊リングを装着したのでした。

こういった例は、「努力」と「結果」の混同であり、間違った目標を中心に据えてシステムを設計する際に最もよく起こる過ちです。この種の過ちの中でも最悪のものはおそらく、国の経済的な成功を測る指標としてGNPを採用してきたことでしょう。GNPとは、「国民総生産」(Gross National Products)で、その経済が生み出した最終財やサービスの貨幣価値です。人間の幸福を測るものとしては、GNPは考案されたほぼその瞬間から、批判されてきました。

GNPは、子供たちの健康や、教育の質、遊びの喜びなどを考慮に入れていない。GNPには、詩の美しさや結婚の力、公開討論の知性や公務員の誠実さなどは含まれていない。私たちの機知や勇気も、知恵や学び、思いやりや国への献身も測ってはいない。一言で言えば、GNPが測っているものには、人生を価値あるものにしているものはひとつも入っていないのだ。[16]

私たちの国民経済計算のシステムは、国家経済とはまったく似ても似つかないものだ。それは私たちの家庭生活の記録ではなく、私たちの消費額を体温表のように示すものである。[17]

GNPは、良いものも悪いものもいっしょくたにしてしまいます（自動車事故が増えて、医療費や車両修理費が増えれば、GNPは増えるのです）。GNPは、市場で取引された財やサービスだけを計上します（すべての親が自分の子供を育てるために人を雇えば、GNPは増えることでしょう）。GNPは、分配の公平さを反映しません（金持ちの家族のための高価なセカンドハウスは、貧しい家族のための廉価な必要最低限の家よりも、GNPを押し上げます）。GNPは、達成したものではなく、達成のための取り組みや労力を測り、効率ではなく、総生産・総消費を測ります。同じ明るさを作り出すのに必要な電力は8分の1で、寿命は10倍長い新型電球は、GNPを引き下げることになります。

GNPは、「スループット」（1年間に生産・購入されたモノのフロー）を測ります。実際の富や喜びをもたらす源である家や車、コンピュータやステレオといった資本のストックを測るのではないのです。「最大ではなく最少のスループットで、社会の資本ストックが維持・活用されている社会こそ、最良の社会だ」と論ずることもできるのではないでしょうか。

繁栄している経済を求めるのはもっともなことですが、GNPの伸びを求める理由は特にはありません。しかし、世界中の政府は、GNP低迷の兆候に反応して、GNPを成長させ続けるための行動を数多くとります。こうした行動の多くは無駄なだけで、だれも特に欲しがっていないモノの非効率な生産を刺激します。なかには、短期的な経済を刺激するために森林を過剰に伐採するなど、経済や社会、環境の長期的な利益を脅かすものもあります。

「ＧＮＰが社会の目標だ」と定めれば、その社会は、ＧＮＰを生み出すために最大の努力をすることになるでしょう。幸福や公正、正義や効率の目標を定義し、定期的に測定し、その状態を報告することをしなければ、幸福、公正、正義、効率は生み出されないでしょう。もし国々が、「国民ひとり当たりのＧＮＰが最も大きいのはどこか」をめぐって競争する代わりに、最少のスループットでひとり当たりの富のストックを最大にできるのはどこか、乳児死亡率がいちばん低いのはどこか、政治的自由の大きさや、最もクリーンな環境、貧富の差が最小であることなどをめぐって競争すれば、世界はまったく違う場所になることでしょう。

間違った目標を追い求めることや、間違った指標を満足させることは、ルールのすり抜けとはほぼ対極にあるシステムの特徴です。ルールのすり抜けとは、表面上はしたがっているような形を取りつつ、システムが不人気のルールやまずい設計のルールから巧みに逃げようとすることです。間違った目標を求める場合は、システムは素直にそのルールに従い、それが定めたとおりの結果を生み出します。そして、その結果は必ずしもだれかが実際に望んだものではないのです。「ルールのせいで」ばかげたことが起こった、というときは、間違った目標の問題です。ルールを迂回するやり方をしたからばかげたことが起きたというなら、ルールのすり抜けの問題です。システムのこの逸脱の両方が、同じルールに関して同時に進むこともあります。

落とし穴——間違った目標の追求

システムの挙動は、フィードバック・ループの目標に特に敏感です。目標（ルールを満足したという指標）の定義が不正確または不完全だと、システムは従順に機能して、実際には意図していない、または望んでいない結果を生み出すかもしれません。

脱出法

システムの実際の福利を反映する指標や目標を明確に示すこと。特に、「結果」と「それを得るための努力」を混同しないように気をつけること。そうでないと、「結果」ではなく、「努力」を生み出すシステムになってしまうでしょう。

ヨット設計の目標

むかし、人々は、何百万ドルを得るためでも国の栄光のためでもなく、ただ楽しみを求めて、ヨットでの競争を始めました。

レースに使う船は、魚を釣るための船、輸送用の船、週末にそのあたりを航海するための船など、通常の目的のためにすでに所有していた船でした。

すぐにわかったのは、船のスピードや操縦性がだいたい互角だとレースはより面白くなるということです。そこで、ルールができてきました。船の長さや航海区域などの項目で船をさまざまに分類し、同じカテゴリーの船だけでレースをする、というルールです。

まもなく船は、通常の航海用ではなく、ルールで定義されたカテゴリーの中でレースに勝つために設計されるようになりました。帆の平方インチ当たりの爆走力を極限まで絞り出したり、標準サイズの舵を極限まで軽量化しようとしたのです。こういった船は、見掛けもヘンだし、操縦もヘンなやり方で、釣りをしたり、日曜日に海に出たりするときに使いたいと思うような船ではまったくありませんでした。レースが本格的になればなるほど、ルールは厳格なものとなり、船の設計はますます奇妙なものになっていきました。

今日のレース用のヨットは、極めて高速で、つねに反応性が高く、そして、航海にはほとんど使えません。操縦するには、運動選手と専門の乗組員が必要です。アメリカスカップのヨットを、そのルールの下でのレース以外に使おうと考える人はいないでしょう。そういった船は、あまりにも現在のルールを中心に最適化されているため、すべてのレジリエンスを失っています。ルールが何か変更されれば、まったく使い物にならなくなるでしょう。

第3部
システムと私たちの根底にある価値観に変化を創り出す

Creating Change - in a Systems and in Our Philosophy

第6章　レバレッジ・ポイント　システムの中で介入すべき場所

> ＩＢＭは……2万５０００人の新たな従業員の削減と研究費の大幅減額を発表した……。来年、開発研究費は10億ドル削減されることになる……。ジョン・Ｋ・アーカース会長は、「ＩＢＭは今でも研究における世界および業界のリーダーだが、〝成長分野へのシフト〟によってさらに良くなるだろう」と述べた。つまり、サービス分野である。必要な資本は少ないが、長期的には利益のリターンも少ないものだ。
>
> ——ローレンス・マルキン[1]（『インターナショナル・ヘラルド・トリビューン』紙、１９９２年）

さて、システムの構造をどのように変えれば、私たちが望むものをより多く、望まないものはより少なく生み出すようになるのでしょうか？　何年にもわたって企業とシステムの問題に取り組んできたマサチューセッツ工科大学（ＭＩＴ）のジェイ・フォレスターは、こんな言い方を好んでします。「平均的なマネージャーは、大変に説得力のある形で現在の問題を定義し、その問題をもたらすシステム構造を見いだし、どこを探せばレバレッジ・ポイント（小さな変化が挙動の大きなシフトをもたらすシステムの場所）が見つかるかを素晴らしく正確に推測できる」

レバレッジ・ポイントという考え方は、システムの分析だけのものではありません。伝説の中にもしっかりと出てきます。たとえば、「特効薬」や「トリムタブ（船舶の舵につけるさらに小さな舵で、巨大なものを小さな力で動かすことができる）」、「魔法の薬」、「秘密の通路」、「魔法の合い言葉」、「たったひとりで歴史の流れを変えるヒーロー」、「大きな障害を難なく通り抜けたり乗り越えたりする方法」など。私たちは、「レバレッジ・ポイントが存在する」ことを信じたいだけでなく、「どこにあるのか、どうすれば手が届くのか」を知りたく思います。レバレッジ・ポイントとは、〝パワーのポイント〟なのです。

しかし、フォレスターは続けて、こう言うのです。「システムに深く関与している人々は、どこを探せばレバレッジ・ポイントが見つかるかを直感的にわかっていることが多い。しかし、たいていの場合、変化を間違った方向へと押してしまう」

これは直感に逆行する考え方ですが、私自身が初めてシステム分析のワールド・モデルに出会ったとき、その典型例を体験しました。ローマクラブ（実業家、政治家、科学者からなる国際的なグループ）から、貧困と飢餓、環境破壊、資源の枯渇、都市の荒廃、失業といった主要なグローバル問題がどのように関連しているか、どのように解決できそうかを示してほしいとの依頼を受け、フォレスターはコンピュータ・モデルを作り、明確なレバレッジ・ポイントにたどり着きました。それは「成長」[2]です。人口だけではなく、経済の成長でもあります。成長にはプラス面だけではなく、コストも伴いますが、私たちは通常、そのコストを計算に入れていません。そのコストには、貧困と飢餓、環境破壊など、私たちが成長をもって解決しようとしている問題のすべてが含まれているのです！　必要なのは、ずっと低速での成長、かなり違った種類の成長、場合によっては、ゼロ成長やマイナス成長なのです。

世界のリーダーたちは、「あらゆる問題に対する答えは、経済成長にある」と的確に主張しています。しかし、全力を振り絞って間違った方向に押しているのです。

もうひとつのフォレスターの古典的な例は、１９６９年に出版された都市部のダイナミクスに関する彼の研究です。この研究では、「補助金を受けた低所得者用住宅がレバレッジ・ポイントである」ことを示しました。[3]低所得者用住宅が少なければ少ないほど、その都市は（その都市に住む低所得者にとってすら）良くなるのです。このモデルが出されたのは、国が大規模な低所得者用住宅プロジェクトを進める政策をとっていた時期で、フォレスターは嘲笑の的になりました。しかし、その後あちこちの都市でこれらの住宅プロジェクトは廃止され、低所得者用住宅の多くが取り壊されています。「直感に反する」――フォレスターは複雑なシステムを描写するとき、そう言います。「レバレッジ・ポイントは、直感では理解できない」ことが多いのです。または、もし直感でわかったとしても、ほとんどの場合、私たちは逆向きに使ってしまい、解決しようとしている問題が何であれ、システム構造的に悪化させてしまうのです。

複雑でダイナミックなシステムの中にあるレバレッジ・ポイントを手っ取り早く見つける、簡単な公式ができているわけではありません。数カ月か何年かもらえれば、探し出せるでしょう。そして、苦い経験からわかったことですが、システムのレバレッジ・ポイントはあまりにも直感に反するものであるため、それを見つけた晩にはだれもほとんど信じてくれないでしょう。とてもいらだたしい思いがします。特に、複雑なシステムを理解しようとするだけではなく、世界をより良く機能する場所にしたいと願っている私たちにとっては……。

まさにそのようないら立ちを感じていたとき、グローバル貿易体制の意味合いに関する会合で、「システムへの介入点のリスト」を提案したのでした。私は、進化の余地があることを望みながら、謙虚な気持ちでこのリストを皆さんにお示しします。あの日、私の中に浮かんできたのは、多くの頭の切れる人たちが何十年間もかけて、たくさんの多種多様なシステムを綿密に分析してきた中から蒸留されたものです。しかし、複雑なシステムは、そう、複雑なのです。一般化は危険です。次に示すものは、まだ仕掛かり品です。これは、レバレッジ・ポイントを見つけるための処方箋ではありません。むしろ、システムの変化についてより広く考えるための招待状なのです。

システムが複雑になるにつれ、その挙動は予期せぬものになる可能性があります。自分の当座預金口座を考えてみてください。小切手を切り、預金します。（十分な残高があれば）ちょっとした利子が入り続けるでしょう。そして、口座の残高がゼロだったとしても、銀行手数料が引かれ、負債が積み上がっていきます。では、あなたの口座を千ものほかの人の口座と合わせ、増えたり減ったりする皆さんの預金合計額に応じて、銀行は貸付金を作り、千ものそういった銀行を連邦準備制度につなげる……。単純なストックとフローをつなげていくと、簡単には理解できないほどあまりに複雑でダイナミックに入り組んだシステムがつくり出されるということが見え始めるでしょう。

だからこそ、レバレッジ・ポイントは直感に反することが多いのです。さあ、システムの理論はこれぐらいにして、リストに入りましょう。

12 数字

補助金、税金、基準などの定数やパラメーター

第1章に出てきた、基本的なストック‐フローを持つバスタブを考えてみましょう。フローの大きさは、数字で表され、それらの数字がどれほどすぐに変えられるか、ということになります。蛇口が強くひねってあれば、水が流れ出すまで、または水を止めるまでに、少し時間がかかるかもしれません。配水管が詰まっていて、どれほど栓を開いても、少しずつしか流れないかもしれません。蛇口から、消防ホース並みの勢いで水が出るかもしれません。こういったパラメーターには、物理的に固定されていて変えようがないものもありますが、多くは変えることができるため、人気のある介入ポイントです。

国の借金を考えてみましょう。奇妙なストックのように思えるかもしれません。「マネーホール（お金を吸い込む穴）」です。その穴が深くなっていくペースが「年間赤字」です。その穴は、税金による歳入で小さくなり、政府の歳出で大きくなります。議会や大統領は時間のほとんどを使って、その穴の大きさや深さを増やす（支出）パラメーターや、減らす（課税）パラメーターなど、非常に多くのパラメーターについて議論をしています。これらのフローは私たち、つまり有権者につながっているため、これらのパラメーターは政治的な色合いを有しています。しかし、あらゆる打ち上げ花火にもかかわらず、また、どちらの党が政権についているかに関係なく、このマネーホールは何年間も深くなり続けています。そのペースが異なるだけなのです。

私たちが吸っている空気の汚染を調節するために、政府は「大気の質の基準」というパラメー

ターを設定しています。森林にある程度の木が立っているように（または、木材会社へある程度のお金が流れるように）、年間に許される伐採量を定めています。企業は、自分たちの利益というバスタブの水位（純利益）をにらみながら、賃金や製品価格といったパラメーターを調節します。

毎年保全のためにとっておく土地の面積。最低賃金。HIV／AIDSの研究やステルス爆撃機にどのくらいのお金を投入するか。銀行があなたの口座から引き出すサービス料。これらはすべてパラメーターであり、蛇口に対する調整です。ところで、政治家も含め、人を解雇したり、雇ったりするのも、同じです。蛇口を握る手を換えることで、蛇口を回すペースが変わるかもしれませんが、蛇口自体が同じ古いもので、同じ古い配管システムにつながっていて、同じ古い情報や目標、ルールにしたがって回すとしたら、システムの挙動はそれほど変わらないでしょう。ビル・クリントンを選出するのは、ジョージ・ブッシュ（父）を選ぶのとは明確に違いますが、どの大統領も同じ政治システムにつながっていることを考えれば、それほど大きく違うわけではないのです（そのシステムの中でのお金の流れを変えることは、より大きな変化を創り出すかもしれません。でもそれは、このリストのあとのほうに出てきます）。

私の「強力な介入のリスト」の中で、数字、つまり、フローの大きさは、最下位に位置しています。それは、細かいところをいじること、タイタニック号の甲板の椅子を並べ直すことなのです。おそらく、私たちの注意の90％、いえ、95％、いえ99％はパラメーターに向けられますが、そこにはレバレッジはそれほどありません。

パラメーターが重要ではない、ということではありません。重要な場合もあります。特に、短期的には、またそのフローに直接関わっている人にとっては、重要かもしれません。人々は税金や最低賃金などを非常に気にしているので、それらをめぐって熾烈な戦いをします。しかし、これらの変数を変えても、国の経済システムの挙動を変えることはめったにありません。システムが慢性的に停滞しているのであれば、パラメーターを変更することでそのシステムが活性化することはほとんどありません。激しく変動するシステムが、パラメーターの変更で安定することもありません。システムが手に負えなくなりつつあるとしたら、パラメーターの変更で減速することはありません。

選挙運動の寄付金に対してどんな上限を設けようと、それによって政治がクリーンなものになることはありません。FRB（連邦準備制度理事会）が金利をいじくり回しても、景気循環はなくなっていません（私たちはいつもこのことを好景気の間は忘れており、不景気にショックを受けます）。何十年間も世界で最も厳しい大気質の基準を設けてきたロサンジェルスでは、空気の汚染は減ったものの、きれいな空気になったわけではありません。警察への支出を増やしても、犯罪をなくすことにはなりません。

これからパラメーターがレバレッジ・ポイントである例をいくつか説明しようと思いますので、ここで重要な警告を述べておきましょう。パラメーターは、このリストの上位にある項目のひとつを起動する領域に入ったとき、レバレッジ・ポイントになります。たとえば、金利や出生率は、自己強化型フィードバック・ループをぐるりと回ったときにどのくらい増加するかをコントロールします。「システムの目標」は、大きな違いを生み出しうるパラメーターです。

みんな「こういった種類の決定的な数字はどこにでもある」と考えるようですが、まったくそうではありません。ほとんどのシステムは、決定的なパラメーターの領域から遠く離れたところにとどまるように発展してきたか、そのように設計されています。たいていの場合、数字をいじることにはそのための労力に見合う価値はありません。

この点を伝えるために、友人がネット経由で送ってくれたストーリーを紹介しましょう。

私は家主になったとき、「公正な」家賃はどのようなものかを見つけ出そうと、多くの時間とエネルギーを費やしました。

あらゆる変数を考慮しようとしました。賃借人の相対的な収入、私自身の収入と必要なキャッシュフロー、どの費用が維持費で、どれが資本経費なのか、物件の純粋価値と不動産のローン支払いの利子部分との比較、この住居にどのくらい自分の労力をかける価値があるのか、などなど。

結論はまったく出ませんでした。とうとう最後に、お金のアドバイスを提供する専門家のところへ行ったら、こう言われました。「あなたは、あたかも『公正な家賃』という細い線があるかのように行動していますね。その線をちょっとでも越えたら、賃借人がめちゃくちゃになり、その線を少しでも下回れば、あなたがめちゃくちゃになるかのようにね。実際には、あなたにとっても賃借人にとっても、よい取り決め、少なくとも公正な取り決めになる、大きなグレーゾーンがあるのですよ。悩むのはやめて、ご自分の人生を生きてください[4]」

11 バッファー

フローと比較したときの安定化させるストックの大きさ

ゆっくりしたインフローとアウトフローを持つ巨大なバスタブを考えてみてください。次に、とても速いフローを持つ小さなバスタブを考えてみましょう。これは、湖と川との違いです。「破滅的な河川の氾濫」の話は、「破滅的な湖の氾濫」よりもずっと頻繁に聞きますよね。なぜなら、フローに比べて大きなストックは、フローに比べて小さなストックよりも安定しているからです。化学などの分野では、安定化させる大きなストックは「バッファー」として知られています。

安定化させるバッファーの力があるからこそ、あなたは、ポケットの中の小銭の出入りで暮らすのではなく、銀行にお金を預けているのです。だからこそ、お店は、顧客が古いストックを買って持ち出すたびに新しいストックを注文するのではなく、在庫を持っているのです。だからこそ、絶滅危惧種の最小限の繁殖個体数以上を維持する必要があるのです。米国東部の土壌は、西部の土壌に比べて酸性雨の影響を受けやすいのですが、それは、酸を中和するカルシウムのバッファーが小さいからです。

バッファーの容量を大きくすることで、システムを安定化できることがよくあります。[5] しかし、バッファーが大きすぎると、システムは融通が利かなくなります。反応があまりにも遅くなるのです。そして、貯水池や在庫のような、ある種の大きなバッファーは、構築したり維持するのに大きなコストがかかります。企業がジャスト・イン・タイム式の在庫を考案したのは、たまに起こる変動や失敗に脆弱であっても、それはある一定の在庫コストよりも（少なくとも彼らにとっては）安いからです。そして、ゼロに近いわずかな在庫であれば、需要の変化により柔軟に対応できるからです。

バッファーの大きさを変えることは、時に、魔法のようなレバレッジになります。しかし、バッファーは通常、物理的なものであり、簡単には変えられません。東部の土壌の酸吸収能力は、酸性雨の被害を緩和するためのレバレッジ・ポイントではありません。あるダムの貯水容量は、コンクリートに刻み込まれているがごとく、決まっています。ですから、私は、バッファーをレバレッジ・ポイントのリストのあまり上位には置いていないのです。

10　ストックとフローの構造

物理的なシステムとその結節点

配管の構造、つまり、ストックとフローならびにそれらの物理的な配置は、システムがどのように機能するかに多大な影響を与える可能性があります。かつてハンガリーでは、国の片側から反対側へ行くすべての交通がブダペスト中心部を通らなくてはならない道路システムになっていました。当時の大気汚染や通勤の遅延の多くは、その道路システムによって決定づけられており、汚染制御装置や信号、速度制限などでは簡単に解消できないものでした。

まずいやり方で配置されているシステムを正す唯一の方法は、可能であれば、そのシステムを構築し直すことです。ロッキーマウンテン研究所のエモリー・ロビンスと彼のチームは、曲がったパイプをまっすぐにし、小さすぎるパイプを大きくするだけで、驚くほどの省エネを成し遂げてきました。米国中の建物に同様のエネルギー改修をおこなったなら、多くの発電所を閉鎖することができるでしょう。

しかし、往々にして、物理的な再構築は、システムの中で行う変更の中でも最も時間も費用もかかるものです。ストックとフローの構造の中には、単に変えられないものもあります。米国の人口におけるベビーブーム時代の増加は、まず、小学校のシステムを圧迫し、それから高校、大学、そして雇用と住宅事情を圧迫し、現在私たちは彼らの退職後の生活を支えています。これに関して、私たちにできることはそれほどありません。（1年経てば）5歳児が6歳児になり、64歳の人が65歳になるのは、言うまでもないことであり、止めることはできないからです。オゾン層における破壊的なCFC分子の寿命についても、同じことが言えます。帯水層から汚染物質が洗い流される速度についても、燃費の悪い自動車が道路を走らなくなるのに10～20年かかるという事実についても同様です。

物理的な構造は、システムにおいてはつねに重要ですが、レバレッジ・ポイントであることはほとんどありません。あっという間に簡単に変えることはめったにできないからです。レバレッジ・ポイントは、最初の段階で適切な設計をすることにあります。構造が構築されたあとは、その限界とボトルネックを理解し、最大の効率でその構造を利用し、その能力に負担をかける変動や拡張をしないようにすることがレバレッジとなります。

9　時間的遅れ

システムの変化の速度に対する時間の長さ

フィードバック・ループにおける時間的遅れは、システムの挙動を決定的に決するものであり、振動の原因となることがよくあります。自分の目標を達成するために、ストック（自分の店舗の在庫）を調整しようとしているのに、ストックの状態に関する情報が遅れてしか入ってこないとしたら、自分の目標を上回ったり下回ったりするでしょう。情報はタイムリーであっても、あなたの反応がタイムリーではなかったら、同じことが起こります。たとえば、発電所を建設するには数年かかり、その発電所はおそらく30年は使われるでしょう。こういった時間的遅れのために、急激に変動する電力需要を供給するための発電所をきっかり適切な数だけ建設することは不可能です。予測に膨大な努力をしているにもかかわらず、世界のほぼすべての電力業界は、過剰容量になったり過少容量になったりという振動を経験しています。長時間の時間的遅れを持つシステムは、短期的な変化に反応することが単にできないのです。だからこそ、ソ連やゼネラルモーターズといった巨大な中央指令型のシステムはどうやってもうまく機能しません。

時間的遅れが重要であることがわかっているので、私たちは気をつけるべきときにはつねに、時間的遅れを見るようにしています。たとえば、「汚染物質が土に捨てられる時」と「その汚染物質が地下水にしみ出す時」や、「子供が生まれた時」と「その子供が子供を産めるようになる時」、「新しい技術が最初に検証に合格した時」と「その技術が経済の津々浦々に導入される時」、「価格需給の不均衡にあわせて価格が調整されるのにかかる時間」などです。

フィードバック・プロセスにおける時間的遅れは、そのフィードバック・ループが制御しようとしているストックの変化の速度との比較において、つねに重要です。あまりに短い時間的遅れは、過剰反応をもたらし、「自分のしっぽを追いかける」状態、つまり、飛びついて反応することで増幅する振動が生まれます。長すぎる時間的遅れは、どのくらい長すぎるかによって、弱い振動や持続する振動、または爆発的な振動を生み出します。そこを超えると不可逆的なダメージが生じうる閾値、危険点や幅があるシステムで長すぎる時間的遅れが生じると、行き過ぎて崩壊します。

「時間的遅れは簡単には変えられないことが多い」という事実がなければ、私は、「時間的遅れの長さ」をレバレッジ・ポイントのリストの上位に置くでしょう。物事にはそれなりの時間がかかるものです。資本の重要な部分を建設する時間や、子供が成熟するまでの時間、森林の生長速度について、できることはあまりありません。通常、変化の速度を減速して、不可逆的なフィードバックの時間的遅れが大きな問題を起こさないようにする方がやりやすいのです。ですから、レバレッジ・ポイントのリストでは、「時間的遅れの時間」より「成長のペース」が上位にあります。

そしてだからこそ、フォレスターのワールド・モデルにおいて、より迅速な技術開発やより自由な市場価格よりも、「経済成長を鈍化させること」のほうがより大きなレバレッジ・ポイントなのです。これらは、調整のスピードを上げようという試みです。しかし、世界の物理的な資本ストック、工場やボイラー、機能している技術を具体的な形にしたものは、新たな価格や新しいアイディアがあったとしても、それなりの速度でしか変化することはできません。そして、価格もアイディアも、グローバルな文化全体を通じて、瞬時に変わることもありません。「時間的な遅れが消えるよう祈ること」より、「システムのスピードを落とすことで技術や価格がシステムについていけるようにすること」に、よりレバレッジがあるのです。

それでも、システムに変えることができる時間的遅れがある場合には、その時間的遅れを変えることは大きな効果を持つ可能性があります。ただし、気をつけてください！　間違えずに、正しい方向に変えてくださいね！（たとえば、金融市場での情報と送金の時間的遅れを減らそうと強い力をかけることは、単に乱高下を招くだけです）

8　バランス型フィードバック・ループ

そのフィードバックが正そうとしている影響に比べてのフィードバックの強さ

ここから、システムの物理的な部分から、情報と制御の部分へと入っていきます。より多くのレバレッジを見つけることができるところです。

バランス型フィードバック・ループは、システムの至るところにあります。重要なストックを安全な範囲内に保つための制御として、バランス型フィードバック・ループを、自然は進化させ、人間は創り出してきました。サーモスタットのループが典型的な例です。その目的は、「室温」と呼ばれるシステム内のストックを、望ましいレベルの近くでほぼ一定に保つことです。あらゆるバランス型フィードバック・ループには、目標（サーモスタットの設定）と、その目標からのずれを検出するために監視し、合図を出す装置（サーモスタット）、反応するメカニズム（冷暖房装置、扇風機、ポンプ、パイプ、燃料など）が必要です。

入り組んだシステムには通常、作動できるバランス型フィードバック・ループが数多くあり、さまざまな状況や影響の下で自己修正できるようになっています。それらのループの中には、ほとんどの時間は休止しているものもあるかもしれません。原子力発電所の緊急冷却システムや、体温を維持するための発汗・身震いなどです。しかし、システムの長期的な安寧のためには、その存在は不可欠です。

私たちが犯す大きな過ちのひとつは、こういった「非常時」対応メカニズムを、「ほとんど使われていないし、コストがかかっているようだから」と削り落としてしまうことです。そうしても、短期的にはその影響は何も見えませんが、長期的にはシステムが生き残れる条件の幅を大きく狭めることになります。絶滅危惧種の生育地に侵入することは、私たちがこのことをこの上なく痛ましいやり方で行う一例です。もうひとつの例は、自分自身の休息やレクリエーション、人とのつきあい、瞑想のための時間を奪ってしまうことです。

バランス型ループの強さ、つまり、「指定されたストックを、その目標またはその近くに保つ力」は、すべてのパラメーターとつながりの組み合わせによって決まってきます。モニタリングは正確か、迅速か、対応はすばやいか、力強いか、修正フローは直接的か、その大きさは、といったことです。時に、ここにレバレッジ・ポイントがあります。

「市場」を例にとってみましょう。多くの経済学者が崇拝せんばかりに大事だと考えているバランス型フィードバックのシステムです。価格が変動して、需給を調整し、均衡状態に保つとき、市場は実際、驚くべき自己修正を行うことがあります。価格は、生産者と消費者の両者にシグナルを送る、中核的な情報です。価格が明確で、曖昧でなく、タイミングがよく、真実を語っていればいるほど、市場の営みはよりスムーズになります。「すべての」コストを反映する価格は、消費者に「実際に自分はどれほど買うことができるのか」を伝え、効率の良い生産者に報いるでしょう。企業も政府も、必然的に「価格」というレバレッジ・ポイントに惹かれていますが、助成金や税金をはじめとする混乱したやり方によって、そのレバレッジ・ポイントを決然として間違った方向に押してしまうことがよくあります。

このように改変してしまうと、情報を都合良くゆがめてしまうことになり、市場のシグナルのフィードバックの力が弱くなります。ここでの「本当の」レバレッジは、そうさせないことなのです。したがって、独占禁止法、景品表示法、コストを内部化する取り組み（汚染に対する支払いなど）、ゆがんだ補助金の廃止などの、市場の条件を公平にするやり方が必要なのです。

今日、フルコスト会計（訳注：市場の外部で発生する社会的コストなども含めた会計）のように市場シグナルを強化・明確にする取り組みは、あまりうまく進んでいません。それは、もうひとつのバランス型フィードバック・ループ、つまり民主主義のフィードバック・ループが弱体化しているためです。この偉大なシステムは、国民と政府の間に自己修正型フィードバックを設けるために発明されました。国民は、自分たちが選出した議員が何をしているかを知って、それら議員を議員の座につけるか、外すか、投票することで対応します。このプロセスは、有権者とリーダーたちの間で、偏りのないあらゆる情報が自由に行き交うかどうかにかかっています。この透明な情報の流れを制限し、偏らせ、牛耳るために、数十億ドルものお金が費やされています。市場価格のシグナルをゆがめたいと思っている人に、政府のリーダーに影響を与える力を与え、情報を配布する人たちが私利を求めるパートナーであることを許せば、必要なバランス型フィードバックはひとつとしてよく機能しません。市場も民主主義もむしばまれてしまいます。

バランス型フィードバック・ループの強さは、それによって修正されることになる影響に応じて、重要です。もしその影響の強度が増すのなら、フィードバックも強める必要があります。サーモスタットのシステムは、寒い冬の日にも問題なく機能するかもしれませんが、窓を全部開けてしまえば、サーモスタットのシステムの〝温度を是正する力〟は、求められている温度変化には見合わなくなります。中央集権型のマスメディアが行うコミュニケーションの持つ洗脳する力がなければ、民主主義はよりよく機能します。ソナー魚群探知機や流し網といった技術によって、ひとにぎりの漁業者が魚を獲り尽くせるようになると、漁業に対する従来型のコントロールではもはや不十分です。大きな産業の力に対しては、それを牽制しておくための大きな政府の力が必要になります。グローバル経済は、グローバルな規制の必要性を生み出すのです。

システムの自己修正力を向上するために、バランス型フィードバックのコントロールを強化する例をいくつか挙げましょう。

- 身体が疾病と闘う力を高めるための予防薬、運動、良い栄養

- 農作物の害虫に対する天敵を促すための統合型病害虫管理
- 政府の秘密主義を減らすための情報公開法
- 環境へのダメージを報告するための監視システム
- 内部告発者の保護
- 私的な利益のうち、外部化された公的コストを取り戻すための影響に対する料金、汚染税、履行保証

7　自己強化型フィードバック・ループ　ループを動かす増幅の強さ

バランス型フィードバック・ループは自己修正型でしたが、自己強化型フィードバックは自らを強化します。自己強化型ループが回れば回るほど、さらに回る力を得て、システムの挙動をひとつの方向に駆動していきます。インフルエンザにかかる人が増えれば増えるほど、その人たちはより多くの人たちにインフルエンザをうつします。生まれる赤ちゃんが増えるほど、成長して赤ちゃんを産む人が増えます。銀行に預けてあるお金が多いほど、稼ぐ利息は多くなり、銀行口座の預金は増えます。浸食される土壌が増えるほど、支えられる植生は減り、雨や流出を緩和する葉や根が少なくなり、さらに多くの土壌が浸食されます。臨界質量中の高エネルギー中性子が多いほど、衝突する原子核が多くなり、より多くの高エネルギー中性子を発生させ、核爆発かメルトダウンを引き起こします。

自己強化型フィードバック・ループは、システムにおける成長、爆発、浸食、崩壊を引き起こ

す原因となります。抑制されない自己強化型ループをもつシステムは、いずれ自らを破壊することになるでしょう。だからこそ、そういうシステムはほとんど存在していないのです。通常は、早かれ遅かれ、バランス型ループが動き始めます。病気が流行すると、感染しやすい人はみんな感染して、新たに感染する人はいなくなるでしょう。または、人々は感染を避けるための手段をしだいに強めるようになるでしょう。死亡率が、出生率と同じになるまで上昇するでしょう。または、人々は、抑制のない人口増加の結果を見て、産む子供の数を少なくするでしょう。土壌は岩盤に達するまで浸食され、１００万年後には、岩盤は細かく砕かれて新しい土壌になるでしょう。または、人々は過放牧を止め、砂防ダムを築き、植林し、浸食を止めるでしょう。

これらの例のすべてにおいて、自己強化型ループがその進路をたどっていくときに、前段の結果が生じます。そして、その自己増殖力を減らすための介入がなされたときに、後段の結果が生じます。自己強化型ループの増幅を減らす、つまり、成長を鈍化させることは通常、バランス型ループを強めることよりも、システムにおける強力なレバレッジ・ポイントとなり、自己強化型ループを野放しにしておくよりもずっと望ましいことです。

ワールド・モデルにおける人口と経済の成長率はレバレッジ・ポイントです。人口と経済の成長を鈍化させることによって、多くのバランス型ループが、技術や市場、その他の適応の形態（これらのすべてには限界と時間的遅れがあります）を通して、機能する時間が稼げるからです。「自動車のスピードが速すぎるときには、より反応性のよいブレーキや操縦に関わる技術的な進歩を求めるのではなく、速度を落とそう」というのと同じです。

社会には多くの自己強化型フィードバック・ループがあり、競争の勝者に次回にはさらに大勝ちするための手段を報奨として与えています。「成功者はさらに成功する」という落とし穴です。金持ちが利息を集め、貧しい人たちがそれを払います。金持ちは会計士を雇い、政治家に頼って、自分たちへの課税を減らします。貧しい人たちにはそれはできません。金持ちは、自分の子供に相続やよい教育を与えます。貧困対策のプログラムは、こういった強力な自己強化型ループに対抗しようとする弱いバランス型ループです。自己強化型ループを弱めるほうがずっと効果的でしょう。これこそ、「累進所得税」、「相続税」、「だれもが受けられる質の高い公共教育」の行おうとしていることなのです。もし金持ちが、政府に影響を及ぼして、こういった方策を強めるのではなく弱めることができてしまうと、政府自体が、バランスをとる構造から「成功者はさらに成功する」ことを強化する構造にシフトしてしまいます。

出生率、利率、浸食速度、「成功者はさらに成功する」ループ、「何かをより多く持っていれば、さらに多くを持つ可能性が増える」あたりにレバレッジ・ポイントを探してみましょう。

6　情報の流れ

「だれが情報にアクセスでき、だれができないか」の構造

第4章で、オランダの住宅開発における電力メーターの話をしました。メーターが地下室に設置された家もあれば、玄関ホールに設置された家もありました。家屋にはほかに違う点はありませんでしたが、玄関のよく目につく場所にメーターがあった家のほうが、電力消費量は30％少な

かったという話です。

これは私のお気に入りの話です。システムの情報構造に有効性の高いレバレッジ・ポイントが存在していることを示す例だからです。パラメーターを調整したり、既存のフィードバック・ループを強めたり弱めたりすることではありません。以前には届いていなかった場所へフィードバックを伝える、新しいループなのです。

システムがうまく機能しない理由の中でも最もよく見られるもののひとつが、情報の流れの欠如です。情報を追加したり取り戻したりすることは、強力な介入となりえます。通常は、物理的なインフラを再構築するよりも、ずっと簡単でコストもかかりません。世界の商業漁場を崩壊させている「共有地の悲劇」が生じるのは、魚の個体数の状況についてのフィードバックが、漁船への投資の意思決定にほとんど届いていないからです。経済学の考え方とは逆に、魚の「価格」はそのフィードバックを提供していません。魚が希少になるにつれて、値段は上がり、残された数少ない魚を捕まえに乗り出していけばさらに儲かることになります。これは邪悪なフィードバックであり、崩壊をもたらす自己強化型ループです。必要なのは、価格の情報ではなく、個体数に関する情報なのです。

重要なのは、正しい場所に説得力のある形で欠けているフィードバックを復活させることです。別の共有地の悲劇の例を考えてみましょう。帯水層の使用者全員に、「地下水位が低下している」ことを伝えるだけでは十分ではありません。われ先にと、水底へ向かっての競争が始まるかもしれません。より効果的なのは、くみ上げるペースが水の再補充ペースを超え始めたら、水のコストが急に上がるよう価格を設定することです。

説得力のあるフィードバックのほかの例を探すことは難しくはありません。納税者が税金納付書に、自分の払う税金はどの政府サービスに使われるべきかを指定するとしたら？（急進的な民主主義です！）川から取水する町や企業は、自分たちの排水を川に流すパイプのすぐ下流に、取水パイプを設置しなくてはならないとしたら？　原子力発電所に投資をすると決める政府の役人や企業の役員は、その発電所からの廃棄物を自分の家の芝生に保管しなくてはならないとしたら？（これは古くから言われているものですが）宣戦布告をする政治家は、その戦争の前線にいなくてはならないとしたら？

人類には、自分の意思決定に対する説明責任を避けるというシステム的な傾向があります。だからこそ、これほど多くのフィードバック・ループが欠けているのです。そして、この種のレバレッジ・ポイントは大衆に人気があることが多く、権力を持つ人々には不人気なのです。そして、それを実現させるほどの力を得られれば、（または、権力のある人々を迂回するなど、いずれにしても実現させることができれば）効果を発揮します。

5　ルール　インセンティブ、罰、制約

システムのルールは、システムの領域や境界、自由度を定めます。「汝殺すなかれ」。「だれもが発言の自由の権利を有している」。「契約は尊重されるべきものだ」。「大統領の任期は4年間で、

2期を超えては務められない」。「野球チームは9人制で、それぞれのベースにタッチしなくてはならず、三振すればアウト」。「銀行強盗で捕まれば、刑務所へ行くことになる」という具合です。ミハイル・ゴルバチョフがソビエト連邦の政権を握り、情報の流れを公開し（グラスノスチ）、経済のルールを変えると（ペレストロイカ）、ソ連には非常に大きな変化が起こりました。

憲法は、社会のルールの中でも最も強力な例です。熱力学の第二法則のような物理法則は、私たちが理解しようがしまいが、あるいは、好むと好まざるとにかかわらず、絶対的なルールです。法律、罰、インセンティブ、非公式の社会的合意は、この順でルールとしての力は弱くなります。

ルールの力を示すために、私は学生たちに、「いまとは違う大学のルールを考えてみてください」と言いました。学生が教師の評価をする、または、お互いに評価し合うとしたら？　学位はなく、何かを学びたいときに大学にやってきて、学び終えたら去って行くとしたら？　教授たちは、学術論文を発表する能力ではなく、実世界の問題を解決する能力に応じて、終身地位保証を得られるとしたら？　一人ひとりではなく、クラス全体としての成績がつくとしたら？

再構成されたルールと、そのルールの下では自分たちの行動はどうなりそうかを想像してみれば、ルールの力がわかります。ルールは、有効性の高いレバレッジ・ポイントです。ルールを支配する力が、本当の力なのです。だからこそ、議会が法律を作るときにはロビイストたちが集まります。だからこそ、憲法という、ルールを作るためのルールを解釈・説明する最高裁判所は、議会よりもさらに力を持っているのです。システムの最も深いところでの機能不全を理解しようとするなら、ルールに注目し、ルールに対して力を持っているのはだれかに気をつけてみましょう。

だからこそ、新しい世界貿易システムの説明を聞いたとき、私のシステム的な直観は警報を鳴らしたのでした。それは、企業の利益のために、企業が設計し、企業が運営するルールを持つシステムです。そのルールは、社会の他のセクターからのほぼすべてのフィードバックを排除します。その会合のほとんどは、報道機関にさえ公開されていません（情報の流れもなく、フィードバックもないのです）。互いに競い合う「底へ向かっての競争」の自己強化型ループへと国々を押しやり、企業の投資を呼び込むため、環境的・社会的な保護手段の弱体化につながります。それは、抑制のない「成功者はさらに成功する」ループを解き放ち、最後には、途方もない権力の蓄積と巨大な中央集権型計画システムを生み出し、自らを滅ぼすことになるでしょう。

4　自己組織化

システム構造を追加、変化、進化させる力

生命体や一部の社会システムが行いうる最も驚くべきことは、まったく新しい構造や行動を作り出すことによって、自らを完全に変えてしまうことです。生物学のシステムでは、この力は「進化」と呼ばれます。人間の経済では、「技術の進歩」や「社会革命」と呼ばれます。システムの専門用語では、「自己組織化」と呼ばれます。

自己組織化とは、このリストの下位にあるシステムのどんな側面をも変えるということです。たとえば、脳や翼、コンピュータなど、まったく新しい物理的な構造を付け加えること、新しい

バランス型ループや自己強化型ループ、または新しいルールを追加することです。自己組織化の能力は、システムのレジリエンスの最も強力な形態です。進化できるシステムは、自らを変えることによって、ほぼどんな変化にも生き残ることができます。人間の免疫システムは、これまで出会ったことのないある種の損傷に対して、新しい反応を構築する力を持っています。人間の脳は、新しい情報を採り入れ、まったく新たな考えを作り出すことができます。

自己組織化の力は、あまりにも驚異的に見えるため、私たちはそれを、神秘的で奇跡的な神の恵みであるかのように考えがちです。経済学者は技術を、「魔法」としてモデル化することがよくあります。つまり、どこからともなく現れ、コストはかからず、毎年ある一定の割合で経済の生産性を引き上げていく、とするのです。何世紀もの間、人々は、目を見張るような自然の多様性を、同じ畏敬の念を持って見てきました。そのような創造をもたらしうるのは、神聖な創造主だけだろう、と。

自己組織的なシステムをさらに調べてみると、神聖なる創造主は（そういう人がいたとして）、進化的な奇跡を生み出す必要はないことがわかります。ただ、驚くほど賢明な「自己組織化のルール」を書きさえすればよいのです。こういったルールは基本的に、システムが、どのような状況下で、どのように、どこで、何を、自らに加えたり、自らから取り去ったりすることができるか、を決めるものです。

数百もの自己組織的なコンピュータ・モデルが示してきたように、極めてシンプルな一連のルールから、複雑ですばらしいパターンが生まれる可能性があります。あらゆる生物の進化の土台であるDNAの中の遺伝子コードには、たった4つの文字しかなく、それらが組み合わさってそれぞれ3文字の言葉を作り出しています。このパターンと、それを複製し再配置するためのルールは、およそ30億年の間変わっておらず、その間に、失敗したのも成功したのも含め、想像を絶するほど多様な自己進化型生物を生み出してきました。

自己組織化には、基本的に、進化における原材料（高度に多様な情報のストックで、そこから可能性のあるパターンを選ぶ）と、新しいパターンを実験し、選択し、試すための手段が関与します。生物学的な進化なら、原材料はDNAであり、多様性のひとつの源泉は自然の突然変異であり、試すためのメカニズムは環境の変化です。変化する環境下で、生き延びて繁殖することができない個体もあります。技術でいえば、原材料にあたるのは、科学が積み上げ、図書館や実践家の頭脳の中に蓄えてきた、理解の集合体です。多様性の源泉は、人間の創造性（それが何であれ）であり、選択のメカニズムは、市場が何に報いるか、政府や財団が何に資金を出すか、何が人間のニーズを満たすか、です。

システムの自己組織化の力を理解すれば、なぜ生物学者は、経済学者が技術を崇拝する以上に、生物多様性を賛美するかがわかってくるでしょう。DNAの極めて多様なストックは、数十億年をかけて進化し、蓄積されてきたもので、これが進化の潜在可能性の源泉なのです。ちょうど、科学者がトレーニングを受ける科学図書館や研究室、大学が技術的な潜在可能性の源泉であるのと同じです。生物種を絶滅させてしまうのは、システムに対する犯罪です。ある科学誌の全巻やある種の科学者をランダムに抹殺してしまうのと同じです。

言うまでもなく、同じことが人間の文化についても言えます。それは、数十億年ではなく、数十万年をかけて蓄積されてきた行動のレパートリーの蓄えなのです。そこから社会的な進化が起こりうるストックです。残念なことに、人々は、世界のリスのあらゆる遺伝的多様性の貴重さを理解していない以上に、進化にとっての文化の貴重な潜在可能性を理解していません。ほぼすべての文化には、ひとつの側面として「自分たちの文化は絶対的に優れている」という信念がありますが、そのせいではないかと私は考えています。

ただひとつの文化にこだわることは、学習を閉ざし、レジリエンスを弱めます。いかなるシステムも（生物学的なものでも、経済的なものでも、社会的なものでも）あまりに固く閉ざされていると、自己進化ができません。体系的に実験をさげすみ、イノベーションの原材料を消し去ってしまうシステムは、この非常に変化しやすい惑星の上では、長期的には消える運命にあります。

ここでの介入点は、明確ではあるものの不人気なものです。変動性と実験、多様性を奨励するということは、「コントロールを失う」ということだからです。１０００本の花が咲き乱れ、何でもあり、というような状況を求める人はあまりいません。「安全策をとって、このレバーを間違った方向に押し、生物学的、文化的、社会的、市場の多様性を壊滅させよう！」となってしまうことが多いのです。

3　目標《ゴール》　システムの目的または機能

ちょうどここで出てきたように、コントロールを強く求めることが多様性を破壊する結果となることから、システムの「目標」はなぜ、システムの自己組織化能力よりも優れたレバレッジ・ポイントであるかがわかります。もし、その目標が、世界をしだいにある特定の中央型計画システム（チンギス・ハンの帝国、キリスト教、中華人民共和国、ウォルマート、ディズニーなど）のコントロール下に置くことであれば、リストの下位にあるものはすべて、つまり、物理的なストックとフローも、フィードバック・ループも、情報の流れも、自己組織化の行動さえも、その目標に一致するよう、ゆがめられてしまうでしょう。

だからこそ、遺伝子組み換えは「良いこと」なのか「悪いこと」なのか、という議論に私は入っていけないのです。あらゆる技術と同様、それは、だれが、どのような目標を持ってやっているのかによるからです。ただひとつ言えるのは、もし企業が、「市場で販売できる商品を作る」という目的でやっているのだとしたら、それは、地球がこれまで経験してきたものとは、大きく異なる目標であり、大きく異なる選択のメカニズムであり、大きく異なる進化の方向性だということです。

私がお見せしたループひとつの小さな例が示したように、システム内のほとんどのバランス型フィードバック・ループには、それ自身の目標があります。たとえば、お風呂の水量を適正なレベルに保つことであり、室温を快適に保つことであり、ストックされている在庫を十分なレベルに保つことであり、ダムの中に十分な水を保つことです。そういった目標は、システムの部分にとっては重要なレバレッジ・ポイントであり、多くの人はそのことに気がついています。部屋をもっと暖かくしたいのなら、サーモスタットの設定が介入すべき場所であることは知っているでしょう。しかし、より大きな、より見えにくい、より高いレバレッジを持つ目標があります。システム全体の目標です。

システムの中にいる人ですら、自分たちはどのようなシステム全体の目標のためにがんばっているかを認識していない場合がよくあります。大半の企業が「利益を上げること」と言うでしょうけど、それは単にルールであって、ゲームを続けるための必要条件に過ぎません。そのゲームにはどのような意味があるのでしょうか？　成長すること、マーケットシェアを増やすこと、世界（顧客、サプライヤー、規制当局）をしだいに企業のコントロール化に置くことで、その運営が不確実性からより守られるようになること。ジョン・ケニス・ガルブレイスはずっと昔に、企業の目標は「すべてを飲み込むこと」だと理解していました。[6] これは、がんの目標でもあります。

実際のところ、これはあらゆる生きている個体群の目標なのです。ただし、その目標は自己強化型ループの勢いに乗った新参者に世界を牛耳ることは決してさせないという、より高次のバランス型フィードバック・ループでバランスをとることがないときには、悪い目標となってしまいます。生態系の中では、「個体数のバランスを保つ」という目標は、それぞれの個体群の「どこまでも繁殖する」という目標をしのぐ必要があるのと同じく、「市場を競争的なものにしておく」という目標は、それぞれの企業の「競合他社を全滅させる」という目標に打ち勝たなくてはなりません。

少し前に、「システムの中の人を変えることは、その人が同じ古いシステムに属している限りは、リストの低い位置にある介入です」と言いました。このルールの例外は、その人がトップにいる場合です。トップなら、ひとりの人がシステムの目標を変える力を持つことができます。本当にたまにしかありませんが、ダートマス大学からナチスドイツまで、組織に新しいリーダーが入ってきて、新しい目標を明確に打ち出し、何百、何千、何百万もの完璧に知的で合理的な人々を新しい方向へと動かしていく様子を、私は息をのむ思いで見てきました。

これは、ロナルド・レーガンがやったことでもありました。私たちは、その様子を目の当たりにしたのです。レーガンが大統領になる前、それほど昔のことではなく、大統領は「政府が自分に何をしてくれるかと尋ねるのではなく、あなたが政府に何をすることができるかと尋ねなさい」と言うことができましたし、だれもそれを笑うことすらありませんでした。レーガンは繰り返し、「目標は、人々が政府を助けることでも、政府が人々を助けることでもなく、政府が私たちに干渉しないことだ」と述べました。より大きなシステムの変化と、企業の政府に対する力が台頭したことから、レーガンの主張に何のとがめもなかったのだと言えるでしょうし、私もそう言いたいと思います。しかし、レーガンは「新しいシステムの目標を明確にし、意味づけ、繰り返し、弁護し、主張する」ことが有効性の高いレバレッジであることを証明しています。それ以来、米国および世界の国民が「徹底的に議論する」やり方が変わってしまったのでした。

2 パラダイム　そこからシステム（目標、構造、ルール、時間的遅れ、パラメーター）が生まれる考え方

システムに関するジェイ・フォレスターの有名な言葉がもうひとつあります。「ある国の税法がどのように書かれているかは関係ない」。税負担の〝公正な〟配分とはどのようなものかについて、社会の人々の頭の中には、共有されている考え方があり、法律にどのように書いてあろうと、公正な手段や不正な手段によって、複雑さや不正行為、免税、控除によって、絶えずルールを攻撃することによって、実際の税金の支払いは、〝公正さ〟について受け入れられている考え方の水準にぴったりのところになる、というのです。

社会の人々の頭の中にある共通の考え、つまり、非常に大きな暗黙の前提が、社会のパラダイムを構成しています。言い換えると、「世界はどのように機能しているか」についての根底にある一連の信念です。これらの信念は、言及する必要がないため、言及されません。だれでもすでに知っているのです。「お金は何か実際のものを測っており、実際的な意味を持っている。したがって、収入の少ない人は、文字通り価値が低い」、「成長はよいことだ」、「自然は、人間の目的に転換されるべき資源の蓄積である」、「ホモ・サピエンスの登場で、進化は止まった」、「人は土地を〝所有〟できる」――これらは、私たちの現在の文化のパラダイムとしての前提の一部です。これらはすべて、他の文化の人々を唖然とさせてきました。その人々にとっては、少しもわかりきったことではなかったのです。

パラダイムは、システムを生み出す源泉です。パラダイム、つまり、現実はどのような性質を

有しているかに関して共有されている社会的合意から、システムの目標や情報の流れ、フィードバック、ストック、フローなど、システムに関するありとあらゆるものが生まれます。このことを最高にうまく語ったのは、ラルフ・ワルド・エマーソンでしょう。

どの国もどの人も、瞬時に、それぞれの思考の状態に……正確に一致する物質的な装置で自分たちのまわりを取り囲む。ひとつひとつの真実や誤り、だれかの心の中にある考えのそれぞれが、どのようにして、社会、家、都市、言語、儀式、新聞を自らにまとうかをよく見なさい。今日の考え方をよく見なさい……木材、レンガ、石灰、石が、どのように、多くの人々の心で最上位に位置する支配的な考え方にしたがって、便利な形に変わってきたかを見なさい。もちろん、考え方がほんのわずかに拡がることによって……外的なものがこれ以上ないほど著しく変わることもある。[7]

古代エジプト人は、来世を信じていたため、ピラミッドを築きました。私たちは、都市中心部の空間は非常に価値があると信じているため、超高層ビルを建てます。「地球は宇宙の中心ではない」ことを示したコペルニクスとケプラーにしても、「物質とエネルギーは交換可能である」という仮説を立てたアインシュタインにしても、「個々人の市場での利己的な行動が驚異的に蓄積して公益を作る」と主張したアダム・スミスにしても、パラダイムのレベルでシステムに介入することに成功した人々は、システムをまったく変えてしまうレバレッジ・ポイントを押したのでした。

「パラダイムは、システムに関するほかのどれよりも変えるのが難しいのだから、パラダイムはリストの上から2番目ではなく、いちばん下に置くべきだ」と言うかもしれません。しかし、パラダイム変化のプロセスには、物理的なものも、お金のかかるものも、時間のかかるものさえも、何もありません。ひとりの人であれば、ミリ秒の単位で、パラダイムは変わることが可能です。必要なのは、頭の中でピンと来ること、目から鱗が落ちること、新しい見方をすることだけなのです。社会全体となると、話は別です。自分たちのパラダイムへの挑戦には、他の何にも増して強く抵抗するからです。

　では、パラダイムを変えるにはどうすればよいでしょうか？　科学の大きなパラダイムシフトに関する画期的な本を書いたトマス・クーンは、このことについて多くを語っています。[8] つねに、古いパラダイムの異常や失敗を指し続けること。声を大にし自信を持って、新しいパラダイムに基づいて話し、行動し続けること。新しいパラダイムを持った人々をみんなに見え、権力のある場所に置くこと。反動主義者にかかわって時間を無駄にしないこと。それよりも、能動的な変化の担い手や、偏見のない中立的な多くの人々とともに活動すること。

　システムのモデリングをしている人たちは、「システムのモデルを構築することで、パラダイムを変える」と言います。システムのモデルを構築するためには、システムの外側へ出ていき、システム全体を見ざるを得なくなるからです。私がそう思うのは、私自身のパラダイムもそのようにして変わってきたからです。

1　パラダイムを超越する

パラダイムを変えることよりもさらに高次のレバレッジ・ポイントがもうひとつ残っています。それは、自分自身をパラダイムの領域に縛りつけておかないこと、柔軟でありつづけること、「〝真実〟であるパラダイムなど存在しない」ことを知っていること、あなた自身の世界観を優しく形作ってくれる人も含めて、だれもが、人間の理解をはるかに超える、膨大で驚異的な宇宙について、ほんのわずかしか理解していないことを知っていることです。本能レベルで、「パラダイムがある」というパラダイムを〝つかむ〟こと、そして、それ自体がパラダイムなのだろうかと考えること、そして、その認識全体をあっけにとられるほど可笑しいと思うことです。手を放して「わからない」という状態、仏教徒が「悟り」と呼ぶものに入ることです。

パラダイムにしがみつく人々（つまり、私たちのほぼ全員）は、「自分の考えていることはすべて、間違いなく無意味だ」という大きな可能性を一瞥すると、急いでペダルを踏んで反対の方向へ行ってしまいます。たしかに、「行動すること」は言うに及ばず、「存在すること」にも、力も、コントロールも、理解も、理由すらありません。「どんな世界観にも確実なものはない」という概念に具体化されています。しかし、実際には、瞬間的にせよ、生涯にわたってにせよ、この考え方を受け入れることができた人はだれでも、それが根本的な力を与えてくれる土台であることに気がつきます。正しいパラダイムは存在していないのであれば、どれであっても自分の目的を達成する役に立つものを選ぶことができます。どこで目的を得ればよいかわからなければ、宇宙に耳を傾けることができます。

パラダイムを超越したこの「極み」の領域で、人々は中毒を捨て去り、不変の喜びの中に生き、帝国を打ち倒し、拘留されるか、火あぶりの刑に処されるか、はりつけになるか、撃たれるかし、何千年も続く影響をもたらすのです。

システムへの介入点に関するこのリストについて、その条件として挙げられることは大変たくさんあります。また、これは仮のリストであって、その順番も定まったものではありません。例外的にレバレッジの順番を入れ替えられるものもあります。何年もの間、自分の潜在意識の中にこのリストを浸透させてきたからといって、私がスーパーウーマンに変身したわけではありません。高次のレバレッジ・ポイントであればあるほど、システムはそれを変えることに抵抗するでしょう。だからこそ、社会は往々にして、本当の悟りを開いた人々を抹殺するのです。

レバレッジ・ポイントがどこにあるか、どの方向に押すべきかを知っていたとしても、魔法のようなレバレッジ・ポイントが簡単に手に入るわけではありません。パラダイムを超えた「極みの領域」に至る格安チケットはないのです。システムを徹底的に分析することにせよ、自分自身のパラダイムを徹底的に捨て去り、自らを「わからない」という謙虚さに投じることにせよ、一生懸命取り組まねばなりません。

最後に、パラダイムを超えた「極みの領域」とは、レバレッジ・ポイントを押すということよりも、戦略的に、心から、思い切り「手放す」ことであり、システムとダンスを踊ることなのでしょう。

第7章　システムの世界に生きる

われわれのこの世界の真の問題は、「この世界は不合理な世界である」ということでも、「この世界が合理的な世界である」ということでもない。最もよくある問題は、「この世界はほぼ合理的だが、完全にそうではない」ということだ。人生とは、非論理的なものではない。だが、論理学者にとっての落とし穴がある。実際よりも、ほんの少しだけ、より数学的でより規則性があるように見えるのだ。

——G・K・チェスタトン[1]（20世紀の作家）

先進工業国で育ち、システム思考に夢中になる人たちは、大きな過ちを犯す可能性があります。「システムの分析、つながりや複雑性、コンピュータの力など、ここにようやく予測とコントロールの鍵が存在する」と思い込む可能性があるのです。この過ちが起こる可能性があるのは、先進工業国の考え方には「予測とコントロールの鍵がある」という思い込みがあるからです。

私も、最初はそう思っていました。私たちはみな、MITというすばらしい教育機関でシステムを学ぶ熱心な学生として、そう思っていたのです。新しいレンズを通して見ることのできたものに魅了され、無邪気といってよいほど、私たちは多くの発見者たちがやっていることをやりました。自分たちが見いだしたものを誇張したのです。他の人々をだまそうとしてやったわけではありません。自分たちの期待と希望を表すためだったのです。私たちにとってのシステム思考は、複雑でとらえにくい頭の体操にとどまりませんでした。それは、「システムを機能させる」ことだったのです。

インドへの道を探し求めて、代わりに西半球に行き当たった探検家たちのように、私たちにも見つけたものがありましたが、それは自分たちが「見つけた」と思ったものではありませんでした。それは、私たちが探していたものとはあまりにも異なるものだったので、どう考えたらよいのか、わかりませんでした。システム思考についての理解が深まるにつれ、それには考えていたよりも大きな価値があることがわかりました。しかし、私たちが考えていたような意味ではありませんでした。

最初に当然の報いが訪れたのは、「システムの直し方を理解することと、実際に取りかかってシステムを直すことは、まったくの別物だ」ということを学んだときです。私たちは熱心に、「実施」についての議論を重ねていました。その意味するところは、「どうやってマネージャーや市長、省庁のトップに、私たちのアドバイスに従ってもらうか」ということでした。

実際には、自分たちですら、自分たちのアドバイスに従いませんでした。「中毒」の構造に関して学んだことを講義しながら、コーヒーをあきらめることはできませんでした。「ずり落ちる目標」のダイナミズムをみんな知っていながら、自分たちのジョギング計画はずり落ちていきました。「エスカレート」や「介入者への責任転嫁」の落とし穴にはまらないようにと警告しながら、自分たちの結婚生活でそれらを作り出していたのです。

社会システムは、文化的な思考パターンと、人間の深いニーズ、感情、強さ、弱さを対外的に表したものです。それらを変えることは、「さあ、全部変えましょう」といえるほど、または、善を知る者は善を為すだろうと信じるほどは、簡単ではありません。

私たちは別の問題にもぶつかりました。システムに関する洞察は、以前はわからなかった多くのことを理解する手助けとなりましたが、「すべて」を理解する手助けとはなりませんでした。実際には、答えと少なくとも同じ数の問いをもたらしたのです。人類が大宇宙や小宇宙をのぞくために開発したほかのあらゆるレンズと同様、このレンズも、驚嘆すべき新たなものを明らかにしてくれました。その多くは、驚嘆すべき新しい謎でした。私たちの新しいツールが明らかにした謎はとりわけ、人間の心や頭、魂に存在するものでした。システムがどのように機能するかに関する洞察から出てきた問いのいくつかを紹介しましょう。

システムの洞察は……さらなる問いをもたらす可能性があります！

システム思考家は、こうした問いを発する最初の人たちでも、唯一の人たちでもありません。こういった問いを尋ねはじめたとき、あらゆる学問領域、図書館、歴史が同じ問いを発しており、ある程度答えを提供していることを知りました。私たちの探求がユニークだったのは、その答えでもその問いでもなく、「システム思考のツールによって、その実践者たちは、おそらく容赦なく、最も深淵なる人間の謎に直面することになった」ということでした。システム思考のツールとは、工学と数学から生まれ、コンピュータで実行され、力学的な考え方および予測とコントロールの探求から引き出されたものです。システム思考は、これ以上ないほど熱心な技術の信奉者にさえ、「複雑なシステムからなるこの世界でうまくやっていくには、技術主義以上のものが必要だ」ということを明らかにするのです。

自己組織的で、非線形的なフィードバック・システムは、本質的に予測不可能なものです。コントロールできるものではありません。最も一般的なやり方でしか理解できません。将来を正確に予測し、それに対して備えるという目標は、実現不可能なものなのです。複雑なシステムに、自分のやってほしいことをやらせるという考えが実現できたとしても、せいぜい一時的なものにすぎません。還元主義的な科学は、「私たちは、この世界のすべてを理解することができる」という期待を作り出してきましたが、私たちは決してこの世界のすべてを理解することはできません。量子理論からカオスの数学まで、私たちの科学自体、私たちを還元不可能な不確実性に誘《いざな》います。極めて些細なものをのぞけば、どのような目標に対しても、私たちは最適化することができません。何を最適化すべきかさえ、わかっていないのです。すべてのことの経過を追うことはできません。全知の征服者という役割をとろうとするならば、自然やお互い同士、自分たちの作る機関との、適切で持続可能な関係を見いだすことができないのです。

全知の征服者の役割に自らのアイデンティティを重ねている人たちにとっては、システム思考によって顕在化する不確実性は、受け入れがたいものです。理解も、予測も、コントロールもできないのだとしたら、何をすれば良いというのでしょう?

洞察	問い
システムの「この」ポイントに新しい情報フィードバック・ループができれば、システムの挙動はずっとよくなるでしょう。しかし、意思決定者たちは、自分たちが必要とする情報に抵抗するのです！　情報に注意を払わず、信じず、どう解釈すべきかわからないのです。	なぜ人々は、あのように積極的に情報を分類したりスクリーニングしたりするのだろうか？　どのように、どの情報は採り入れ、どれは弾き出し、どれを考慮に入れ、どれは無視または過小評価すると判断するのだろうか？　同じ情報に出会っても、人によって受け取るメッセージが異なり、引き出す結論が違うのはどうしてなのだろうか？
もし「この」フィードバック・ループが、ただ「あの」価値観の方向性にあわせることができれば、システムはだれもが望む結果を作り出すでしょう（さらに多くのエネルギーではなく、より多くのエネルギーサービスを。GNPではなく、物質的な充足と安心を。成長ではなく、進歩を）。だれかの価値観を変える必要はなく、ただ、システムを実際の価値観に沿って機能させればよいのです。	価値とは何だろうか？　それはどこから来るのか？　普遍的なものなのか、それとも、文化的に決まっているものか？　人や社会が、「本当の価値」を手に入れることをあきらめ、ちゃちな代替で手を打つ原因は何なのだろうか？　どうすれば、測ることのできる「量」ではなく、測ることのできない「質」に、フィードバック・ループを結びつけることができるだろうか？
あらゆる点で思うとおりにならないように見えるシステムがあります。非効率、醜さ、環境劣化、人間のみじめさを生み出すのです。しかし、もし私たちがそれを一掃してしまえば、何のシステムもなくなってしまいます。そのことほど恐ろしいことはありません（これを書いているとき、私の念頭にあったのはソビエト連邦の旧共産主義システムでしたが、他にも例はあるでしょう）。	最小限の構造と最大の創造の自由の時代があまりにも恐ろしいものであるのはなぜなのか？　どのようにして、世界のひとつの見方があまりにも広く共有されているため、制度も技術も生産システムも建物も都市も、その見方に沿って形成されるようになるのだろうか？　システムはどのように文化を創り出すのか？　文化はどのようにシステムを創り出すのか？　いったん、文化とシステムが足りないことがわかったら、崩壊とカオスを通して変化せざるをえないのか？
このシステムの中の人々は、変化が恐いので、有害な挙動を我慢しています。もっとよいシステムが可能だということを信じていないのです。自分たちには、改善を求めたり、改善したりする力はないと思っています。	なぜ人々はそれほど簡単に、自分は無力だと思い込んでしまうのだろうか？　どのようにして、ビジョンを達成する自分の能力についてあれほど悲観的になるのだろうか？「あなたは変えることはできる」と言ってくれる人よりも、「あなたには変えることはできない」と言う人に耳を傾けがちなのはなぜなのだろうか？

しかしながら、コントロールという幻想に目をくらまされるのをやめればすぐに、システム思考から別の結論も得られます。その結論は、明白で、輝きながら待っています。「やるべきことはたくさんある。違う種類の〝やる〟ことが」と。将来は予測できませんが、描き、愛情を込めて実現することはできます。システムはコントロールできませんが、設計し、設計し直すことはできます。私たちは確信を持って、驚かされることのない世界を進んでいくことはできませんが、びっくりすることを予期し、そこから学ぶことができ、何かを得ることすらできます。私たちはシステムに自分の意思を押しつけることはできませんが、システムが語ることに耳を傾け、「その特性と私たちの価値観がいかに力を合わせ、私たちの意思だけで生み出せるものよりもずっとよい何かを生み出せるか」を発見することはできるのです。

私たちはシステムをコントロールしたり、解明したりすることはできません。でも、システムとダンスを踊ることはできます！　ある意味、かねてから私はそのことを知っていました。急流でのカヤックから、ガーデニングから、音楽の演奏から、スキーから、偉大なる力と踊ることを学んでいたのです。こういったことはどれも、しっかりと目を覚まし、隅々まで注意を払い、全力で参加し、フィードバックに反応し続けることが必要です。こういった必要なことが、そっくりそのまま、知的な作業やマネジメント、政府、人とうまくやっていくことにもあてはまるとは、私は思ってもいませんでした。

しかし、それが、私たちの作ったどのコンピュータ・モデルからも出てくるメッセージだったのです。システムの世界で上手に生きていくためには、計算能力以上のものが必要です。私たちの人間としてのすべて――理性、うそと真実を見分ける力、直観、共感、ビジョン、道徳性――が必要なのです。[2]

　本書と本章の最後に、複雑なシステムのモデリングとモデリングをする人たちとのつきあいから学んだ、最も一般的な「システムの知恵」をまとめてみたいと思います。これらは、ぜひ覚えておいてほしい教訓や概念、実践であり、システムの学問領域に非常に深く入り込んでいるので、自分の専門領域だけではなく、人生すべてにおいて、どれほど不完全であったとしても、実践し始めるものです。これらの「システムの知恵」とは、フィードバック、非線形性、自身の行動に反応するシステムという考え方に基づく世界観がもたらす行動的な結果です。ダートマス大学の工学部の教授が、私たちシステムの研究者が「違っている」ことに気づき、それはなぜだろうかと考えたとき、おそらく彼はこのことに気がついたのでしょう。

　このリストは完璧なものではないでしょう。私は今なお、システムを学び続けているからです。そして、システム思考だけのリストでもありません。ダンスを学ぶのには多くの方法があるのです。でもここでは、ダンスのレッスンの手始めとして、私の同僚たちが新しいシステムに出会ったときに、意識してかせずか、採り入れている実践を書いてみましょう。

システムのビートを理解する

　何らかのやり方でシステムをかき乱すまえに、その挙動をじっとみてみましょう。それが音楽の曲や、白く泡立つ急流、物価だったら、そのビートを観察しましょう。社会システムなら、それが機能している様子を見てみます。それがこれまでどうだったかを学びましょう。長い間その近くにいた人たちに、起こったことを教えてもらいましょう。できれば、そのシステムの実際のデータの時系列グラフを見つけるか、作ってみます。「いつだったか」に関しては、人の記憶はつねに信頼できるわけではないからです。

この指針は、見かけによらずシンプルなものです。つねに実行するようになって初めて、間違った方向に行ってしまうことをどれほど多く避けられるかが心からわかるでしょう。システムの挙動から始めることによって、理論ではなく、事実に焦点を当てざるを得なくなります。自分自身や他の人の信念や思い違いに簡単にはまってしまわないようにしてくれます。

思い違いがどれほどたくさんありうるかはびっくりするほどです。だれかが「降雨は減っています」と断言していても、データを見れば、実際に起こっているのは、ばらつきの拡大だとわかるかもしれません。つまり、日照りは悪化しているけれど、大水もより悪化している、という具合です。大いなる根拠とともに、「牛乳の価格は上がるだろう」（実際には下がっているときに）、「金利は下がっている」（実際は上がっているときに）、「赤字がＧＤＰに占める割合はかつてないほど大きい」（実際にはそうではないときに）と聞かされてきました。

システムのさまざまな要素がどのように一緒に変動するか、しないかを観察するのは、とりわけ興味深いことです。何が起こるかについての人の理論に耳を傾けるのではなく、実際に何が起きるかをじっと見ることで、多くの軽はずみな因果関係の仮説を論破することができます。

ニューハンプシャー州の議員は全員、「町が成長すれば税金は安くなる」と思っているようですが、成長率と税率をプロットしてみれば、ニューハンプシャーの冬空の星と同じぐらい、規則性なく点が散らばることがわかります。関係性はまったく認められないのです。

システムの挙動から始めることで、静止的ではなく、ダイナミックな分析へと考えが向かいます。「何が悪いのか？」だけではなく、「どのようにして、私たちはこの状態になったのか？」、「どのような他の挙動モードが可能なのか？」、「方向性を変えなければ、最後はどこにたどり着くことになるのだろうか？」をも考えるようになります。そして、システムの強みを見ることで、「ここでうまくいっているのは何か？」を尋ねることができます。いくつかの変数のこれまでの過程をプロットすることから始めれば、システムにはどのような要素があるかだけではなく、要素同士がどのようにつながっているかも見え始めます。

そして最後に、これまでの過程を見ることから始めることで、「システムの実際の挙動によってではなく、自分のお気に入りの解決策の欠如で問題を定義する」という、私たち全員が共通して持っている、気を散らしてしまう傾向を抑えることができます（「問題は、もっと石油を探す必要があることだ」。「問題は、中絶を禁止しなくてはならないことだ」。「問題は、営業マンが十分にいないことだ」。「問題は、この町にいかにしてより多くの成長を惹きつけられるかだ」といった具合です）。家族や職場の委員会、マスコミに登場する評論家たちのどんな議論でもよいから耳を傾けて、みんなが解決策に飛びつく様子を見てください。たいてい、その解決策とは「予測し、コントロールする、または自分の意思を押しつける」というモードであり、システムが何をしているのか、それはなぜなのかにはこれっぽっちも注意を払っていないのです。

自分のメンタル・モデルを白日にさらす

ループ図を描き、それから方程式を書くとき、自分の前提を目に見えるようにし、厳格に表現することが必要となります。システムについての自分の前提のすべてを、他の人たち（そして自分自身）に見えるように、明らかにしなくてはなりません。私たちのモデルは、完全なもので、つじつまが合い、整合性のあるものでなくてはなりません。「この議論のためにはこれを前提とし、次の議論のためには、先の前提と矛盾する何かを前提とする」といったように、自分の前提を避けて通ることは、もはやできません（メンタル・モデルはつかまえどころがないのです）。

自分のメンタル・モデルを、ループ図や方程式で出す必要はありません（そうすることはよい練習になりますが）。言葉で述べてもよいし、リストや絵で示してもよいし、自分が考えていることが何につながっているかを矢印で示すこともできます。どういう形にせよ、そういうことをやればやるほど、自分の考えがよりクリアになり、自分の不確実性を認め、過ちを正すのがより早くなり、融通がより利くようになるでしょう。柔らかな頭で、境界線を引き直すことをいとわず、システムが新たなモードにシフトしたことに気づき、どのように構造を設計し直せば良いかを考えることは、柔軟なシステムの世界に生きているときには不可欠です。

つねに覚えていてほしいことがあります。あなたの知っていることもみんなが知っていることもすべて、ただのモデルだということです。自分のモデルを見えるように示してください。他の人に、あなたの前提について批判してもらい、その人の前提を付け加えてもらいましょう。可能性のある説明や仮説やモデルのひとつを擁護するのではなく、できるだけたくさん集めましょう。「これは違う」と判断する何らかの証拠が見つかるまでは、そのすべての可能性があると考えましょう。そうすることで、自分自身のアイデンティティと密接に絡み合っているかもしれない前提を「これは違う」と除外する証拠を、感情的にも（落ち着いて）見ることができるようになります。

モデルを白日にさらすこと、できるだけ厳密なものにすること、証拠に照らし合わせて試すこと、もう立証されないとわかったら進んで捨てること。これらは、科学的手法を実践するということに過ぎません。科学の分野ですらめったに行われず、社会科学やマネジメント、政府や日常の暮らしではほとんど行われていないことです。

情報を大事に考え、尊重し、広げる

これまでのところで、どのように情報がシステムをまとめているか、情報が遅れたり偏っていたり、散り散りだったり欠けたりしていると、いかにフィードバック・ループがうまく機能しなくなりうるかを見てきました。意思決定者は持っていない情報には対応することができませんし、正確ではない情報に正確に対応することはできません。遅れて届く情報にタイムリーに対応することもできません。システムでうまくいかないことの大半は、情報が偏っていたり遅かったり欠けているからではないかと思います。

できるならば、十戒に11番目の掟を付け加えたいと思います。「汝、情報をゆがめたり、遅らせたり、伏せたりするなかれ」。情報の流れを混乱させることで、システムをめちゃくちゃにすることができます。よりタイムリーで正確で完全な情報を与えることができれば、驚くほど簡単に、システムをよりよく機能させることができます。

たとえば、１９８６年のこと、有害化学物質排出目録という新しい連邦法によって、米国企業は各工場から排出される有害大気汚染物質をすべて、年次で報告することを求められるようになりました。情報公開法（システムの観点からいえば、国で最も重要な法律のひとつです）を通して、その情報は公開記録となりました。１９８８年7月、化学物質の排出に関する最初のデータが入手可能になりました。報告された排出量は法律違反ではありませんでしたが、地元の新聞の紙面では、格好よくは見えませんでした。積極的な記者たちは、「地元を汚染する上位10社」というリストを作ったりしたのです。起こったのはそれだけでした。訴訟があったわけでも、削減を求められたわけでも、罰金も罰則もありませんでした。それなのに、2年のうちに、全国の化学物質の排出量は40％も減少したのです（少なくとも報告された数字を見るとそうでしたし、おそらく実際そうだったのでしょう）。自社の排出量を90％削減する方針を打ち出す企業もありました。理由はただひとつ、以前は伏せていた情報を公開するようになったということです。[3]

情報は力です。権力に関心のある人はだれでも、この考え方を瞬時に理解します。世間に流れる情報の多くを調節するメディアや広報担当者、政治家、広告主は、多くの人が認識しているよりもはるかに大きな力を握っています。情報をフィルターにかけ、ある経路に流すのですが、短期的で利己的な目的のためにそうすることも多々あります。私たちの社会システムがこんなにしょっちゅう混乱するのも不思議ではありません。

言葉は注意して用い、システムの概念で強化する

私たちの情報の流れは、主に言葉で構成されています。私たちのメンタル・モデルはほとんどが言葉によるものです。情報を「大事にする」ということは、何よりも、「言葉の汚染を避けること」です。つまり、可能なかぎり正しく言葉を使うことです。そして、複雑性について語れるように、「言葉を広げること」です。

フレッド・コフマンは、システムの学術誌にこのように書いています。

（言葉は）話し始めるにつれ、新しい理解と新しい現実を作り出す媒体としての役割を持ちうる。事実、私たちは見たことを話すのではない。話すことができることだけを見ているのだ。世界についての私たちの見方は、私たちの神経システムと言葉のやりとりによって決まってくる。どちらも、私たちが世界を認識する際のフィルターとなるのだ……。ある組織の言葉と情報システムは、外界の現実を描写する客観的な手段ではない。それらは根本的に、その構成員の認識と行動を構造化するのである。（社会の）測定とコミュニケーションのシス

テムを作り直すということは、最も根本的なレベルで、可能性のあるやりとりのすべてを作り直すことになる。言葉は……現実を明確に表現するものとして、戦略や構造、……文化よりも根源的なのである。[4]

ひっきりなしに「生産性」について語るものの、「レジリエンス」という言葉はほとんど理解せず、ましてや使うこともない社会は、生産的な社会になり、レジリエンスには欠ける社会になるでしょう。「扶養力」という言葉を理解もしなければ使いもしない社会は、その扶養力の限界を超えてしまうでしょう。「雇用創出」について、あたかもそれは企業だけができるもののように語る社会では、一般の人々の多くは「自分や他の人のために、雇用を創出しよう！」とは思わないでしょうし、労働者が果たしている「利益創出」のための役割が社会に評価されることもないでしょう。そして、いうまでもなく、「平和維持ミサイル」や「巻き添え被害」、「大量殺戮」、「民族浄化」について語る社会は、ウェンデル・ベリーが言うところの「圧政語」を話しているのです。

私の感じでは、おそらくこの150年の間に、意味の薄っぺらな言葉や意味を破壊する言葉がしだいに増えてきている。そして、この「言葉がしだいに信頼できないものになってきた」ことと並行して、同期間に、人々やコミュニティがしだいにバラバラになってきた。

ウェンデル・ベリーは続けてこのように書いています。

> この退化的な計算では、言葉には意味を表す力はほとんどない。特に何かに言及するために意識的に使われているわけではないからだ。注意が向けられるのは、パーセンテージ、カテゴリー、抽象的な関数……である。それは、支持や行動への個人的な立場をなんら定義するものではないため、その言葉を使う人が支持や行動を求められる言葉ではない。その唯一の実用性は、「専門家の意見」を用いて、すでに開始されている巨大な非人間的な技術的行動を支えることだ……。それは圧政の言語、「圧政語」である。[5]

言葉を大事にする最初の一歩は、言語をできるかぎり具体的で、意味を持つ、誠実なものにしておくことです。情報の流れをクリアにしておく作業の一環です。第二に、自分たちのシステムの理解の拡大と合致するように、言葉を拡大することです。イヌイットの人たちが「雪」を表す言葉を非常にたくさん持っているとしたら、それは、雪の使い方を研究し、学んできたからです。雪を資源に変え、一緒にダンスを踊るシステムに変えてきたのです。工業社会は、システムに対する言葉を手にし始め、使い始めたところです。社会が複雑性に注意を払い、複雑性を活用し始めたばかりだからです。「扶養力」、「構造」、「多様性」、そして「システム」すら、より豊かでより正確な意味を持ち始めている古い言葉です。新しい言葉が作り出される必要があります。

私のワープロにはスペル・チェック機能がついていて、その包括的な辞書にもともと入っていない単語を追加することができます。この本を書くにあたって追加しなければならなかった単語を見てみると、面白いです。「フィードバック」、「スループット」、「行き過ぎ」、「自己組織化」、「持続可能性」でした。

測定可能なものだけではなく、大事なものに注意を払う

私たちの文化が数字にとりつかれているため、私たちは「測れるものは、測れないものよりも重要だ」と考えるようになっています。ちょっと考えてみてください。それはつまり、私たちは「質」よりも「量」を重視している、ということなのです。「量」がフィードバック・ループの目標を形づくるとしたら、「量」が私たちの注目や言葉、制度の中心にあるとしたら、「量」を作り出す能力に基づいて自分たちを動機づけ、評価し、報いるとしたら、得られる結果は「量」になるでしょう。まわりを見回してみて、「自分が生きている世界の際だった特徴は量なのか？　質なのか？」を私たちは自分で決めることができます。

私たちは、モデリングをする者として、「偏見」、「自尊心」、「暮らしの質」などという名の変数をモデルに入れて、科学界の同僚に笑われるということを、一度ならず経験してきました。コンピュータには数字が必要なので、こういった定性的な概念を測定するための定量的な尺度を作り出さねばなりませんでした。「マイナス10からプラス10の尺度で『偏見』を測るとして、『0』は何の偏見も受けていない状態で、『マイナス10』は極めて否定的な偏見、『プラス10』は何を

しても正しいというほどの肯定的な偏見だとします。『マイナス2』または『プラス5』または『マイナス8』の偏見を受けていると考えてください。それによって、あなたの仕事のパフォーマンスはどうなりますか？」という具合です。

「偏見」と「パフォーマンス」の関係性について、実際にモデルに入れなくてはならないことがありました。[6] その研究は、どうすればマイノリティーの社員の対処がよりよくなるか、どのようにそういった社員を出世させていけばよいかを知りたいという企業のための研究でした。聞き取りをした人は口をそろえて、「偏見とパフォーマンスはたしかに実際上のつながりがある」と言いました。それをどのような尺度で測るのかは恣意的だった（1～5でも、0～100でもよかったのです）とはいえ、その研究に「偏見」を含めようとせず、抜かしたままにしておくことに比べれば、ずっと科学的だったといえるでしょう。その企業の従業員に「パフォーマンスと偏見の間の関係」を描くよう求めたときに出てきたのは、それまで見たことがないほど非線形の関係でした。

「定量化が難しいなら存在しないことにしよう」ということにすると、誤ったモデルになってしまいます。重要なものではなく、測りやすいものを中心に目標を設定することから陥るシステムの落とし穴については、すでに見てきました。ですから、その落とし穴にはまってはいけません。人は、数える能力だけではなく、質を評価する能力も授かっているのです。質を〝検知〟するようにしてください。質の存在・不在を検出して歩く、〝うるさいガイガーカウンター〟になってください。

　何かが醜悪であれば、そう言いましょう。悪趣味なもの、不適切なもの、釣り合いがとれていないもの、持続不可能なもの、道義に反するもの、環境を劣化させるもの、人間をおとしめるものは、黙って見過ごしてはなりません。「定義し、測定できないなら、注意を払う必要はない」という作戦に足止めをくらってはいけません。だれも、正義、民主主義、安全、自由、真実、愛を定義したり測定したりすることはできません。どんな価値も、定義したり測ったりできる人はいないのです。しかし、それらのために声を上げる人がいなければ、システムがそれらを生み出すよう作られていなければ、私たちがそれらについて話し、そのあるなしを示さなければ、そういったものはなくなってしまうでしょう。

フィードバック・システムのためのフィードバック方針をつくる

ジミー・カーター元大統領には、フィードバックの観点で考え、フィードバックの方針を作る、普通の人にはない能力がありました。しかし残念なことに、フィードバックを理解していない報道関係者や国民にその方針を説明するのには大変苦労していました。

石油の輸入が急増していたとき、カーター元大統領は「輸入しなくてはならない米国の石油消費量の割合に応じたガソリン税が必要だ」と提案しました。輸入が増え続ければ、税金も上がっていき、最後には、需要を抑制して代替物を生み出し、輸入は減ります。輸入がゼロになれば、税金もゼロになります。

この税金が議会を通過することはありませんでした。

カーター元大統領は、メキシコから押し寄せる不法移民にも対処しようとしていました。「米国とメキシコの間に、機会と生活水準の大きなギャップがあるかぎり、この移民には手の打ちようがない」と言いました。「国境の警備や防壁にお金を使うのではなく、メキシコ経済を構築するためにお金を使うべきであり、移民が止まるまでそうし続けるべきだ」と述べたのです。

これも実現しませんでした。

「静止的で融通に欠ける政策では、ダイナミックで自己調整型のフィードバック・システムを統制できないのはなぜか」が想像できるでしょう。システムの状態に応じて変化する政策を設計する方が、簡単で効果が高く、通常はずっと安上がりです。特に、大きな不確実性があるところでは、最善の政策は、フィードバック・ループだけではなく、メタ・フィードバック・ループ（ループを変えたり、正したり、拡張するループ）を含むものです。これらは、マネジメント・プロセスに学習を織り込むやり方です。

ひとつの例が、成層圏のオゾン層を保護するための歴史的なモントリオール議定書です。1987年にこの議定書の署名が行われたとき、オゾン層への危険や、その劣化のスピード、さまざまな化学物質の具体的な影響について、「絶対に確実なこと」はわかっていませんでした。議定書では、「最も大きな害を与える化学物質の製造をどのくらいのスピードで減らしていくべきか」の目標が定められました。しかし同時に、状況をモニタリングし、もしオゾン層への害が予想よりも大きかったり小さかったりした場合には、段階的廃止のスケジュールを変更するための国際会議をもう一度開くことも決められていました。わずか3年後の1990年に、1987年時点での予測よりもずっと大きな害があることがわかったため、スケジュールを前倒しにし、より多くの化学物質を対象に追加せざるをえませんでした。

これは学習のための構造を持った、フィードバック方針です。これが間に合ったことをみんな願っています。

全体の善を求める

ヒエラルキーとは、上部ではなく、底辺部の役に立つために存在していることを忘れないでください。全体を無視して、システムやサブシステムの一部の最大化をはかってはいけません。ケネス・ボールディングがかつて言ったように、決して最適化すべきではないものを最適化しようとして、大きな問題に向かっていってはなりません。測りやすいかどうかにかかわらず、成長、安定性、多様性、レジリエンス、持続可能性といった、システム全体の特性を高めることをめざしましょう。

システムの知恵に耳を傾ける

システムが自走する手助けとなる力や構造を支援し、促進しましょう。そういった力や構造のどれほど多くが、ヒエラルキーの底辺部に存在しているかに留意してください。考えなしに介入して、システム自体の自己維持能力を壊してはなりません。物事を改善しようと突入するまえに、すでにそこにある価値に注意を払ってください。

私の友人のネイサン・グレイはかつて、グアテマラの援助ワーカーでした。彼は私に、「雇用創出」だの「起業家的能力の向上」だの「外部の投資家を惹きつける」といった意図をもってやってくる機関にイライラする、と言いました。「こういった人たちは、賑わっている地元の市場のすぐそこを通り過ぎていくだろうね。そこには、カゴ職人から、野菜を育てる人、肉屋から飴売りまで、ありとあらゆる小規模事業者が、自分たちのために作り出した雇用で、起業家的能力を示しているというのに」。ネイサンは、市場の人々と話をし、彼らの暮らしや事業について尋ね、こういったビジネスを大きくし、所得を増やす上での妨げとなっているのは何かを学ぶことに時間を費やしました。彼の結論は、「必要なのは外部の投資家ではなく、内部の投資家だ」というものでした。外から工場や組み立て工場を持ってくるよりも、それほど高くない利率で借りられる小規模融資と読み書きや計算を教えるクラスがあれば、長期にわたってずっと地域社会の役に立つだろう、と。

システムの中の責任のありかを見つける

これは分析と設計の両方のための指針です。分析でいえば、システムがそれ自身の挙動を作り出すやり方を探す、ということです。きっかけとなる出来事、つまり、システムからまさしくその種の挙動を引き出す外部の影響に注意を払いましょう。そうした外部の出来事はコントロールができることもあります（感染症の発生を抑えておくために、飲み水中の病原菌を減らすなど）。しかし、コントロールできない場合もあります。そして、外部の影響を非難したりそれをコントロールしようとすると、「システム内の責任を大きくする」というもっとやりやすい作業が見えなくなることがあります。

「内在的な責任」とは、意思決定の結果についてのフィードバックを、意思決定者に対して、ただちに直接的かつ抵抗しがたい形で送るようにシステムができている、ということです。飛行機のパイロットは飛行機の最前部に乗っているため、そのパイロットは内在的な責任を負っていることになります。自分の意思決定の結果を直接体験することになるからです。

ダートマス大学は、個々の研究室や教室からサーモスタットを取り外し、温度制御の意思決定を中央コンピュータの指図の下に置いたとき、内在的な責任を減らしたのでした。それは省エネ対策として行われたのですが、ヒエラルキーの下の方から私が見たところ、その主な結果は、室温の上下の変化が大きくなったことでした。自分の研究室の温度が上がりすぎると、サーモスタットを下げる代わりに、キャンパスの向こう側にある事務局に電話をかけなくてはなりません。事務局では、数時間から数日の時間をかけて直してまわり、それは多くの場合、直しすぎるので、またボれかが電話をかける必要が生まれてしまいます。システムの責任を減らすのではなく増やすひとつのやり方は、「教授たちに自室のサーモスタットの制御をさせ、使ったエネルギー量の分だけ直接請求する。そうすることで、共有地を民営化する！」というものだったかもしれません。

内在的な責任のためのシステムを設計するとは、たとえば、川に排水を流している町や企業にはすべて、自分たちの取水パイプを排水パイプの下流に設置させる、ということかもしれません。保険会社も公的基金も、喫煙の結果の医療費や、ヘルメットをかぶらずにバイクに乗ったり、シートベルトをせずに自動車に乗っていた事故による医療費は払ってはならない、ということかもしれません。議会はもう自分たちを適用外とするルールの制定は許されない、ということかもしれません（マイノリティー優遇措置の雇用要件や、環境影響報告書を準備する必要性など、議会が「議会は例外」としているルールがたくさんあります）。宣戦布告をした支配者が軍隊を率いることをもはや期待されなくなったとき、大きな責任が失われました。ただボタンを押せば、ボタンを押した人がその被害を見ることがないほど遠くで、莫大な被害をもたらせるようになったとき、戦争はさらに無責任になったのでした。

ギャレット・ハーディンは、「他人の中絶を阻もうとする人たちは、その結果生まれてくる子供を自分で育てようとしない限り、内在的な責任を果たしていない」と言っています[7]。

こういったいくつかの例を見ただけでも、私たちの現在の文化が行動をもたらすシステム内での責任を求めることがいかに少なくなっているか、本人の行動の結果を体験させるシステムの設計がどれほどうまくできていないかを考えさせられます。

謙虚であり続け、学習者であり続ける

システム思考が私に教えてくれたのは、自分の直観をもっと信じること、理解するための自分の合理性を信じるのは控えめにすること、できるだけその両方に頼ること、しかしそれでもなお、

びっくりさせられることに備えることでした。コンピュータ上にせよ、自然の中にせよ、人々の中にせよ、組織内にせよ、システムを扱う仕事をすることは、自分のメンタル・モデルはいかに不完全か、世界はいかに複雑か、そして自分はいかに知らないかにつねに気づかせてくれます。

　わからないときにすべきことは、虚勢を張ったり凍りついたりするのではなく、学ぶことです。学ぶのは、実験によってです。または、バックミンスター・フラーが言うように、「試行錯誤」どころか「試行錯誤・錯誤・錯誤」によって学ぶのです。複雑なシステムの世界では、逸脱を許さない硬直的な指示を手に進んでいくことは適切ではありません。「進路から外れない」のがよい考えであるのは、自分が正しい方向に進んでいると確信できるときだけです。実際はそうではないのに、自分は掌握しているというふりをすると、過ちを招くだけではなく、過ちから学ぶこともできなくなります。学ぶ際に適切なのは、小さなステップで、つねにモニタリングしながら進み、その先に何があるのかがよりわかるにつれ、進路変更を厭わないことです。

　それは大変なことです。間違えること、そして、より大変なことに、その過ちを認めることなのです。心理学者のダン・マイケルが「誤りの受容」と呼ぶものなのです。自分の誤りを受け入れるには大きな勇気が要ります。


　関与すべき私たち自身も仲間たちも一般の人々も、あたかも「自分たちは本当に事実を手にしている」、「すべての問題について本当に確信している」、「どのような結果が必要・可能かを正確にわかっている」、「最も望ましい結果を手に入れつつあると本当に疑っていない」

かのように行動するとしたら、何が起こっていて、何が起こっている可能性があるかについて、学ぶことはできない。さらに、複雑な社会問題に対処するとき、「自分たちは自分たちがやっていることをわかっている」かのように行動すると、自分たちの信憑性を減じてしまうだけだ。……機関や当局の人物への不信が高まっている。不確実性を認めるという、まさにその行動が、この悪化の一途をたどる傾向を逆転させる上で、大いに役に立つだろう。[8]

誤りの受容は、学習の条件だ。それは、自分がうまくいくだろうと期待または希望したことの何がうまくいかなかったのかについての情報を求め、活用し、共有することである。誤りの受容も、高いレベルの不確実性とうまくやっていくことも、私たちの個人的な脆弱性と社会的な脆弱性を重視する。通常私たちは、自分の脆弱性を自分自身からも他人からも隠す。しかし……自分の責任を真に受けとめるような人であるためには、この社会の大半の人たちがそうしているよりもはるかに「自己を知り、近づいていくこと」が必要なのだ。[9]

複雑性を祝福する

直視しましょう。世界はごちゃごちゃだということを。非線形で、乱流のようで、ダイナミックなのです。数学的に美しい等式ではなく、どこか別の場所へ向かう道上でのつかの間の挙動に時間を費やします。自己組織化し、進化します。多様性と画一性を作り出します。それが、世界を興味深いものにし、美しいものにするのです。それがあるから、世界は機能するのです。

人間の心の中には、曲線ではなく直線に、分数ではなく整数に、多様性ではなく画一性に、神秘性ではなく確実性に惹かれる何かがあります。しかし、私たちの中には、逆の一連の傾向を持つ何かもあります。私たち自身が、複雑なフィードバック・システムとして生まれ、形作られ、構造化されているからです。私たちの一部（最近台頭してきた部分）だけが、断固としてまっすぐな線と平坦な表面を持つ箱として、建物を設計します。私たちの他の部分は、自然はフラクタルでデザインし、顕微鏡で見るレベルから巨視的なレベルまであらゆる尺度で興味深い細部を持っていることを直感的に認めています。私たちのその部分が、ゴシック様式の大聖堂やペルシャじゅうたん、交響曲や小説、カーニバルのコスチュームや人工知能プログラムを作ります。それらはすべて、私たちを取り囲む世界に見いだすものとほぼ同じくらい複雑な装飾を持っているものです。

私たちは、自己組織化、無秩序、変化に富むこと、多様性を祝福し、促すことができますし、実際そうしている人もいます。なかには、アルド・レオポルドが自分の土地の倫理についてそうしていたように、そうすることを道徳律にしている人さえいます。アルド・レオポルドはこう述べました。「生物共同体の全体性、安定性、美しさを保護する傾向があるとき、物事は正しい。そうでない傾向がある時は間違っている」[10]

時間軸を伸ばす

人類がこれまでに持った最悪のアイディアのひとつは「利率」でした。そこからさらに「返済期間」と「割引率」というアイディアにつながり、それを割り当てることで、長期を無視する合理的かつ定量的な口実としています。

工業社会の公式の時間軸は、次の選挙後に起こることや、現在の投資の返済期間を超えて延びてはいません。ほとんどの家族の時間軸は今でも、それよりは長いものになっています。「子供や孫が生きている間」という具合に。多くのネイティブ・アメリカンの文化は、意思決定をするときに、7世代後への影響について積極的に語り、考慮しました。時間軸が長ければ長いほど、生き残れる確率は高くなります。ケネス・ボールディングは、このように書いています。

「子孫との同一性を失い、将来の前向きなイメージを失う社会は、現在の問題に対処する力も失い、じきに瓦解してしまう」ということを示す歴史的な証拠がたくさんある。……われわれは鳥のように生きるべきだという考え方にはつねに、いくぶんわくわくするものがある。そして、おそらく、ひとつならずいくつかの意味で、子孫も鳥にとってと同じ位置づけでよいものだろう。ということは、おそらく、われわれは皆、外に出ていって、何かを愉快に汚染すべきなのだろう。しかしながら、明日のことを思いわずらう古い人間として、私はこの解決策はまったく受け入れることはできない[11]……。

厳密にシステム的にいえば、長期と短期の区別はありません。異なる時間軸での現象が互いに入れ子になっているのです。いまとる行動には、すぐに及ぶ影響もあれば、今後数十年にわたって発生する影響もあります。私たちがいま経験しているのは、昨日始まった行動の結果であり、数十年前や数百年前に始まった行動の結果なのです。非常に速いプロセスと非常に遅いプロセスの間の結合は、強い場合もあれば弱い場合もあります。遅いほうが支配的であると、何も起こっていないように見えます。速いほうがとって代わると、物事は息をのむほどのスピードで起こります。システムはつねに、大きなものと小さなもの、速いものと遅いものをつなげたり、切り離したりしています。

油断のならない、びっくりするような、障害物が散乱している未知の曲がり道を歩いているときに、下を向いて、自分の目の前の次の一歩だけを見ているとしたら、愚かでしょう。ずっと遠くだけをじっと見て、足元に何があるかに注意しないとしたら、それも同じぐらい愚かでしょう。短期と長期の両方、つまり、システム全体を見ている必要があるのです。

学問の〝領域〟に逆らう

何を専攻していようと、教科書に何と書いてあろうと、自分を何の専門家だと思っていようと、システムが導くいかなるところにもついていきましょう。従来の専門分野の境界線を越えて導かれることは確かでしょう。そのシステムを理解するためには、少なくとも、経済学者や化学者、心理学者、神学者から学べる必要があるでしょう。それらの専門用語を理解し、彼らが教えてくれることをまとめ合わせ、その分野に特有のレンズを通して彼らには本当には何が見えるのかを知り、そのレンズの狭さや不完全さから来るゆがみを捨てる必要があります。簡単な作業ではないでしょう。

「学際的」という言葉が、「異なる学問分野の人たちを集めて、互いにかみ合わない話をさせる」という意味なら（通常そういう意味ですが）、システム全体を見るには、「学際的」であるだけでは足りません。学際的なコミュニケーションがうまくいくのは、解決すべき実際の問題があり、さまざまな分野の代表者たちが、学問的に正しくあろうとするよりも、その問題解決に全力を尽くすときだけです。その人たちは学習モードに入らなくてはなりません。無知を認め、互いに、またシステムから教わろうとしなくてはなりません。

それは可能なことです。それが起こると、とても胸が躍ります。

思いやりの境界線を拡大する

複雑なシステムの世界で上手に生きていくということは、時間軸と思考の範囲を広げるだけではなく、結局のところ、思いやりの範囲を広げるということです。もちろん、そうすることには、道徳的な理由があります。そして、もし道徳の議論では十分でないとしたら、システム思考が道徳的な理由を支える実際的な理由を提供します。実際のシステムは相互につながっています。人類のどの部分も、他の人間から、または地球の生態系から切り離されてはいません。この統合された世界で、あなたの肺が機能していないのに、心臓がうまく機能するとか、従業員がうまくいっていないのに、会社はうまくいくとか、ロサンジェルスの貧しい人々がうまくいっていないのに、ロサンジェルスの金持ちがうまくいくとか、アフリカがうまくいっていないのに、ヨーロッパがうまくいくとか、地球環境が破綻しているのに、世界経済がうまくいくということは不可能でしょう。

システムに関するほかのすべてのことと同様、ほとんどの人々には、「道徳的なルールと実用的なルールは相互につながっており、結局は同じルールなのだ」ということがわかっています。必要なのはただひとつ、自分たちが知っていることを信じるようになることです。

善の目標を損なわない

システム原型の中でも最も害の大きなものは、「低パフォーマンスへの漂流」と呼ばれるものですが、近代の工業文化はこのプロセスによって、道徳性の目標を損なってきました。この落とし穴の仕組みはよく知られたもので、見ていても恐ろしいものです。

人の悪い行動の例が「典型的なもの」として取り上げられ、メディアが誇張し、文化が支持します。それが期待されていることなのです。結局のところ、私たちは人間に過ぎないのですから。人間の善を示すはるかに多くの例は、ほとんど注目されません。「ニュースではない」のです。「それは例外だ」、「聖人がいたに違いない」、「だれもがそのように行動すると期待してはいけない」とされてしまいます。

そうして、期待が下げられます。望ましい行動と実際の行動の間のギャップが小さくなります。理想を植え付け、支えるためにとられる行動は少なくなります。一般の人々の会話は冷笑に満ちます。一般の人々にとってのリーダーは、明らかに道徳心がなくて不道徳であり、反省もせず、責任をとらされることもありません。理想主義はあざ笑われます。道徳的な信念を語ることは疑わしいのです。みんなの前で、愛について語るより、憎しみについて語る方がずっと易しいのです。文芸評論家であり自然主義者でもあるジョセフ・ウッド・クラッチは、このように書いています。

したがって、人は自分が〝持っている〟ものについてこれほど自己満足だったり、自分が決めたことを何であっても〝行う〟自分の能力にこれほど自信を持っていたことはかつてなかったが、同時に、自分が〝何者か〟についてこれほど低い評価を受け入れたこともなかった。富を創り出し、振りかざす力を解放することを可能にしたのと同じ科学的な手法が、生物学や心理学が説明して自分を取り除いてしまうことを可能にしたと、人は信じている。少なくとも、独自であると思われていたことや、何か神秘的とすら思われていたことを、説明して取り除いたのである。……真に、人間はそれだけの富と力があっても、精神は貧しいのだ。[12]

私たちは「低パフォーマンスへの漂流」に対しては何をすべきかを知っています。良い知らせよりも悪い知らせに重きを置かないこと。そして、基準を絶対的なものにしておくことです。

システム思考が私たちに教えてくれるのは、「そうすべき」ということだけです。システム思考がそれをすることはできません。私たちはふたたび、理解と実行のギャップに立ち戻ることになります。システム思考自体は、そのギャップを埋めることはできませんが、分析にできることのぎりぎりのところまで私たちを導き、そして、その先、つまり、人間の精神によって何ができるか、何をすべきか、を指し示すことはできるのです。

解説　システム思考の発展と活用法――ドネラ・メドウズからの贈り物

システム思考の発展とドネラ・メドウズ

「システム思考」と一言でいっても、実は数多くの学派や流派がある。古くは、仏教や中国古典に見られる東洋思想、あるいは、ギリシャ文明やメソポタミア文明の賢人たちの哲学や知恵はたいていシステム的な考え方に基づくものである。近代では、工学分野や生物学分野でシステム的な考え方が発展し、生物学者のベルタランフィがそれらを統合して一般システム理論を築き、1950年代から社会科学分野にもシステム思考の学派が発展していく。

システム・ダイナミクス学派の誕生

数多くのシステム思考がある中で、どのシステム思考も人や社会や自然を徹底的に観察して見いだした法則であるゆえに共通点も多いが、異なる点もある。また、すべてのシステム思考の流派が実用的とは限らず、活用の目的や領域にもよるであろう。ドネラ・メドウズは、システム・ダイナミクス学派に属する。数あるシステム思考の中でシステム・ダイナミクス学派は、ビジネスや公共政策、家庭から地域、組織、社会での問題解決、国際的な課題や学際的な課題への応用など実践的な分野で特に有用性が広く認められているシステム思考の一つである。

システム・ダイナミクス学派は、1950年代前半にMITがハーバード大学のビジネススクールに対抗できる新しいビジネススクールを築くために、輝かしい実績をもつエンジニアのジェイ・フォレスターを招聘したことに始まる。ビジネスの成長や衰退、景気や在庫の循環、問題解決の成否など、ビジネスで起こるさまざまな現象について、底流を流れるパターンやそのパターンを形作る構造をシステム的に見ることによって、ビジネスを成功させるための非直感的な洞察を次々と積み上げていった。ジェイ・フォレスターや彼の教え子たちはコンピュータ業界をはじめとするハイテク産業の経営者たちにアドバイスし、その隆盛を支えた。主にビジネス向けに活用されたこの学派は当初「インダストリアル・ダイナミクス」と呼ばれていた。

1960年代から、この学派はビジネスの枠組みを超えて、社会問題、経済問題、地球環境問題などの課題に取り組むようになっていった。ビジネスや企業組織がシステムなら、社会や経済や環境もまたシステムである。1970年、ジェイ・フォレスターの本を読んで学派に加わったドネラ・メドウズは、「システム・ダイナミクス」と呼ぶことを提案し、ジェイ・フォレスターがそれを受け入れ、以来そう呼ばれるようになった。

『成長の限界』の衝撃

ドネラ・メドウズは、人口と経済の成長が工業、農業、資源、環境などとどのように相互作用するかをモデル化するワールド・モデル3プロジェクトに参画し、特に人口モデルの精緻化に大いに貢献した。このプロジェクトの研究成果が、ローマクラブによって発表された『成長の限界』レポートである。ドネラ・メドウズはその卓越したコミュニケーション能力によって、レポートのメッセージをわかりやすく解説し、またその後37カ国で1200万部以上出版された同名著作シリーズの主著者となった。

このレポートでは、人口や経済の幾何級数的成長がそのまま続けば、21世紀半ばまでに食料、資源、環境汚染問題などの次々と現れる層状の限界へと対応に追われ、成長は反転して崩壊を迎えることを警告すると同時に、持続可能な発展を遂げれば崩壊を避けることは可能であることを訴えた。最近の研究から、その後40年の軌跡はやがて崩壊にいたるベースシナリオの軌跡をたどっていることが確認されている。また、当時は概念的な資源量や環境の吸収能力の限界が示されていたが、昨今ではこの分野の研究も進み、マティース・ワケナゲルらの「エコロジカル・フットプリント」やヨハン・ロックストロームらの「プラネタリー・バウンダリー」などを通じて、現在の人間活動による活動量と限界の関係がより具体的に明らかになっている。

システム・ダイナミクス学派の当初の発展は、創始者の深い洞察による面が多かったが、そこに学術的、建設的に批評する文化を植え付け、その方法論を体系的に築いたのもドネラ・メドウズの功績だ。経済や経営の意思決定の際の分析に標準的に使われるのは、たいてい、数量経済学モデル、最適化モデル、インプット－アウトプット・モデルとシステム・ダイナミクス・モデルのいずれかである。ドネラ・メドウズは、これらの方法論のメリットやデメリットを鋭く批評し、定量化モデルの活用に関するさまざまな教訓を残し、この本でも数多く紹介している。世界に名だたる組織の官僚たちが表面的な、目に見えている数字だけを取り上げて、コインの裏返しのような議論に終始している状況に業を煮やし、思わず白板に書き出したのが、「システムの12のレバレッジ・ポイント」（第6章）である。世界の多くのシステム思考家の間で指南書として親しまれている。

盟友ピーター・センゲ

ドネラ・メドウズはまた、「システム原型」（第5章）の発案者でもある。さまざまなシステムに見られる問題に普遍的に見られるダイナミクスを生み出すフィードバック構造があるのだ。システム思考家たちが、詳細なモデリングを行う前の見立てに使っている基本的な構造の洞察を、より多くの人たちにシステム的な問題の診断や処方に役立ててほしいと考えたのだ。このシステム原型を、ビジネス界や教育に活用したのが、「学習する組織」を提唱して20世紀のマネジメントを変えた一人と言われるピーター・センゲであった。ピーターはドネラ・メドウズの親友でもある。

システム・ダイナミクスを習得するには2～5年、大学院で学ぶ必要があるが、企業やマネージャーがそのような時間の投資をすることは難しい。また、社内であれコンサルタントであれ、一人や二人の専門家が直感には反するがシステム的には正しい洞察を語っても、組織の論理には簡単につぶされてしまう。そこで、ピーターは、専門知識がなくともみながシステム思考の初歩を学び、初歩的なツールであるシステム原型を活用したのだ。それによって、工場のフロアであれ、販売の現場であれ、多くの現場人が、目の前のことに右往左往するのではなく、一歩下がって大局や全体像に近づくことを実現していった。具体的には、ハーレーダビッドソンの工場の従業員や、ハノーバー保険会社の社員たち、シェルの経営者・マネージャーたちなどである。彼らの経験から抽出されたのが、システム思考を軸とする「学習する組織」のコンセプトであり、1990年発刊の *The Fifth Discipline*（邦題『最強組織の法則』〔徳間書店〕）は300万部を超える大ベストセラーとなった。

21世紀型ともいえるこの新しい組織論は世界各地のさまざまなセクターから注目され、フォード、インテル、BP、ナイキなどの大企業から、中小企業、学校、病院、NGOや国際機関までさまざまな組織でシステム思考と学習する組織を展開した。こうした実践の広がりは、2006年に改訂された *The Fifth Discipline*（邦題『学習する組織』〔英治出版〕）や、3種類のフィールドブック——ピーター・センゲ他『フィールドブック　学習する組織「5つの能力」』（日本経済新聞社）、ピーター・センゲ他『フィールドブック　学習する組織「10の変革課題」』（日本経済新聞社）、ピーター・センゲ他『学習する学校』（英治出版）——の中で紹介されている。

とりわけこの10年ほどで飛躍的に進んでいるのが、教育界での応用であろう。アメリカのいくつもの州で、システム思考を義務教育のカリキュラムの中で教えることを義務づけている。オランダでは、先進的な教育長たちの働きかけで、多くの学校の現場にシステム思考と対話やシステム的な価値観に関する実践が組み込まれ始めており、世界が注目する視察対象となりつつある。目の前のことだけでなく広くつながりを捉え、時間軸を長くしてほんとうに大切なことを考え、話し合い、選択することができるような市民たちを育てていくビジョン（ドネラ・メドウズのいう「地球市民」、あるいはピーター・センゲのいう「システム市民」）は世界では着実に現実に向かっているといえるだろう。

ジャーナリストへの転身

ドネラ・メドウズがピーター・センゲに大いに影響を与える一方で、ピーター・センゲもまたドネラ・メドウズへと大いに影響を与える。ドネラ・メドウズが生涯関わり続けた開発問題や環境問題の政策・戦略策定の文脈においては、ひとたび目的・目標が与えられると、すぐに政策や制度、行動計画など、その目的を「どうやって（How）」実現するかの議論に集中しがちである。しかし、政府や中央の示す大上段な政策や制度は多くの場合、機能しない。それは目的という一般的な概念が、具体的にはどんな未来となるのか、そこに関わる利害関係者の一人ひとりにとってどんな日常や特別な時を生み出すのか、そうした主観的かつ具体的なビジョンが見えない限り、ほとんどの関係者は動かないからだ。一人ひとりにとって「何が（What）」生み出されるのか、まず自分自身じっくり考え、周囲の人たちと話し、外部の人に聞いて、未来のイメージをストーリーとして自分の中でいきいきと築くことの重要性をドネラ・メドウズは訴え続けた。ビジョンを語り、みなで共有することはきわめて効果の高いレバレッジ・ポイントだ。

ビジョンをしっかりと抱く一方で、現実についてありのままに見つめ、「真実を語る」ことも同様に重要である。アメリカの名門アイビーリーグの一角でもあるダートマス大学において、ドネラ・メドウズはテニュア（雇用保障）を持つ最初の女性教授となり、ディレクターとして活躍した。その輝かしいキャリアにもかかわらず、彼女は教授職を辞めてジャーナリストになることを選んだのである。

どんなに優れたシステムの洞察も、私たちのだれもがもつ思考と行動の枠組みであるメンタル・モデルに関わりがないときや受け容れがたいときには黙殺されることを多くのシステム思考家たちは経験してきた。知識体系ともいえる私たちのメンタル・モデルは、家庭や学校や職場で、日々の体験や会話の積み重ねで築き上げる。ひとたび存在しないと信じると、見ようとしないために見えず、そのために現実にも存在しないと考える。またその逆に、本来私たちが想像しただけのものでも、その存在を信じることによって、あたかも現実にあるように考える。私たちの知識や思考の限界を創り、システムの姿を見誤らせるメンタル・モデルは極めてやっかいで、集団的な組織風土や文化とも相互作用し、独自の発展を見せる。このメンタル・モデルのゆがみをあらため、より広く現実を見ることができるようになるためには、シグナルや情報や会話が重要である。ドネラ・メドウズは、メディアを流れる情報を変えることにメンタル・モデルを広げるチャンスがあることを見いだした。ジャーナリストとなって、生前に9冊の本を書き上げ（死後にダイアナ・ライトの編集で出された本書は10冊目である）、16年間に800ものエッセイを書いた。短いながらも人間らしさを中心に据えてより大きなシステムについて洞察をわかりやすく示すものばかりであった。

とりわけ、「地球市民《グローバル・シチズン》」と呼ばれた彼女のコラムは、「地球規模でものごとを考えながら足元で行動する」というスローガンを体現するものばかりである。世界の貧困や飢餓の問題に取り組みながら、アメリカ東部に農地を買って仲間たちと共同でコミュニティを築き、畑を耕し、羊を飼育していた。肌身に感じる食料や農業や私たちの仕事やライフスタイルが、どのように世界の問題とつながり、また、私たちの足元の行動がどのように世界をよりよいものにできるかの数多くの洞察を世界の多くの人たちに伝えている。解説者自身もまた、彼女の残した「世界がもし100人の村だったら」のエッセイを読んで、キャリアとライフスタイルの大きな転換をせずにはいられなかった（1990年にドネラ・メドウズが著した「村の現状報告〔State of Village Report〕」がこのエッセイの原型となった）。

研究者・活動家の実践ネットワーク「バラトン・グループ」

ドネラ・メドウズはまた、「仲間をつくる」こと、「学習する」ことの重要性を語る。まだ世界が冷戦下にあった1982年、ドネラ・メドウズとデニス・メドウズは、東西の科学者が地球環境問題に関してその理解を共有して広げ、各地でレバレッジのある政策や社会運動を展開するにはどのようにすればよいかを話し合うシステム科学者と活動家たちのネットワークを築く。いわゆる「バラトン・グループ」の誕生だ。

当時、東欧圏にあってハンガリーは西側諸国からの訪問者への査証発行が比較的容易であった。同国資源省の支援もあって、保養施設のあったバラトン湖畔で年1回、40〜50名ほどの研究者と活動家を招き、6日間にわたって昼夜議論を続ける。2014年までにすでに33回が開催され、45カ国400名ほどのメンバーがバラトン・グループに所属している。東西、南北のさまざまな立場で活躍するリーダーたちは、午前中は最先端の科学や政策立案についての発表を聞いては議論し、午後にはそこから浮かび上がるテーマや問い、個々人の抱えるプロジェクトについてオープンスペース型の対話を展開する。こうして、それぞれのメンバーの課題理解を広げ、思考の枠組みを再設定し、解決策のアイディアやプロトタイプを築いていく。この合宿を通じて、数多くの著作、論文、ワークショップ、シミュレーション・ゲームなどが生まれ、前述のエコロジカル・フットプリントやプラネタリー・バウンダリーなどもバラトン・グループを通じてそのコンセプトを磨き上げられている。

バラトン・グループの合宿はこうした知識創発だけでなく、変化の担い手たちの国際的な絆づくりにも大きな成果を残す。合宿は知的な議論のやりとりのみならず、早朝あちこちで展開される瞑想、散策、ジョギングに始まり、ワインやビールを飲んでの談話や、それぞれの地域の歌や踊りや民族習慣の披露など、それぞれの個人について深く知るのみならず、それぞれの国や地域の文化的、社会的背景の理解を深め、知らず知らずのうちにステレオタイプで見がちなさまざまな異国の文化について、現実を見るための気づきを与えてくれる。こうした絆に基づいて、世界のどこかで、メンバーの間でいくつもの自己組織的なプロジェクトが展開される。また、他の国際学会や国際交渉の場において、すでに信頼を築いた関係者たちがそこにいることは、互いへの不要な疑心暗鬼を減らし、高い信頼に満ちた場をより早く形成することを助ける。

こうした自己組織化は参加メンバーの自律的な意思とシンプルな基本ルールの設定によって起

こる。たとえば、バラトン・グループの場合は「6日間で全員が互いに話し合えるように人数は40~50人までとする」、「参加者は部屋に閉じこもらず昼夜会話に参加する」、「何に関心を持ち、何を提供でき、何を得たいかを明確にする」などである。システムに深い造詣をもつドネラ・メドウズたちの考え出した、自己組織化する学習者ネットワークコミュニティのプロセスデザインは、「学習する組織」の高度な実践例とも言えるだろう。

意志を継ぐ仲間たち

ドネラ・メドウズによる、越境した実践者ネットワーク作りはバラトン・グループにとどまらない。彼女は世界で食料関連の環境・社会課題の解決でめざましい成果を見せる、サステナブル・フード・ラボ（SFL）のタネをまいた張本人である。SFLは、ユニリーバ、コカ・コーラなどの食品・飲料関係の企業、オックスファム、WWFなどのNGO、そして生産者団体やコミュニティ団体など、五大陸にまたがる80近くの諸団体が協働で持続可能な食料システムを築くために集まったコンソーシアムである。参加企業は、実施プロジェクトにおいて環境負荷を半減し、安全、労働、人権などの諸問題への画期的な解決策を見いだし、また、貧困地域での農業開発・経済開発への資金や技術提供を行っている。

このプロジェクトは、ドネラ・メドウズが盟友のピーター・センゲに一本の留守電を残したことに端を発する。それまで開発や環境問題に、NGOなどと草の根で取り組んでいたドネラ・メドウズであったが、グローバルに展開する経済システムの状況を踏まえたとき、経済システムの主要プレイヤーである多国籍企業とも手を結ばなければ大きな成果を得られないことを痛感する。そこで、世界の企業経営者からグールーとして尊敬を集めるピーター・センゲに連絡をして、市民団体と企業の連携の必要性を訴えた。あいにく、ドネラ・メドウズはこの留守電後まもなく急病に倒れ、亡くなった。

ピーターとの協働は、バラトン・グループのメンバーで、ドネラ・メドウズとともに食料問題に取り組んでいたハル・ハミルトンに委ねられる。ピーターもまた、ドネラ・メドウズの最期のメッセージを受け止め、サステナビリティに向けて企業経営者たちを動かすことに本格的に取り組みはじめる。このふたりの尽力によって、今や世界最大規模の企業・市民連携プロジェクトが展開され、また、このプロジェクトを通じて磨き上げられたUプロセス（U理論）、マインドフルネス、マルチステークホルダー・ダイアログなどの手法は多くの企業内外のプロジェクトで活用され始める。

『成長の限界』には2冊の続編があるが、文明への警鐘とも受け止められる本の最後の章で、ドネラ・メドウズは常に人間の善の可能性を信じ、よりよい未来を選択できることを訴え続けてきた。彼女が最後の章で人類がよりよい未来を築くために必要となる5つのポイントを紹介する――「ビジョンを描く」、「仲間をつくる」、「真実を語る」、「学習する」、「慈しむ」である。ドネラ・メドウズはこのモットーをまさに体現してきた人物だ。彼女の慈しみの心に触れた、多くの仲間たちが、システム思考を広げ、よりよいシステムを築くために今でも活動を続けている。

システム思考の活用法

本書では、システム思考の基本的な原則や、身の周りにあるシステムをどのように捉えればよいかを指南している。その実践は、システム思考の実践は政府や企業経営での政策や戦略策定のレベルから、市民の家庭や職場での日々の問題解決のレベルまで実に多岐にわたる。ここでは、システム思考をどのように活用するかについて補足したい。巻末にドネラ・メドウズの愛弟子でありEU大統領付科学技術アドバイザーほか、国連機関、国、自治体、企業、地域コミュニティなどで実践を重ねるアラン・アトキソン氏作成の活用法を付したので参考にされたい。

共通するプロセスは、(1)「何が起こっているか」をありのままに見つめ（指標）、(2)なぜ起こっているかを説明できるものごとのつながりを見いだし（システムの観察）、(3)レバレッジ・ポイントと呼ばれる効果的な介入ポイントを特定して働きかけを探り（イノベーション）、(4)その実施や移行のための戦略を築いて（戦略）、(5)リソースを動員する人たちの合意を得る（合意）ことである。

初級レベル

初級レベルでのシステム思考プロセスは、職場、プロジェクト、家庭、地域などで仕事や人間関係の問題が起きたときに活用するとよい。また、オペレーションやプロジェクト、事業戦略において一歩引いて大局で考えたりするのに有用である。

▼指標

懸念や目標に関わる重要な課題事項について、改善か悪化か横ばいかなどの傾向をグラフに描くとよいだろう。このツールは時系列変化パターングラフと呼ばれる。第1章、第2章の横軸を時間とした数多くのグラフがその例である。ただし、本書にあるもののほとんどがシミュレーション結果を示すが、実際には観察した結果をプロットしたり、折れ線グラフで表す。ここでの目的は第4章の「魅惑的な出来事」にあるように、目の前の出来事や結果にとらわれるのではなく、大局の流れを見ることである。まさに、「システムのビートを理解する」（275頁）ことから始まる。

▼システムの観察

ついで、指標の傾向がなぜ起こっているかを説明するために課題、指標、あるいはそのほかの要素を書き出し、その関係を因果の矢印で結ぶ。ここで重要なのは、単なるインプット－アウトプット分析や回帰分析に見られるような線形の関係にとどめず、原因から結果へと影響を与えたことが、再び原因にもどってくるフィードバック・ループ（第1章）を見いだすことである。このフィードバック・ループには、起こり始めた変化を強化する自己強化型ループと、起こり始めた変化を打ち消すバランス型ループの2種類があって、たいていの傾向はいくつかのループが複雑に絡み合って起こっている。このフィードバックの絡み合いを表した図がループ図である。また、第5章に紹介されているシステム原型は、このループ図の絡み合いについてさまざまなシステムでよく見られる基本形を示している。

▼イノベーション

システム原型の知恵やループ図の流れを吟味して、レバレッジ・ポイントを見いだす。システム原型を知ることによって、レバレッジが存在しないところ（たいていは問題のすぐ近く）を知ることはできるし、可能性のあるところをいくつか優先的に見ることはできる。ただし、レバレッジ・ポイントを見つけるための確かな公式は存在しない。システムのそれぞれの現場を知るものが集い、ループ図を見ながら対話していくことでレバレッジが見いだされていく。レバレッジを発見したら、そのポイントに対して今までやっていた解決策だけでなく新しい解決策やその実行方法をできるだけ数多く列挙しよう。ドネラ・メドウズの12のレバレッジ・ポイント（第6章）の見いだし方は、そうしたブレイン・ストーミングの有用な問いかけをしてくれる。

▼戦略・合意

ひとたび解決策のリストができたら、もっとも波及効果が大きく、副作用が軽度で、できるだけ中長期にシステムの資本や能力を積み上げるような解決策を選ぶ。システム的な課題において、介入ポイントは一つであることはまれで、システムのあちらこちらで共通理解に基づく行動がシステムの多くの場所に波及する必要がある。そのときどきのプライオリティは存在しうるが、順序立てが重要であるため、その展開を関係者間で共有し、リソース投下や行動へのコミットメントや合意をつくることが重要である（初級レベルのシステム思考の活用方法については、枝廣・小田著『なぜあの人の解決策はいつもうまくいくのか？』〔東洋経済新報社〕を参考にされたい）。

一見、一般の課題解決プロセスとそれほど違わないかもしれない。システム思考の最大の効果の一つは、共通理解を築くために、グラフや図を協働で作成したり、あるいはほかの人の描いたグラフや図について質問や意見をしたりするプロセスにある。システム思考では多くの問題について、「だれかが問題を起こしている」と見るのではなく、「いかなる構造が、そこにいる人に問題につながる行動をとらせるのだろう」という視点で見る。だれかを責めるのではなく構造に焦点をあてるために、利害が対立している人たちの間でも比較的、話を進めやすい。目的や解決策は、立場が違うと必ずしも合意できないかもしれないが、何が起こっているのか、なぜ起こっているのか、どのような関係者がいてどのように影響を受け、また与えているのか、といった状況への理解が広がっていくのだ。課題に対して何か新しい行動をとるのではなく、新しい気づきや理解に基づいて行動することで解決できることが少なくない。

課題によっては、既存のシステムの修正という域を超えて新しいシステムを築く必要があるだろう。今のシステムの不具合は理解できても、どのようなシステムが実際にうまくいくかは簡単にはわからない。そんなときには現場に行って、実験したり、プロトタイプを創ってみることだ。システムの知恵というのは、現場で実際に動いてみることでずいぶんと明らかになる。また、自分たちのわからないことに関する明確な「問い」を意識して現場に出向くこと自体が、大きな学習機会を築いてくれる。

システム思考をひとたび身につければ、たいていの身近な課題は半日から2日間で解決策を見いだすことができるし、簡単な課題なら1〜2時間ほどの振り返りや対話でシステムの洞察を見いだすことも可能だ。

初級レベルのシステム思考の修得に要する期間は通常数カ月程度だ。初めての人が自転車のこぎ方や自動車の運転方法を学ぶ状況を思い描いてほしい。基本原理を講義で聴くのは半日から2日もあれば十分こと足りるが、自分でそれができるようになるために必要なのは練習と実践の反復だ。実際どのような加減でペダルやアクセルを踏めばよいか、どんなタイミングと強さでブレーキをかけるか、どのようにハンドルのバランスをとればよいか、そして実際の道路に出たときに、現在地から目的地までをどのように計画し、走行して、現場で起きる障害にどのように対処すればよいのか――こうした一連の実践を身につけるのに、多くの人は数カ月をかけたことであろう。集中的に学べば2～4週間でできるようになる人もいるかもしれない。システム思考の修得にもそうしたプロセスが必要だ。

そこまで時間がかかるのでは導入は無理という組織では、ピーター・センゲが世界各地の多くの企業で展開したように、システム原型を使うと手っ取り早い。いくつかのシステムの重要原則を説明した上で、原型を使って問題状況を構造的に捉えやすくして、その構造への自らの関わり方についての内省や対話を促すのだ。普段の会議や改善ミーティングで、システム思考という手法には言及しないまま、問題の整理や解決の話し合いに織り込んでいくとよい。システム的にものごとを見はじめ、解決策を順序立てて集団で行うと今まで発生していたムダがどんどんと解消されていく。そうして浮いた時間と、実績を出したことによる信頼が積み上がったら、より本格的にシステム思考に取り組んでもよいであろう。

中級レベル

中級レベルを実践する場面は初級レベルとほぼ同じだが、より多くの関係者のいる組織や地域コミュニティの文脈が増えてくるであろう。こうした状況では、変数の動向や因果のつながり、フィードバック・ループだけでは説明できないケースも出てくる。システムのダイナミクスがより複雑になっているためだ。

▼指標

初級レベルでは、データがない指標の情報はそこにいる人たちや現場の聞き取りでの実感値でグラフを描く。しかし、より多くの関係者に影響を与える施策を検討する際には、たとえば社員が組織に対して抱くエンゲージメントや顧客の満足度などに関して、より広範に、正確にデータを測定することが必要になることもあるであろう。また、一部署や部門を超えて行うならば、定義や基準・目標値も確認できるとよいであろう。第1章にあるように、何がそのシステムを動かしているのか、ゲームのルールを理解することが重要である。

▼システムの観察

ループ図では主要な変数がどのような相互作用、つまりフィードバック・ループを構成しているかを主眼にシステムをモデル化する。中級レベルにおいては、第1章、第2章に書かれているようなストック・フロー群をまず描き、それを制御したり、作用したりして発動するフィードバック・ループを加えてシステム図を構築する。さらには第4章で紹介している、ループ支配のシフトを規定する非線形性、目的に応じたシステムの境界、ボトルネックを生み出す層状の限界と最少量の法則、時間的遅れ、関与する行為者の限定合理性などを吟味する。

モデル化にあたって、通常はモノやエネルギーや人や仕事など物理的なシステムのストックとフローを描き、そこに関与する利害関係者たちがどのように認知し行動するかを描くコントロール・ループを加える。さらに、そこから派生するさまざまなフィードバック・ループを順次加えるという流れでシステムの全体像を明らかにしていく（このプロセスは、ジョン・スターマン著『システム思考』〔東洋経済新報社〕が詳しい）。

▼イノベーション・戦略・合意

基本的なプロセスは初級レベルと同じであるが、組織や地域規模での実施の場合、組織の戦略や自治体などの政策レベルで考えるために、解決策としてより広範にインフラ、制度、技術などを検討する場面が増える。出てきた新しい発想に基づき、未来のビジョンを策定したり、ビジョンから逆算して行動を導き出すバックキャスティング手法を活用し、そのほかＳＷＯＴ分析などのさまざまなツールを活用して、現在地点から未来の目標地点までの道筋を明確にする。こうしたレベルでの実行には、組織や地域としての正式なコミットメントや、それに伴う業務割り当て、人員計画、予算計画が必要となる。

優れたシステム分析がなされた場合であっても、多くのイニシアティブにおいて、実行に必要な共有ビジョンや戦略の有機的なつながりの理解、そして、実施へのコミットメントを欠くことが多い。イニシアティブを実施するチームやプロジェクトもまたシステムであり、そのシステム的な理解が重要性を増してくる。なぜ多くの組織で目的を共有し、ゴール達成に向けて一丸として進めないかの諸課題については、ピーター・センゲ著『学習する組織』（英治出版）が詳しく解説するとともに、どのように組織がチームとして高いパフォーマンスを発揮できるかのアプローチを紹介している。

上級レベル

ドネラ・メドウズをはじめ多くのシステム思考家たちは、国や自治体の政府、国際機関、大企業や国際ＮＧＯなどにおいてシステム思考を実践し、大きな成果を残してきた。大規模な支出を要する投資や、行動の影響が広範で時として深刻な影響を与える場面も多く出てくる。

そうした政策や戦略の検討には、モデル全般にわたって定量化し、過去の傾向の再現や将来にわたるさまざまな起こりうる未来についてのシミュレーションを行い、モデルの堅牢性を確認も求められるだろう。こうしたシステム分析や政策・戦略立案を行うには、システム・ダイナミクスなどの高度なシステム分析のための手法の習得を推奨する。もし、自組織内でそうした能力開発が難しいときには、戦略や政策立案の場面におけるシステム・モデリングに通じたシンクタンクやコンサルタントの活用が有効であろう。システム・モデルについては、システム・ダイナミクスを基礎にしながら、さまざまな手法を組み合わせるモデリング手法やツールが次々と開発されている。

また、システムを理解するにあたって、よりさまざまな利害関係者の異なる利害や認識、目的によって生ずる社会的な複雑性を対象とするような場合は、定量的なモデリングよりも、影響を受け、与え合う関係者たちが参画し、一堂に会して対話を行うダイアログ手法が効果的なことも多い。いわゆる「マルチステークホルダー」によるダイアログに関しては、デヴィッド・ボーム、ウィリアム・アイザック、オットー・シャーマー、アダム・カヘンらの理論と実践が詳しい。

モデル化の対象が国際的な情勢や技術の趨勢、社会変化など、きわめて不確実な状況を取り扱う場合には、シナリオ手法が有効である。元々軍事などで用いられていた手法であるが、ピエール・ワックやキース・ヴァン・デル・ハイデンら、ロイヤル・ダッチ・シェル社のシナリオ・プランナーは、単なる戦略策定の基礎情報として外的環境の分析を行うだけでなく、マネージャーたちの不確実性への認知範囲を広げ、効果的に対処する能力開発として手法の完成度を高めた。この点について詳しいのは、キース・ヴァン・デル・ハイデン著『シナリオ・プランニング――戦略的思考と意思決定』（ダイヤモンド社）やウッディー・ウェイド著『シナリオ・プランニング――未来を描き、創造する』（英治出版）が参考になるだろう。ドネラ・メドウズの指摘する「レジリエンス」の改善や「限定合理性」への対応には最適の手法である。

また、前述のマルチステークホルダー・プロセスとシナリオ・プランニングを統合して、意思決定者たちが単に外的環境を所与として受け止めて適応するだけでなく、利害関係者たちとの共通理解や信頼関係を築くことによって能動的により望ましい未来を選択し、共創することを目指す変容型シナリオ・プランニング手法は、南アフリカ、グアテマラ、コロンビアなどにおける民主主義政権への円滑な移行や、より包摂的な経済開発を実現するなどの成果を出している（この手法はアダム・カヘン著『社会変革のシナリオ・プランニング』〔英治出版〕が詳しい）。

私たちの社会の複雑性は、さまざまな領域があり、さまざまなスケールで、さまざまな関係者が絡んでいることにも所以する。どのように望ましくないシステムからより多くの人にとって望ましいシステムへのマネジメントないし統治を変革することができるか。これににについては、フランク・ギールスとレネ・ケンプのトランジション理論も有用なフレームワークを示し、オランダやイギリスなどのコミュニティ運動や国の政策などで実践されている。ドネラ・メドウズが本書で示すように、社会システムは予測したり、コントロールしたり、切り貼りできるようなものではない。しかし、システムはじっくりと観察することで、長期的な挙動を予期したり、影響を与えたり、方向付けたり、ガイドすることができる。私たち一人ひとりがもつ多様なメンタル・モデルや行動の集合体が社会を築く。ゆっくりとではあっても、私たち社会のパラダイムを転換することは可能だ。そして、社会の支配的な構造や文化や実践は私たち自身のメンタル・モデルの変容とともに変化していく。

私たちの周りを取り巻くシステムは、やっかいだがその間合いや呼吸を見極めさえすれば私たちの人生を大いに豊かにしてくれるかもしれない。そのために大切なものの見方、考え方、そしてあり方について、ドネラ・メドウズは私たちの心の奥底に問いかけてくれる。彼女の提唱するように、ビジョンを描き、真実を語り、仲間をつくり、共に学習し、そして他者と私たち自身を慈しむことを心がければ、だれもがシステム思考家となりうるし、夢を現実に変えるような大きなシステムの変化を導くことができるであろう。

私にとって人生の恩師であり、数多くのメンターや同僚、そしてシステム思考との出会いのきっかけとなったドネラ・メドウズの本をこうして日本のみなさまにお届けできる機会をいただき、感謝にたえない。暗中に見失った心の鍵を探す灯りとして、本書が多くの方にとってよりよい人生や仕事づくりに役立つことを願っている。

２０１４年12月　小田理一郎

システム思考のレベル別活用法

共通	初級	中級	上級
指標 「何が起こっているか」について情報収集・分析する	重要な課題・傾向を見いだし、改善・悪化・横ばいかを評価する	データ測定方法を開発し、傾向・パターンを見いだし、因果関係を分析して、目標・基準に対する評価を行う	包括的で堅牢な指標・報告システムを開発する。パフォーマンス指標は、持続可能な条件、理想の状態、崩壊の閾値を考慮した目盛りに対して測る
システムの観察 要素間の重要なつながりを探しだし、変化を起こすのにもっとも効果的なレバレッジ・ポイントを見いだす	課題・指標の因果関係に関するループ図を作成する。因果関係の連鎖と基本的なフィードバック・ループを理解する	ストック／フロー、コントロール・メカニズム、フィードバック・メカニズム、因果ループと全体のダイナミクス（システムの構造とシステムの挙動の時系列変化）を理解する	通例コンピュータを用いた定量モデリングによって、実績および模擬データを使い、過去のシステムの挙動を説明し、将来のシナリオを開発する（システム・ダイナミクスとシナリオ手法のいずれかまたは両方）
イノベーション レバレッジ・ポイントに働きかける具体的な介入、変化、方法、アイディアを特定する	状況を改善しシステムの望ましい波及効果を生み出す新プロジェクトのブレイン・ストーミング。または既存イニシアティブの採用・適応	優先付けされた一連の課題に適切に対処し、特定されたレバレッジ・ポイントでの実施が可能な新イニシアティブ、政策、技術などをリスト化する	ベスト・プラクティス及び新興の実践例の包括レビュー。新しい選択肢のR&D。実施効果のシステム・ダイナミクス・モデルまたはシナリオによる検証
戦略 実施、移行、長期的な成功に向けての計画を策定する	必要資源を特定、順序づけたTo Doリスト作成、担当者への仕事の割り当て	「戦略マップ」、「SWOT分析」、「バックキャスティング」などの手法を活用し、将来の最善の道筋を選択する	「変化の理論」を作成し、そこからゴールと目標を設定、包括的な戦略計画、評価指標、進捗モニタリング方法を定める
合意 行動へのコミットメントを得る	個人間で交わすコミットメント——約束、自発的な行動、次のステップ／会合の設定など	正式な組織のコミットメント——タスクチーム、業務割り当て、予算配分、期限など	法的に義務のあるコミットメント——規制、政府の政策、資金提供を受ける部署・プログラムなど

（アラン・アトキソン作成）

付録

システムの定義 用語集

- **システム**（System　32頁）：一連の要素や部分が整然と組織され、相互につながったもので、多くの場合「機能」または「目的」と称される、特徴的な一連の挙動を生み出すパターンや構造を持つ。
- **ストック**（Stock　43頁）：時間をかけてシステムに貯まってきた物質や情報の蓄積。
- **フロー**（Flow　43頁）：ある時間軸で、ストックに入ってくる、またはストックから出ていく物質や情報。
- **ダイナミクス**（Dynamics　44頁）：システムやその部分の経時的な挙動。
- **フィードバック・ループ**（Feedback loop　54頁）：ストックの変化が、その同じストックへのインフローまたはアウトフローに影響を与えることができるメカニズム（ルールや情報の流れ、シグナル）。ストックからの因果のつながりが、そのストックの水準によって決まってくる一連の意思決定や行動を通して、ふたたび、そのストックを変えるフローとして戻ってくる。
- **バランス型フィードバック・ループ**（Balancing feedback loop　59頁）：安定に向かう、目標追求型の調整フィードバック・ループ。どの方向への変化かにかかわらず、システムに課せられる変化に逆行・反転しようとするため「負のフィードバック・ループ」とも呼ばれる。

- **自己強化型フィードバック・ループ**（Reinforcing feedback loop　62頁）：増幅・強化型のフィードバック・ループ。変化の方向性を強化するため、「正のフィードバック・ループ」とも呼ばれる。悪循環または好循環。
- **支配のシフト**（Shifting dominance　83頁）：競合するフィードバック・ループの相対的な強さが、経時的に変化すること。
- **レジリエンス**（Resilience　122頁）：かく乱から回復するシステムの能力。外的な力による変化のあとの、復旧・回復・立ち直る能力。
- **自己組織化**（Self-organization　127頁）：新しい構造を作り出し、学び、多様化するよう、自らを構造化するシステムの能力。
- **ヒエラルキー**（Hierarchy　132頁）：より大きなシステムを作り出すやり方で組織されているシステム。システムの中にサブシステムがある。
- **部分最適化**（Suboptimization　137頁）：システム全体の目標を犠牲に、サブシステムの目標を優先することから生まれる挙動。
- **動的な均衡状態**（Dynamic equilibrium　144頁）：インフローとアウトフローにもかかわらず、ストックの状態（その水準や規模）が安定して変わらない状態。インフローの合計がアウトフローの合計と等しい時のみ起こりうる。
- **線形の関係**（Linear relationship　148頁）：原因と結果が比例するシステム内のふたつの要素の関係性。

グラフ上では直線として描くことができる。影響が足し算かつ追加的に現れる。

- **非線形の関係**（Nonlinear relationship　149頁）：原因が比例的な（直線的な）結果を生み出さないシステム内のふたつの要素の関係性。
- **制約要因**（Limiting factor　164頁）：ある時点でシステムの活動を制約する、システムへの必須インプット。
- **限定合理性**（Bounded rationality　172頁）：システムのある一部では合理的であるものの、より大きな文脈や、より幅広いシステムの一部として捉えたときには、合理的ではない意思決定や行動を導く論理。
- **原型**（Archetypes　181頁）：特徴的な挙動パターンを作り出す、よく見られるシステム構造。

システムの原則のまとめ

システム

- システムは部分の総和以上のものである。
- システムの相互のつながりの多くは、情報の流れを通じて作動する。
- システムの中でも最も目につかない部分である機能や目的が、システムの挙動を決める上で最も重要であることが多い。

- システムの構造がシステムの挙動の源泉である。システムの挙動は、経時的な一連の出来事としてその姿を現す。

ストック、フロー、動的な均衡状態

- ストックとは、システム内の変化するフローの歴史の記憶である。
- インフローの合計がアウトフローの合計を上回れば、ストックの水準は上昇する。
- アウトフローの合計がインフローの合計を上回れば、ストックの水準は下落する。
- アウトフローの合計がインフローの合計と等しければ、ストックの水準は変化しない――動的な均衡状態に保たれることになる。
- ストックは、アウトフローのペースを落とすことによっても、インフローのペースを上げることによっても、増やすことができる。
- ストックはシステム内で、時間的遅れ、バッファー、衝撃吸収材として機能する。
- ストックは、インフローとアウトフローを切り離し、独立したものにすることができる。

フィードバック・ループ

- フィードバック・ループはストックから、ストックの水準によって定められる一連の意思決定やルール、物理的な法則、行動を経由し、フローを通してふたたび戻ってストックを変える、閉じた因果関係の連鎖。

- バランス型フィードバック・ループは、システムの中で釣り合いをとろうとする、または目標追求型の構造で、安定性と変化への抵抗の両方を生み出す。
- 自己強化型フィードバック・ループは、自らを強化するもので、時間の経過とともに、幾何級数的な成長または暴走型の崩壊につながる。
- フィードバック・ループ（非物理的なフィードバックですら）のもたらす情報が影響を与えうるのは、将来の挙動だけである。いま現在のフィードバックを駆動している挙動を正すことができるほどの素早さでシグナルを届けることはできない。
- ストック維持型のバランス型フィードバック・ループは、そのストックに影響を与えるインフローまたはアウトフローのプロセスを補うよう、適切に目標を設定しなくてはならない。そうでなければ、フィードバック・プロセスはストックの目標に足りなかったり行き過ぎたりすることになる。
- 似たようなフィードバック構造を持つシステムは、似たようなダイナミクスの挙動を生み出す。

支配のシフト、時間的遅れ、振動

- システムの複雑な挙動はフィードバック・ループの相対的な強さがシフトし、最初にあるループが、続いて別のループが挙動を支配するにつれて生じることが多い。
- バランス型フィードバック・ループにおける時間的遅れは、システムの振動を生じさせる可能性がある。

● 時間的遅れの長さを変えることは、システムの挙動を大きく変える可能性がある。

シナリオとモデルのテスト

● システムのダイナミクスのモデルは、起こりうる将来を探り、「もし～だったら？」と問う。
● モデルが役に立つかどうかを決めるのは、「その推進力となっているシナリオが現実的かどうか」だけではなく（だれも確かなことはわからないので）、「現実的な挙動パターンに対応するかどうか」でもある。

システムに対する制約

● 幾何級数的に成長する物理的なシステムでは、少なくともひとつの成長を推進する自己強化型ループと、少なくともひとつの成長を制約するバランス型ループがあるはずである。有限の環境において永久に成長するシステムはないからだ。
● 再生不可能な資源は、ストックの制約を受ける。
● 再生可能な資源は、フローの制約を受ける。

レジリエンス、自己組織化、ヒエラルキー

● レジリエンスにはつねに限界がある。
● システムは生産性や安定性のためだけでなく、レジリエンスのためにも管理される必要がある。

- システムは自己組織化の特性を持つことが多い。自らを構造化し、新しい行動を作り出し、学び、多様化し、複雑化する能力である。
- ヒエラルキーのあるシステムは、ボトムアップで進化する。ヒエラルキーの上層の目的は、下層の目的に資することである。

システムにびっくりさせられる理由

- システム内の多くの関係は、非線形である。
- 切り離されたシステムはない。世界はつながっている。システムのどこに境界線を引くかは、議論の目的による。
- どのタイミングであっても、システムにとって最も重要なインプットは、最も制約的なものである。
- 複数のインプットとアウトプットを有する物理的なものは何であっても、層状の限界に取り囲まれている。
- 成長にはつねに限界がある。
- あるものの量が限界に向かって幾何級数的に成長する場合、驚くほど短時間でその限界に達する。
- フィードバック・ループに長い時間的遅れがある場合、何らかの「先を見ること」が極めて重要である。
- システム内のそれぞれの主体者の限定合理性は、システム全体の幸せを高める意思決定をもたらさない可能性がある。

メンタル・モデル

- 「世界について知っている」と考えていることはすべてモデルである。
- 私たちのモデルは世界と強く調和している。
- 私たちのモデルは、実際の世界をすべて代表するにははるかに足りない。

システムの落とし穴から逃れる

施策への抵抗

- 落とし穴：さまざまな主体者がさまざまな目標に向かってシステムのストックを引っ張ろうとするとき、結果として、施策への抵抗が生じる場合がある。どんな新しい施策でも、効果的なものであれば特に、他の主体者の目標からさらに遠くへとシステムの状態を引っ張ることになり、さらなる抵抗を生み出し、だれも好まない結果を維持するために、だれもが大きな努力をすることになる。
- 脱出法：手放すこと。すべての主体者を集めて、抵抗のために使っていたエネルギーを用いて、すべての目標を実現するための相互に満足のいくやり方を模索すること。または、全員が力をあわせて引き寄せることのできる、より大きくて重要な目標を定義し直すこと。

共有地の悲劇

● 落とし穴：共有の資源があるとき、どの利用者もその利用から直接的に利益を得るが、その過剰な利用のコストは全員と分かち合うことになる。したがって、資源の状態から、資源の利用者の意思決定へのフィードバックはとても弱いものになる。その結果、資源は過剰に利用され、減衰し、最後には、だれにも使えなくなってしまう。

● 脱出法：利用者への教育や勧告をし、資源の過剰利用の結果が理解できるようにする。また、各自が自分の過剰利用の直接的な結果を感じられるよう資源を私有化するか、（私有化できない資源もたくさんあるので）利用者全員の資源へのアクセスを規制することによって、欠けているフィードバックのつながりを取り戻したり強めたりする。

低パフォーマンスへの漂流

● 落とし穴：パフォーマンスの基準が過去のパフォーマンスに左右されることを許していると（特に、悪いものに偏って過去のパフォーマンスを認知していると）、目標のなし崩しの自己強化型フィードバック・ループが生まれ、システムは低いパフォーマンスへと少しずつ流されていく。

● 脱出法：パフォーマンスの標準を絶対的なものにしておくこと。さらによいのは、最悪のパフォーマンスにやる気をそがれるのではなく、実際の最良のパフォーマンスによって、基準を高めていくこと。高いパフォーマンスへの漂流を設定すること！

エスカレート

- 落とし穴：ひとつのストックの状態が、他のストックの状態を上回ろうとすることで決定されるとき（逆も同じ）、そこには自己強化型フィードバック・ループが存在し、そのシステムを、軍拡や富の競争、中傷キャンペーン、エスカレートする騒がしさや暴力に引きずり込む。エスカレートは幾何級数的で、驚くほどあっという間に極端な状態につながる可能性がある。何も手を打たなければ、そのスパイラルはだれかの崩壊によって終止符を打たれることになるだろう。なぜなら、幾何級数的な成長は永久には続けられないからだ。
- 脱出法：この落とし穴から脱出する最善の方法は、その落とし穴の深みに入らないようにすること。エスカレートのシステムにはまったら、競争を拒むこと（一方的な武装解除）で、自己強化型ループを断つことができる。または、エスカレートを統制するバランス型ループを持つ新しいシステムを交渉することができる。

成功者はさらに成功する

- 落とし穴：競争の勝者が再び勝つための手段を報酬として与えられるシステムになっていると、自己強化型フィードバック・ループが形成され、そのループが阻害されることなく回ると、最後に勝者はすべてを得て、敗者は消え失せることになる。
- 脱出法：多様化すること。それによって、競争に負けている人がゲームから降りて、新たにゲームを始めることができるようになる。だれであれひとりの勝者が手に入れられる割合を厳しく制限すること（独占禁止法）。条件を公平にする施策。それによって、最強のプレーヤーの優位性の一部を取り除いたり、最も弱いプレーヤーの優位性を高めたりする。次回の競争に偏りを生じないように、成功に対する報酬を工夫する施策。

介入者への責任転嫁

●落とし穴：責任転嫁、依存、中毒が生じるのは、「システムの問題に対する解決策が、症状を減らす（または隠す）が、根本的な問題を解決することはなにもしない」ときである。人の知覚を鈍らせる物質にせよ、根本的な問題を隠す施策にせよ、選んだ〝麻薬〟は、実際の問題を解決しうる行動のじゃまをする。

問題を正すための介入によって、元々のシステムの自己維持力が弱まったり損なわれたりすると、その後、破壊的な自己強化型フィードバック・ループが動き出す。システムは悪化し、そうすると、解決策がさらに多く必要となる。システムは、介入への依存度を高めるようになり、自らの望ましい状態を維持することはますますできなくなっていくだろう。

●脱出法：繰り返しになるが、この落とし穴を避ける最善の方法は、落とし穴にはまらないことである。実際には問題に取り組むわけではない、症状を和らげたり、シグナルを否定するような施策に注意すること。短期的な苦痛の除去に注目するのをやめ、長期的な再構築に注力する。自分が介入者なのであれば、システム自体の問題解決能力を取り戻す、または高めるようなやり方で取り組み、そのあと、自分自身は身を引くこと。

もし自分が支えがたいほど依存している側なのであれば、介入を外すまえに、自分のシステム自体の能力を構築して戻しておくこと。早ければ早いほどよい。先送りにすればするほど、抜け出すプロセスは困難なものになるだろう。

ルールのすり抜け

● 落とし穴：システムを統治するルールは、ルールのすり抜けにつながる可能性がある。それは、「ルールに従っている」、「目標を達成している」という見かけを与えながら、実際にはシステムをゆがめる、邪悪な行動である。

● 脱出法：ルールのすり抜けの方向ではなく、ルールの目的を達成する方向に創造性を解き放つよう、ルールを設計したり、設計し直すこと。

間違った目標の追求

● 落とし穴：システムの挙動は、フィードバック・ループの目標に特に敏感である。目標（ルールを満足したという指標）の定義が不正確または不完全だと、システムは従順に機能して、実際には意図していない、または望んでいない結果を生み出すかもしれない。

● 脱出法：システムの実際の福利を反映する指標や目標を明確に示すこと。特に、「結果」と「それを得るための努力」を混合しないように気をつけること。そうでないと、「結果」ではなく、「努力」を生み出すシステムになってしまうだろう。

システムに介入すべき場所（有効性の増す順）

12 **数字**：補助金、税金、基準などの定数やパラメーター
11 **バッファー**：フローと比較したときの安定化させるストックの大きさ
10 **ストックとフローの構造**：物理的なシステムとその結節点
9 **時間的遅れ**：システムの変化の速度に対する時間の長さ
8 **バランス型フィードバック・ループ**：そのフィードバックが正そうとしている影響に比べてのフィードバックの強さ
7 **自己強化型フィードバック・ループ**：ループを動かす増幅の強さ
6 **情報の流れ**：「だれが情報にアクセスでき、だれができないか」の構造
5 **ルール**：インセンティブ、罰、制約
4 **自己組織化**：システム構造を追加、変化、進化させる力
3 **目標**《ゴール》：システムの目的または機能
2 **パラダイム**：そこからシステム（目標、構造、ルール、時間的遅れ、パラメーター）が生まれる考え方
1 **パラダイムを超越する**

システムの世界に生きるための指針

1 システムのビートを理解する
2 自分のメンタル・モデルを白日にさらす
3 情報を大事に考え、尊重し、広げる
4 言葉は注意して用い、システムの概念で強化する
5 測定可能なものだけではなく、大事なものに注意を払う
6 フィードバック・システムのためのフィードバック方針をつくる
7 全体の善を求める
8 システムの知恵に耳を傾ける
9 システムの中の責任のありかを見つける
10 謙虚であり続け、学習者であり続ける
11 複雑性を祝福する
12 時間軸を伸ばす
13 学問の〝領域〟に逆らう
14 思いやりの境界線を拡大する
15 善の目標を損なわない

モデルの方程式

コンピュータを使わなくても、システムについて学ぶことはたくさんあります。しかし、非常にシンプルなシステムであっても、その挙動を探求し始めたら、システムについての自分自身の数学的なモデルをきちんと作ることをもっと学びたいと思うかもしれません。本書で用いているモデルは、もともとは isee systems Inc.（元 High Performance Systems）が開発した「STELLA」というモデリング用ソフトウェアを用いて作ったものです。ここでは、Ventana Systems Inc. の「Vensim」や isee systems Inc. の「STELLA」や「iThink」といったさまざまなモデリング・ソフトウェアに簡単に入れられるよう、方程式を書いてあります。

次頁以降のモデルの方程式は、第1章と第2章で取り上げた9つのダイナミックモデルで用いたものです。ストック、フローの計算式に続いて、定数やシステムモデルの他の要素に関する計算式を示しています。時間は「t」で示され、ひとつの計算から次の計算への時間の変化、つまり時間のインターバルは「dt」で示されています（訳注：ランタイムはモデルがシミュレーションを行う期間）。

第 2 章

<u>サーモスタット（図 15, 20）</u>

▶ストック : 室温 (t) = 室温 (t - dt) + (暖房装置からの熱 - 戸外へ出ていく熱) x dt

▶ストックの初期値 : 室温 = 10℃ (寒い部屋の暖房); 18℃ (暖かい部屋の冷却)

・t = 時間， dt = 1 時間 , ランタイム = 8 時間 , 24 時間

▶インフロー : 暖房装置からの熱 = 望ましい室温と実際の室温の差または 5 の最小値

▶アウトフロー : 戸外へ出ていく熱 = 室温と戸外の気温の差 x 10%. [“通常の”住宅] 室温と戸外の気温の差 x 30%[熱が漏れやすい住宅]

・サーモスタットの設定温度 = 18℃

・望ましい室温と実際の室温の差 = (サーモスタットの設定温度 - 室温) または 0 の最大値

・室温と戸外の気温の差 = 室温 – 10℃ [一定の戸外の温度 , 図 16–18]; 室温 - 24 時間の戸外の気温 [24 時間の昼夜サイクル , 図 19, 20]

・グラフに示されているように、日中の 10℃から夜の –5℃までの 24 時間の戸外の温度幅

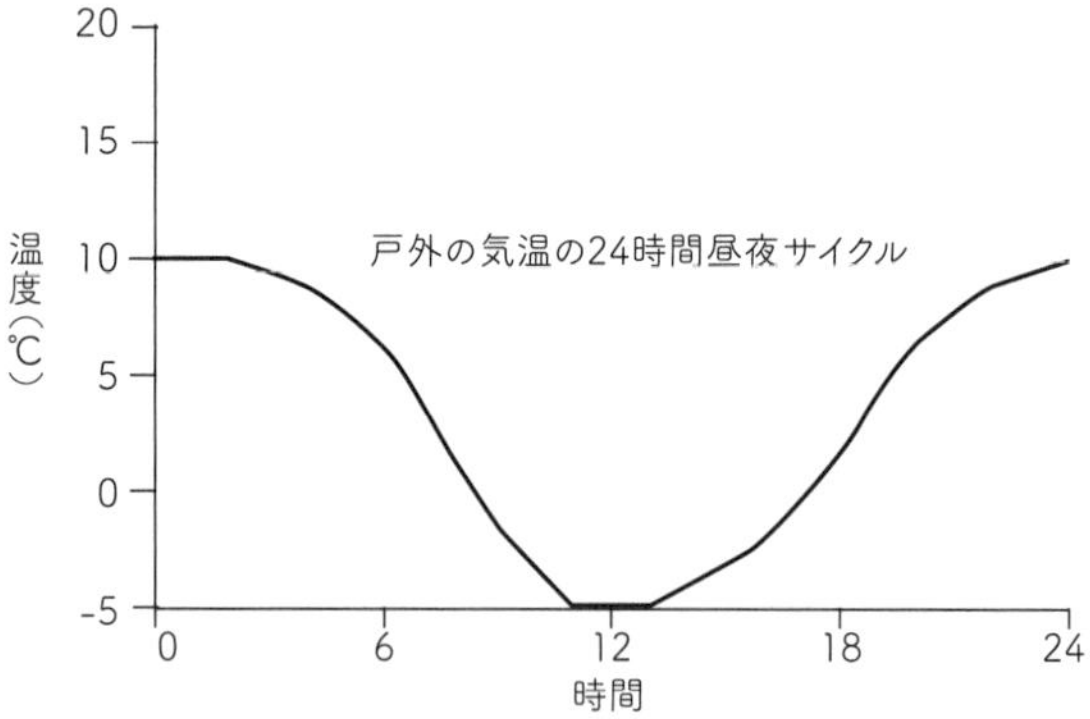

第1章

バスタブ（図 5, 6, 7）
▶ストック : バスタブの水 (t) = バスタブの水 (t - dt) + (インフロー - アウトフロー) x dt
▶ストックの初期値 : バスタブの水 = 50 リットル
・t = 分，dt = 1 分，ランタイム = 10 分
▶インフロー : インフロー = 0 リットル / 分 [0 ～ 5 分]; 5 リットル / 分 [6 ～ 10 分]
▶アウトフロー : アウトフロー = 5 リットル / 分

コーヒーが冷めるまたはぬるくなっていく（図 10, 11）
■冷める
▶ストック : コーヒーの温度 (t) = コーヒーの温度 (t - dt) + (冷却 x dt)
▶ストックの初期値 : コーヒーの温度 = 100℃ , 80℃ , 60℃ [3 つの比較モデルラン]
・t = 分，dt = 1 分，ランタイム = 8 分
▶アウトフロー : 冷却 = 差 x 10%
・差 = コーヒーの温度 - 室温
・室温 = 18℃

■ぬるくなっていく
▶ストック : コーヒーの温度 (t) = コーヒーの温度 (t - dt) + (加熱 x dt)
▶ストックの初期値 : コーヒーの温度 = 0℃ , 5℃ , 10℃ (3 つの比較モデルラン)
・t = 分，dt = 1 分，ランタイム = 8 分
▶インフロー : 加熱 = ギャップ x 10%
・差 = 室温 - コーヒーの温度
・室温 = 18℃

銀行口座（図 12, 13）
▶ストック : 銀行口座の残高 (t) = 銀行口座の残高 (t - dt) + (受取利息 x dt)
▶ストックの初期値 : 銀行口座の残高 = $100
・t = 年，dt = 1 年，ランタイム = 12 年
▶インフロー : 受取利息 ($/ 年) = 銀行口座の残高 x 利率
・利率 = 年利 2%, 4%, 6%, 8%, 10%[5 つの比較モデルラン]

図 26
・死亡率 = 0.009
・出生率 : グラフに示されているように , 0.021 から 0.009 に下がるが , その後 0.30 に上昇

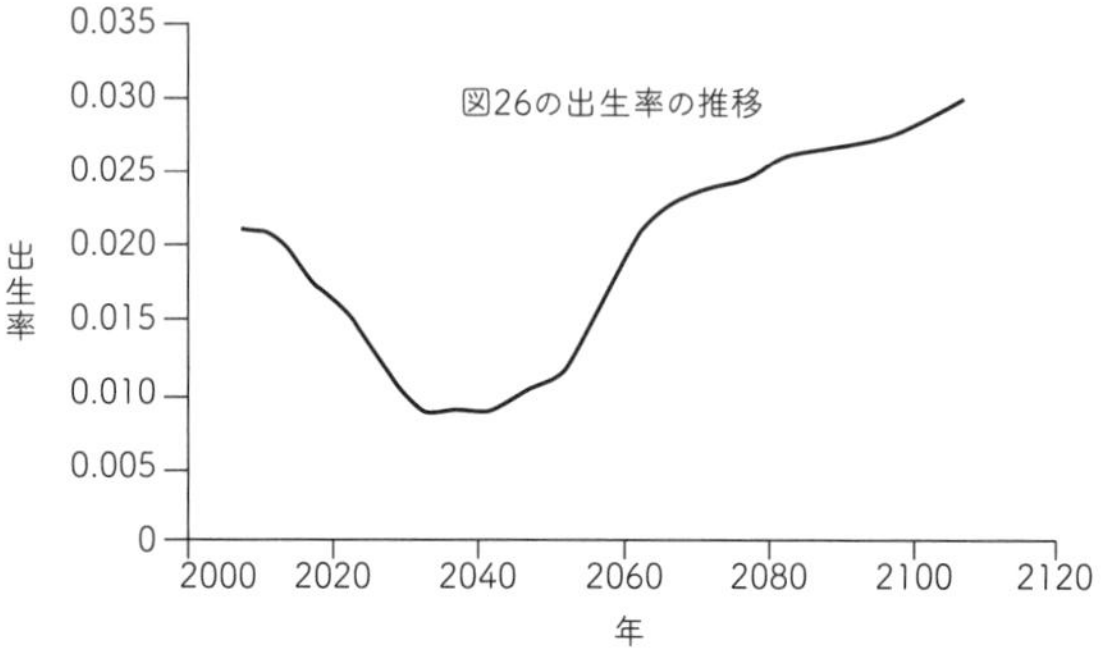

資本（図 27, 28）
▶ストック : 資本ストック (t) = 資本ストック (t - dt) + (投資 - 減耗) x dt
▶ストックの初期値 : 資本ストック = 100
・t = 年, dt = 1 年 , ランタイム = 50 年

▶インフロー : 投資 = 年間アウトプット x 投資に向けられる割合
▶アウトフロー : 減耗 = 資本ストック / 資本の寿命
・年間アウトプット = 資本ストック x 資本当たりのアウトプット
・資本の寿命 = 10 年 , 15 年 , 20 年 [3 つの比較モデルラン]
・投資の割合 = 20%, 単位資本当たりのアウトプット = 1/3

人口（図 21, 26）

‣ストック : 人口 (t) = 人口 (t - dt) + (出生 - 死亡) x dt

‣ストックの初期値 : 人口 = 66 億人

・t = 年, dt = 1 年 , ランタイム = 100 年

‣インフロー : 出生 = 人口 x 出生率

‣アウトフロー : 死亡 = 人口 x 死亡率

図 22

・死亡率 = 0.009(人口 1000 人当たり 9 人)

・出生率 = 0.021(人口 1000 人当たり 21 人)

図 23

・死亡率 = 0.030

・出生率 = 0.021

図 24

・死亡率 = 0.009

・出生率 : グラフに示されているように , 0.021 から 0.009 に減少

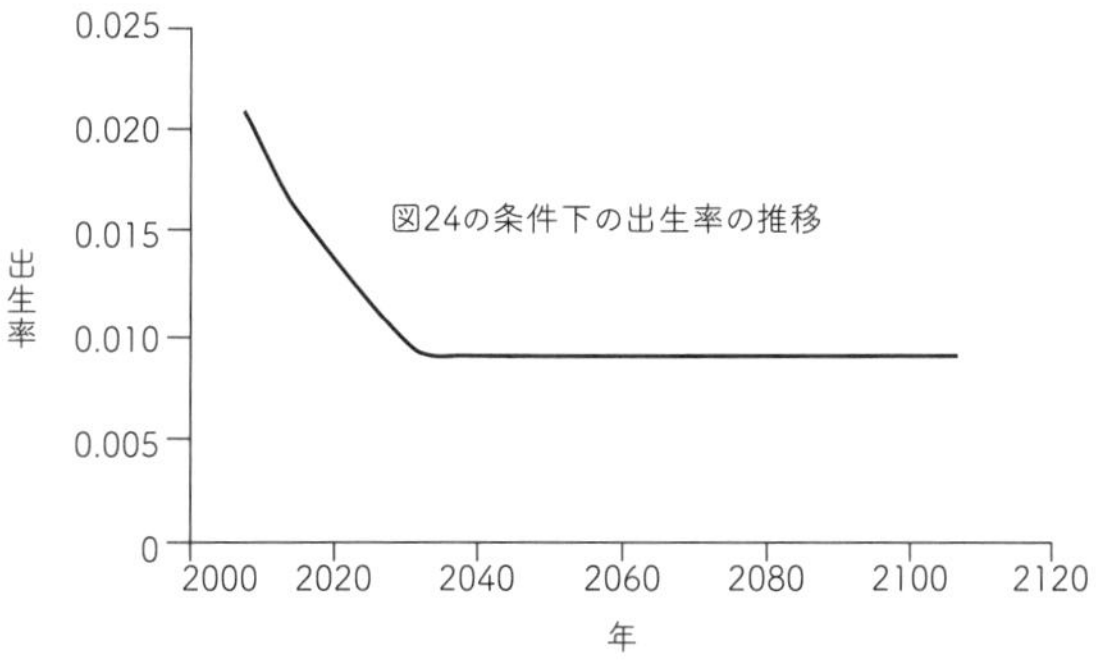

遅れ（図 36）
・認知の遅れ＝5 日
・反応の遅れ＝6 日
・納車の遅れ＝5 日

再生不可能な資源の制約を受ける再生可能なストック（図 37 – 41）
▶ストック : 資源 (t) = 資源 (t – dt) – (採掘 x dt)
▶ストックの初期値 : 資源 = 1000[図 38, 40, 41]; 1000, 2000, 4000[図 39 の 3 つの比較モデルラン]
▶アウトフロー : 採掘＝資本 x 資本当たりの産出高
・t＝年 , dt＝1 年 , ランタイム＝100 年

▶ストック : 資本 (t) = 資本 (t – dt) + (投資 – 減耗) x dt
▶ストックの初期値 : 資本＝5
▶インフロー : 投資＝利益または成長目標の最小値
▶アウトフロー : 減耗＝資本 / 資本の寿命
・資本の寿命＝20 年
・利益＝(価格 x 採掘) – (資本 x 10%)
・成長目標 = 資本 x 10%[図 30–40]; 資本 x 6%, 8%, 10%, 12%[図 40 の 4 つの比較モデルラン]
・価格 = 3[図 38, 39, 40]; 図 41 は , グラフに示されているように , 資本当たりの産出量が多いとき価格は 1.2 から始まり , 資本当たりの産出量が減るにつれ , 10 まで上昇する
・資本当たりの産出量は , グラフに示されているように , 資源ストックが多いとき 1 から始まり, 資源ストックが減るにつれ 0 へと減っていく

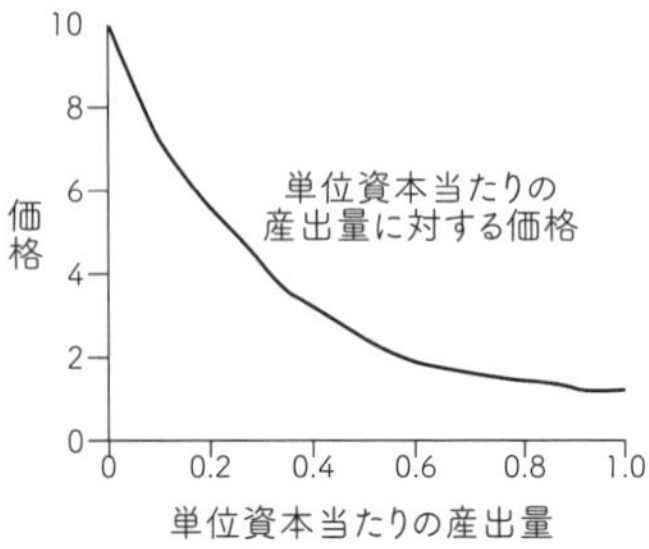

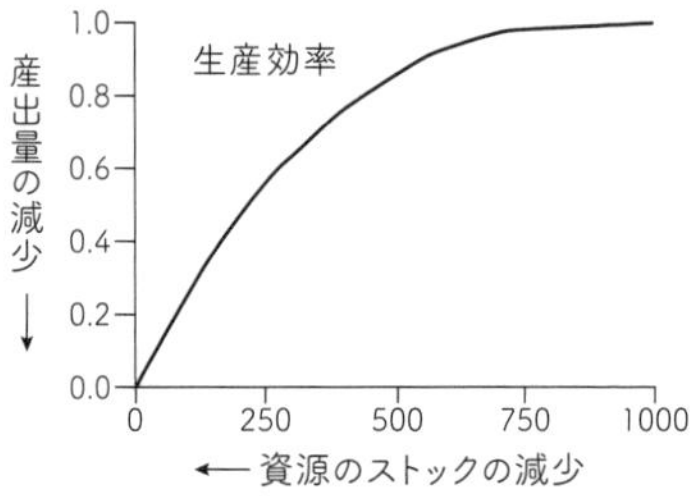

企業の在庫（図 29, 36）

▶ストック : 駐車場の自動車の在庫 (t) = 駐車場の自動車の在庫 (t − dt) + (工場からの納車 − 顧客への販売) x dt

▶ストックの初期値 : 駐車場の自動車の在庫 = 200 台

・t = 日，dt = 1 日，ランタイム = 100 日

▶インフロー : 工場からの納車 = 20 台 [0 〜 5 日]; 工場への発注 (t − 納車の遅れ) [6 〜 100 日]

▶アウトフロー : 顧客への販売 = 駐車場の自動車の在庫または顧客の需要の最小値

・顧客の需要 = 20 台 / 日 [0 〜 25 日]; 22 台 / 日 [26 〜 100 日]

・認知された販売 = 認知の遅れの間の顧客への販売の平均値 (すなわち , 認知の遅れの間の平準化された販売数)

・望ましい在庫 = 認知された販売 x 10

・ギャップ = 望ましい在庫 − 駐車場の自動車在庫

・工場への発注 = (認知された販売 + ギャップ) または 0 の最大値 [図 32]; (認知された販売 + ギャップ / 反応の遅れ) または 0 の最大値 [図 34–36]

遅れ（図 30）

・認知の遅れ = 0 日

・反応の遅れ = 0 日

・納車の遅れ = 0 日

遅れ（図 32）

・認知の遅れ = 5 日

・反応の遅れ = 3 日

・納車の遅れ = 5 日

遅れ（図 34）

・認知の遅れ = 2 日

・反応の遅れ = 3 日

・納車の遅れ = 5 日

遅れ（図 35）

・認知の遅れ = 5 日

・反応の遅れ = 2 日

・納車の遅れ = 5 日

・資源がすべてストックされているか，すべて枯渇している場合，再生率は 0. 資源の幅の真ん中で，再生率は 0.5 近くで最大になる

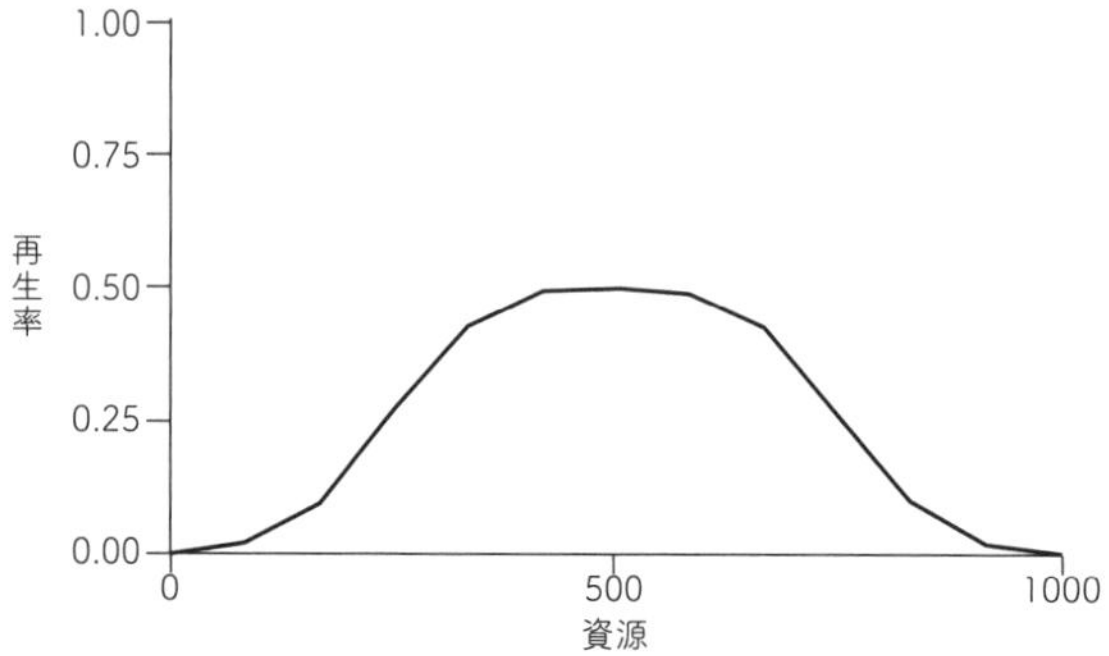

・資本当たりの漁獲量は，資源がすべてストックされているときに 1 で始まり，資源ストックが減るにつれ（非線形的に）減る．資本当たりの漁獲量は全体として，図 43 にあるように，効率の最も低いところから，図 44 にあるように少し効率のよい状況になり，図 45 にあるように最も効率の高い状況になる

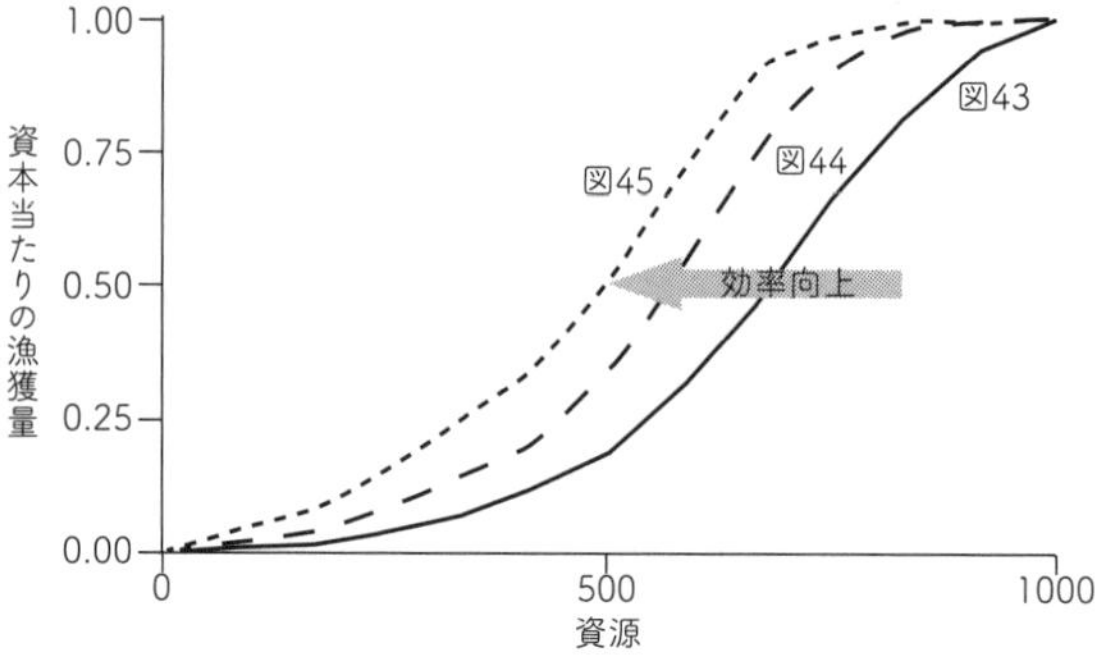

再生可能な資源の制約を受ける再生可能なストック（図 42 – 45）

▶ストック : 資源 (t) = 資源 (t - dt) + (再生量 - 漁獲量) x dt
▶ストックの初期値 : 資源 = 1000
▶インフロー : 再生量 = 資源 x 再生率
▶アウトフロー : 漁獲量 = 資本 x 資本当たりの漁獲量
・t = 年 , dt = 1 年 , ランタイム = 100 年

▶ストック : 資本 (t) = 資本 (t - dt) + (投資 - 減耗) x dt
▶ストックの初期値 : 資本 = 5
▶インフロー : 投資 = 利益または成長目標の最小値
▶アウトフロー : 減耗 = 資本 / 資本の寿命

・資本の寿命 = 20
・成長目標 = 資本 x 10%
・利益 = (価格 x 漁獲量) - 資本
・価格は , 資本あたりの漁獲量が大きいとき 1.2 から始まり , 資本当たりの漁獲量が減るにつれ , 10 まで上昇する . 前のモデルと同じく , 価格と漁獲量の間には非線形の関係がある

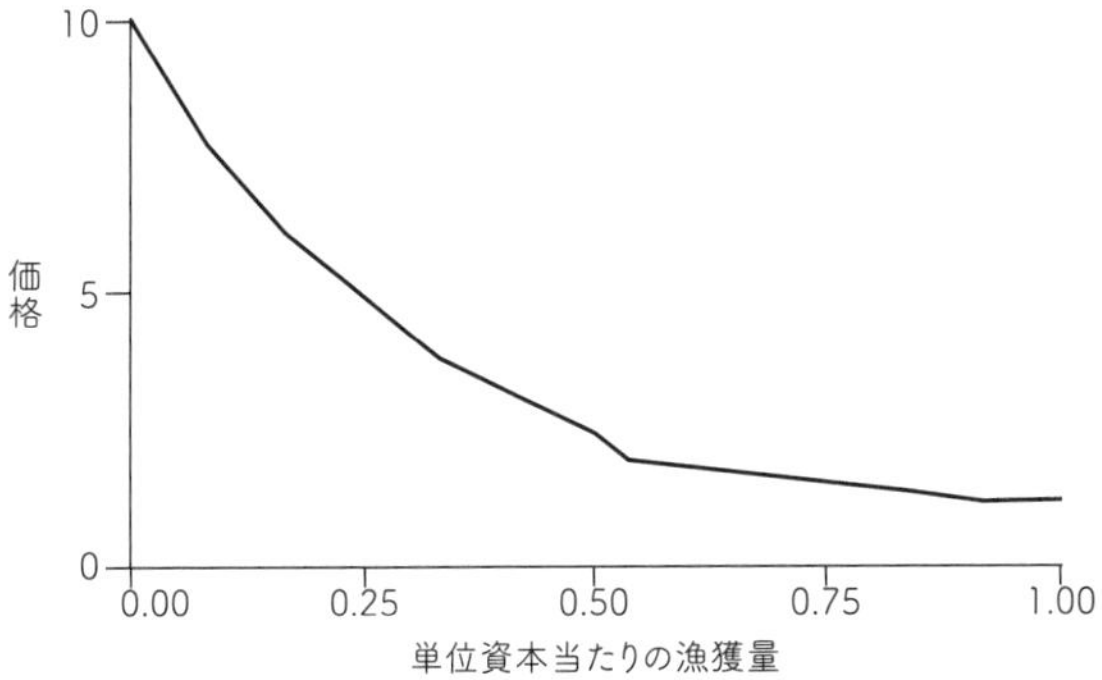

編集者からの謝辞

本書が日の目を見ることができたのは、多くの方々のおかげです。著者であるドネラ・メドウズ自身の原稿では、次のみなさんへ特別の感謝が述べられていました。バラトン・グループ、カッセル大学の環境システム分析グループ、ダートマス大学の環境研究プログラム、イアンとマーゴのボールドウィン夫妻とチェルシー・グリーン・パブリッシング、ハルトムートとリーカのボッセル夫妻、ハイ・パフォーマンス・システムズ（現 isee システムズ）、そして多くの読者や評論家のみなさん。ドネラはまた、ニューハンプシャー州のプレーンフィールドにある自身の有機農場で長年暮らし働いてくれ、彼女の拡大家族である〝農場の家族〟の役割についても記していました。

ドネラの死後、彼女の原稿を出版する準備作業に携わった編集者として、私はさらに次の方々に感謝を申し上げます。アンとハンスのツリガー夫妻とサード・ミレニアム・ファウンデーション、およびサステナビリティ・インスティテュートの役員とスタッフのみなさんは、このプロジェクトを支え、情熱を注いでくださいました。助言や校閲をしてくださったたくさんの方々が本文やモデルについて寄せてくれた意見は、本書が世界のために役立つにはどうしたらよいのかを考える助けとなりました――ハルトムート・ボッセル、トム・フィダマン、クリス・ソダークイスト、フィル・ライス、デニス・メドウズ、エリザベス・サウィン、ヘレン・ホワイブラウ、ジム・スライ、ピーター・シュタイン、バート・コーエン、ハンター・ロビンス、プレシディオ経営大学院の学生たち――みなさんのおかげです。チェルシー・グリーン・パブリッシングのチーム全員が、複雑な原稿を明快な一冊へと丹念に作り上げました。みんなの「我が家」である地球にとって、私たちがより良い「お世話係」になれるようにお力添えくださったみなさんに感謝いたします。

最後に、ドネラ・メドウズから学んだすべてと、本書の編集を通して学んだすべてに、感謝をささげます。

ダイアナ・ライト

システム・ダイナミックス学会：システム思考やシステム・ダイナミクスの活用に尽力する世界中の研究者，教育者，コンサルタント，実践者の国際フォーラム．『システム・ダイナミクス・レビュー』は同ソサエティの公式機関誌．www.systemdynamics.org

ベンタナ・システムズ：システム・ダイナミクスをモデル化するソフト「Vensim」の開発者．vensim.com

システム思考とビジネス

Senge, Peter. *The Fifth Discipline: The Art and Practice of the Learning Organization.* (New York: Doubleday, 1990). ［ピーター・M・センゲ著『学習する組織』枝廣淳子，小田理一郎，中小路佳代子訳，英治出版，2011 年］．ビジネスにおけるシステム思考の活用と，そこから派生するメンタル・モデルやビジョン共有などの哲学的ツールを広範に扱った一冊．

Sherwood, Dennis. *Seeing the Forest for the Trees: A Manager's Guide to Applying Systems Thinking.* (London: Nicholas Brealey Publishing, 2002).

Sterman, John D. *Business Dynamics: Systems Thinking and Modeling for a Complex World.* (Boston: Irwin McGraw Hill, 2000). ［ジョン・D・スターマン著『システム思考』枝廣淳子，小田理一郎訳，東洋経済新報社，2009 年］

システム思考と環境

Ford, Andrew. *Modeling the Environment.* (Washington, DC: Island Press, 1999.)

システム思考と社会、社会変革

Macy, Joanna. *Mutual Causality in Buddhism and General Systems Theory.* (Albany, NY: Stat University of New York Press, 1991).

Meadows, Donella H. *The Global Citizen.* (Washington, DC: Island Press, 1991).

日本語によるシステム思考

● 書籍

枝廣淳子，小田理一郎著『なぜあの人の解決策はいつもうまくいくのか？』（東洋経済新報社，2007 年）

● ウェブサイト

チェンジ・エージェント：システム思考入門や参考図書などがまとめられている．change-agent.jp

参考文献

原注に挙げたものに加えて，出発点となる書籍を紹介します．これらをスタート地点として，システムについて知ったり学んだりするさらなる方法を模索してください．システム思考およびシステム・ダイナミクスの分野は，現在では広範にわたっており，多くの学問に関連しています．さらなる参考文献等については，www.ThinkingInSystems.org もご覧ください。

システム思考とモデリング

● 書籍

Bossel, Hartmut. *Systems and Models: Complexity, Dynamics, Evolution, Sustainability.* (Norderstedt, Germany: Books on Demand, 2007). 複雑なシステムが私たちの世界の動静をどのように形作っているかを理解し，モデル化するための基本的な考え方とアプローチを提供している総合的な教科書．システム関連の書籍情報も豊富．

Bossel, Hartmut. *System Zoo Simulation Models. Vol. 1: Elementary Systems, Physics, Engineering; Vol. 2: Climate, Ecosystems, Resources; Vol. 3: Economy, Society, Development.* (Norderstedt, Germany: Books on Demand, 2007). 科学のあらゆる分野におけるシステムを 100 以上集めたもの．モデル，結果，演習に関する記述に加えて，無料のシミュレーションモデルもダウンロードできる．

Forrester, Jay. *Principles of Systems.* (Cambridge, MA: Pegasus Communications, 1990). 初版は 1968 年．システム・ダイナミクスについての入門書．

Laszlo, Ervin. *A Systems View of the World.* (Cresskill, NJ: Hampton Press, 1996).

Richardson, George P. *Feedback Thought in Social Science and Systems Theory.* (Philadelphia: University of Pennsylvania Press, 1991). 社会理論におけるフィードバック理論の長く多岐にわたる，興味深い歴史を扱った一冊．

Sweeney, Linda B. and Dennis Meadows. *The Systems Thinking Playbook.* (2001). 30 の短いゲーム演習が収録されており，システム思考とメンタル・モデルについて学習できる．

● 組織、ウェブサイト、定期刊行物、ソフトウェア

クリエイティブ・ラーニング・エクスチェンジ：K-12 教育において「システム市民」の育成に尽力する組織．CLE ニュースレターや教師・生徒向け書籍も発行．www.clexchange.org

isee systems, inc.：システム・ダイナミクスをモデル化するソフトウェア「STELLA」と「iThink」の開発者．www.iseesystems.com

ペガサス・コミュニケーション：『システム・シンカー』と『レバレッジ・ポイント』という 2 つのニュースレター，システム思考に関する書籍や資料を発行．www.pegasuscom.com

12. Joseph Wood Krutch, *Human Nature and the Human Condition* (New York: Random House, 1959).

6. John Kenneth Galbraith, *The New Industrial State* (Boston: Houghton Mifflin, 1967). ［ジョン・K・ガルブレイス著『新しい産業国家』都留重人監訳, 石川通達, 鈴木哲太郎, 宮崎勇訳, 河出書房新社, 1968 年］
7. ラルフ・ワルド・エマーソンが 1838 年にボストンで行った講義「戦争」より. 以下の書籍に掲載されている. *Complete Works*, vol. XI, (Boston: Houghton, Mifflin & Co., 1887), 177.
8. Thomas Kuhn, *The Structure of Scientific Revolutions* (Chicago: University of Chicago Press, 1962). ［トーマス・クーン著『科学革命の構造』中山茂訳, みすず書房, 1984 年］

第７章

1. G.K. Chesterton, *Orthodoxy* (New York: Dodd, Mead and Co., 1927). ［G.K. チェスタトン著『正統とは何か』安西徹雄訳, 春秋社, 2009 年］
2. 企業経営の文脈において, システム思考とその他の人間の能力を見事に融合させる事例については, ピーター・M・センゲの『学習する組織』を参照のこと. *The Fifth Discipline: The Art and Practice of the Learning Organization* (New York: Doubleday, 1990). ［ピーター・M・センゲ著『学習する組織』枝廣淳子, 小田理一郎, 中小路佳代子訳, 英治出版, 2011 年］
3. Philip Abelson, "Major Changes in the Chemical Industry," *Science* 255, no. 5051 (20 March 1992), 1489.
4. Fred Kofman, "Double-Loop Accounting: A Language for the Learning Organization, *The Systems Thinker* 3, no. 1 (February 1992).
5. Wendell Berry, *Standing by Words* (San Francisco: North Point Press, 1983), 24, 52. ［ウェンデル・ベリー著『言葉と立場』］
6. この話は, ピュー=ロバーツ・アソシエイツのエドワード・ロバーツから聞いたものだ.
7. Garrett Hardin, *Exploring New Ethics for Survival: the Voyage of the Spaceship Beagle* (New York, Penguin Books, 1976), 107. ［ガレット・ハーディン著『地球に生きる倫理』松井巻之助訳, 佑学社, 1975 年］
8. Donald N. Michael, "Competences and Compassion in an Age of Uncertainty," *World Future Society Bulletin* (January/February 1983).
9. 以下の書籍に引用されたドナルド・N・マイケルの言葉. H. A. Linstone and W. H. C. Simmonds. eds., *Futures Research* (Reading, MA: Addison-Wesley, 1977), 98–99.
10. Aldo Leopold, *A Sand County Almanac and Sketches Here and There* (New York: Oxford University Press, 1968), 224–25. ［アルド・レオポルド著『野生のうたが聞こえる』新島義昭訳, 講談社, 1997 年］
11. Kenneth Boulding, "The Economics of the Coming Spaceship Earth," in H. Jarrett, ed., *Environmental Quality in a Growing Economy: Essays from the Sixth Resources for the Future Forum* (Baltimore, MD: Johns Hopkins University Press, 1966), 11-12.

6. Garrett Hardin, "The Tragedy of the Commons," *Science* 162, no. 3859 (13 December 1968): 1243–48.
7. Erik Ipsen, "Britain on the Skids: A Malaise at the Top," *International Herald Tribune*, December 15, 1992, p. 1.
8. Clyde Haberman, "Israeli Soldier Kidnapped by Islamic Extremists," *International Herald Tribune*, December 14, 1992, p. 1.
9. Sylvia Nasar, "Clinton Tax Plan Meets Math," *International Herald Tribune*, December 14, 1992, p. 15.
10. Jonathan Kozol, *Savage Inequalities: Children in America's Schools* (New York: Crown Publishers, 1991).
11. トーマス・フリードマンの言葉. "Bill Clinton Live: Not Just a Talk Show," *International Herald Tribune*, December 16, 1992, p. 6.
12. Keith B. Richburg, "Addiction, Somali-Style, Worries Marines," *International Herald Tribune*, December 15, 1992, p. 2.
13. カルビンとホッブズの風刺画. *International Herald Tribune*, December 18, 1992, p. 22.
14. Wouter Tims, "Food, Agriculture, and Systems Analysis," *Options*, International Institute of Applied Systems Analysis Laxenburg, Austria no. 2 (1984), 16.
15. "Tokyo Cuts Outlook on Growth to 1.6%," *International Herald Tribune*, December 19-20, 1992, p. 11.
16. ロバート・F・ケネディが1968年3月18日に, カンザス州ローレンスにあるカンザス大学で行った講演より. JFK Library でも閲覧できる. http://www.jfklibrary.org/Historical+Resources/Archives/Reference+Desk/Speeches/RFK/RFKSpeech68Mar18UKansas.htm.Accessed 6/11/08.
17. Wendell Berry, *Home Economics* (San Francisco: North Point Press, 1987), 133.

第6章

1. Lawrence Malkin, "IBM Slashes Spending for Research in New Cutback," *International Herald Tribune*, December 16, 1992, p. 1.
2. J. W. Forrester, *World Dynamics* (Cambridge MA: Wright-Allen Press, 1971). [ジェイ・W・フォレスター著『ワールド・ダイナミックス』小玉陽一訳, 日本経営出版会, 1972年]
3. Forrester, *Urban Dynamics* (Cambridge, MA: The MIT Press, 1969), 65. [ジェイ・W・フォレスター著『アーバン・ダイナミクス』]
4. チリのサンチアゴにいるデビッド・ホルムストロームに感謝を.
5. 事例については, デニス・メドウズの消費財価格変動モデルを参照のこと. Dennis L. Meadows, *Dynamics of Commodity Production Cycles* (Cambridge, MA: Wright-Allen Press, Inc., 1970).

Perspectives in Biology and Medicine 7, no. 1 (1963): 58-84.

6. Jay W. Forrester, *Urban Dynamics* (Cambridge, MA: The MIT Press, 1969), 117.［ジェイ・W・フォレスター著『アーバン・ダイナミックス』小玉陽一訳, 日本経営出版会, 1970 年］
7. ヴァーツラフ・ハヴェルがフランス学士院で行った講演より. *International Herald Tribune*, November 13, 1992, p. 7.
8. Dennis L. Meadows, *Dynamics of Commodity Production Cycles*, (Cambridge MA: Wright-Allen Press, Inc., 1970).
9. Adam Smith, *An Inquiry into the Nature and Causes of the Wealth of Nations*, Edwin Cannan, ed., (Chicago: University of Chicago Press, 1976), 477-8.［アダム・スミス著『国富論』山岡洋一訳, 日本経済新聞出版社, 2007 年, 上下巻］
10. Herman Daly, ed., *Toward a Steady-State Economy* (San Francisco: W. H. Freeman and Co., 1973), 17; Herbert Simon, "Theories of Bounded Rationality," in R. Radner and C. B. McGuire, eds., Decision and Organization (Amsterdam: North-Holland Pub. Co., 1972).
11. 「満足化 (satisficing)」という言葉 (「満足させる (satisfy)」と「十分である (suffice)」の造語) はハーバート・サイモンが最初に使用した. 不完全な情報を前に成果を最大化しようとするのではなく, ニーズを適切に満たそうとする選択のことを意味している. H. Simon, *Models of Man*, (New York: Wiley, 1957).［ハーバート・サイモン著『人間行動のモデル』宮沢光一監訳, 同文館, 1970 年］
12. Philip G. Zimbardo, "On the Ethics of Intervention in Human Psychological Research: With Special Reference to the Stanford Prison Experiment," *Cognition* 2, no. 2 (1973): 243–56)
13. この話は, 1973 年にデンマークのコレコレで開催された会議で私が聞いたものだ.

第 5 章

1. バリー・ジェイムスによるインタビューからの引用. "Voltaire's Legacy: The Cult of the Systems Man," *International Herald Tribune*, December 16, 1992, p. 24.
2. John H. Cushman, Jr., "From Clinton, a Flyer on Corporate Jets?" *International Herald Tribune*, December 15, 1992, p. 11.
3. World Bank, *World Development Report* 1984 (New York: Oxford University Press, 1984), 157; Petre Muresan and Ioan M. Copil, "Romania," in B. Berelson, ed., *Population Policy in Developed Countries* (New York: McGraw-Hill Book Company, 1974), 355-84.
4. Alva Myrdal, *Nation and Family* (Cambridge, MA: MIT Press, 1968). Original edition published New York: Harper & Brothers, 1941.
5. "Germans Lose Ground on Asylum Pact," *International Herald Tribune*, December 15, 1992, p. 5.

Chelsea Green Publishing Co., 2004). ［ドネラ・H・メドウズ，デニス・L・メドウズ，ヨルゲン・ランダース著『成長の限界 人類の選択』枝廣淳子訳，ダイヤモンド社，2005 年］

5. Jay W. Forrester, 1989. "The System Dynamics National Model: Macrobehavior from Microstructure," in P. M. Milling and E. O. K. Zahn, eds., *Computer-Based Management of Complex Systems: International System Dynamics Conference* (Berlin: Springer-Verlag, 1989).

第 3 章

1. Aldo Leopold, *Round River* (New York: Oxford University Press, 1993).
2. C. S. Holling, ed., *Adaptive Environmental Assessment and Management*, (Chichester UK: John Wiley & Sons, 1978), 34.
3. Ludwig von Bertalanffy, *Problems of Life: An Evaluation of Modern Biological Thought* (New York: John Wiley & Sons Inc., 1952), 105.
4. Jonathan Swift, "Poetry, a Rhapsody, 1733." in *The Poetical Works of Jonathan Swift* (Boston: Little Brown & Co.,1959).
5. Paraphrased from Herbert Simon, *The Sciences of the Artificial* (Cambridge MA: MIT Press, 1969), 90–91 and 98–99.

第 4 章

1. Wendell Berry, *Standing by Words* (Washington, DC: Shoemaker & Hoard, 2005), 65. ［ウェンデル・ベリー著『言葉と立場』谷恵理子訳，マルジュ社，1995 年］
2. Kenneth Boulding, "General Systems as a Point of View," in Mihajlo D. Mesarovic, ed., *Views on General Systems Theory*, proceedings of the Second Systems Symposium, Case Institute of Technology, Cleveland, April 1963 (New York: John Wiley & Sons, 1964). ［M.D. メサロヴィッチ編『一般システム理論の研究』一楽信雄他訳，日本能率協会，1971 年］
3. James Gleick, *Chaos: Making a New Science* (New York: Viking, 1987), 23–24. ［ジェイムズ・グリック著『カオス』上田睆亮監修，大貫昌子訳，新潮社，1991 年］
4. この話は，以下の資料を参考にまとめたものだ．C. S. Holling, "The Curious Behavior of Complex Systems: Lessons from Ecology," in H. A. Linstone, *Future Research* (Reading, MA: Addison-Wesley, 1977); B. A. Montgomery et al., *The Spruce Budworm Handbook*, Michigan Cooperative Forest Pest Management Program, Handbook 82-7, November, 1982; *The Research News*, University of Michigan, April- June, 1984; Kari Lie, "The Spruce Budworm Controversy in New Brunswick and Nova Scotia," Alternatives 10, no. 10 (Spring 1980), 5; R. F. Morris, "The Dynamics of Epidemic Spruce Budworm Populations," *Entomological Society of Canada*, no. 31, (1963).
5. Garrett Hardin, "The Cybernetics of Competition: A Biologist's View of Society,"

原注

はじめに

1. Russell Ackoff, "The Future of Operational Research Is Past," *Journal of the Operational Research Society* 30, no. 2 (February 1979): 93–104.
2. Idries Shah, *Tales of the Dervishes* (New York: E. P. Dutton, 1970), 25.［イドリース・シャー編著『スーフィーの物語』美沢真之助訳, 平河出版社, 1996 年］

第 1 章

1. 以下の書籍に引用されたポール・アンダーソンの言葉. Arthur Koestler, *The Ghost in the Machine* (New York: Macmillan, 1968), 59.［アーサー・ケストラー著『機械の中の幽霊』日高敏隆, 長野敬訳, 筑摩書房, 1995 年］
2. Ramon Margalef, "Perspectives in Ecological Theory," *Co-Evolution Quarterly* (Summer 1975), 49.
3. Jay W. Forrester, *Industrial Dynamics* (Cambridge, MA: The MIT Press, 1961), 15.
4. 以下の書籍に引用されたオノレ・バルザックの言葉. George P. Richardson, *Feedback Thought in Social Science and Systems Theory* (Philadelphia: University of Pennsylvania Press, 1991), 54.
5. ジャン・ティンバーゲンの言葉. Ibid, 44.

第 2 章

1. アルバート・アインシュタインがオックスフォード大学でのハーバート・スペンサー記念講演で行った講義「理論物理学の方法」より. 以下の書籍に掲載されている. *Philosophy of Science* 1, no. 2 (April 1934): 163–69.
2. 「システムの動物園」の概念は, ドイツのカッセル大学のハルトムート・ボッセル教授が考案したものだ. 最近の「システムの動物園」に関する 3 つの著作にはシステムの解説と 100 を超える「動物」のシミュレーションモデルが述べられている. 本書ではいくつかのモデルを改変して掲載した. Hartmut Bossel, *System Zoo Simulation Models – Vol. 1: Elementary Systems, Physics, Engineering; Vol. 2: Climate, Ecosystems, Resources; Vol. 3: Economy, Society, Development.* (Norderstedt, Germany: Books on Demand, 2007).
3. より完璧なモデルについては, 以下の書籍の「人口セクター (Population Sector)」の章を参照のこと. Dennis L. Meadows et al., *Dynamics of Growth in a Finite World*, (Cambridge MA: Wright-Allen Press, 1974).
4. 事例については, 以下の書籍の第 2 章を参照のこと. Donella Meadows, Jørgen Randers, and Dennis Meadows, *Limits to Growth: The 30-Year Update* (White River Junction, VT:

[著者]

ドネラ・H・メドウズ
Donella H. Meadows

1941年～2001年。化学と生物物理学（ハーバード大学で博士号を取得）を修め、その後マサチューセッツ工科大学（MIT）の特別研究員。1972年、『成長の限界』（ダイヤモンド社）の主執筆者として、限りある地球の人口と経済成長のダイナミクスを一般の人々に向けて解説。『成長の限界』は37の言語に翻訳され、地球が人間活動を支えられる力や人類の選択に関する論争を世界中で巻き起こす火付け役となった。その後、グローバル・モデリングと持続可能な開発に関する本を9冊書き、社会情勢や世界における複雑なつながりをじっくり振り返って考えるコラム『The Global Citizen（地球市民）』を15年間、毎週書き続けた。1990年には『世界がもし100人の村だったら』の原案となったコラム「村の現状報告（State of the Village Report）」を執筆。1991年、ピュー財団の保全・環境分野の研究者として認められ、1994年にはマッカーサーフェロー賞を受賞。1996年、サステナビリティ研究所を設立し、システム思考や組織学習を用いて、経済、環境、社会分野の課題に取り組む。1972年から2001年に亡くなるまで、ダートマス大学の環境研究プログラムで教鞭をとった。『システム思考をはじめてみよう』（英治出版）ほか著書多数。

[原書編集者]

ダイアナ・ライト
Diana Wright

システム、サステナビリティ、エコロジー、土壌化学などの分野でフリーランスのリサーチャー、執筆家として活躍する。二酸化炭素排出量削減によって短期にも生じるさまざまなメリットや農作物商品のダイナミクスに関する研究など幅広い分野でリサーチを行ってきた。ヘルスケア分野のリサーチャーやエンジニアとともに相互運用可能な健康情報交換システムの開発に取り組む。ダートマス大学で生物学、ミシガン大学で自然資源（修士号）を修める。ドネラ・メドウズの研究アシスタントとして12年働き、その後ドネラ・メドウズの設立したサステナビリティ研究所の出版担当ディレクターを8年間務めた。米国バーモント州の農場で家族とともに暮らす。